道路交通安全主动预警与智能化管控

赵轩 仝秋红 余强 朱国华·著

RUNNING CONDITION ON-LINE EARLY WARNING
AND AUTONOMOUS RESCUE TECHNOLOGY
FOR THE ON ROAD VEHICLE

在途车辆运行状态在线预警与自主救援

上海科学技术出版社

图书在版编目（CIP）数据

在途车辆运行状态在线预警与自主救援 / 赵轩等著. -- 上海：上海科学技术出版社，2023.1
（道路交通安全主动预警与智能化管控）
ISBN 978-7-5478-5920-9

Ⅰ. ①在… Ⅱ. ①赵… Ⅲ. ①车辆运行－安全管理 Ⅳ. ①U471.15

中国版本图书馆CIP数据核字(2022)第234970号

在途车辆运行状态在线预警与自主救援
赵轩 仝秋红 余强 朱国华 著

上海世纪出版(集团)有限公司 出版、发行
上海科学技术出版社
(上海市闵行区号景路159弄A座9F－10F)
邮政编码 201101 www.sstp.cn
上海盛通时代印刷有限公司印刷
开本787×1092 1/16 印张 21.5
字数 370 千字
2023 年 1 月第 1 版 2023 年 1 月第 1 次印刷
ISBN 978－7－5478－5920－9/U・137
定价：140.00 元

本书如有缺页、错装或坏损等严重质量问题，请向印刷厂联系调换

内容提要

本书聚焦客运车辆主被动安全防控技术最新研究进展、成果和应用情况，从车辆工程、交通科学、安全科学与工程等多学科交叉融合的视角，通过大量实例系统详实地叙述了客车主被动安全防控技术的基本理论、方法和技术。

本书可供客车企业车身设计与制造、客车主被动安全设计与管理、火灾风险评估、应急疏散管理等领域相关技术人员参考，也可供车辆工程、交通工程、安全科学与工程、应急疏散管理等专业的高校师生作为参考书使用。

丛书序

安全,是交通的永恒主题。近20年来,随着智慧公路、自动驾驶、车联网、车路协同等技术的兴起,主动安全防控也成为道路交通研究的重点方向之一,旨在通过车载、路侧设备实时检测不良驾驶行为与交通风险,对驾驶员进行主动预警与干预,从而避免交通事故发生。这对降低我国交通事故发生率,维护交通运输行业安全运营具有重大意义。

我国交通安全状况总体上处于事故稳中有降阶段,而美、日、德等发达国家已处于事故全面控制阶段。主动安全防控系统涉及交通参与者行为、车辆运行状况、道路状况等交通安全组成要素,涉及面广,内容复杂。与发达国家相比,我国在道路交通安全主动防控研究方面还有一定的差距,缺乏关键技术的突破、必要的分析平台和特殊的监测手段。特别是在适合中国国情的主动安全防控系统基础理论与应用技术研究方面,存在着明显的短板。

本丛书基于"十三五"国家重点研发计划项目"道路交通安全主动防控技术及系统集成"的研究成果,全面介绍了面向人、车、路的点、线、面相结合的综合防控干预成套理论与技术体系,包括驾驶行为谱表征方法、车辆运行安全隐患在线评估与预警方法、无线激光/微波混合传输技术等一系列覆盖城市道路和等级公路的交通安全综合主动防控体系关键技术与方法,具有前沿性和引领性。丛书兼顾交通安全主动防控的理论与应用,对交通数据采集、驾驶行为建模、人工智能辨识、道路风险评估、车辆主动安全等诸多方面都进行了深入的论述,并给出了具体的研究案例,具有科学性和实用性。这些内容,对相关从业者都具有一定的参考借鉴价值。

丛书编写团队聚集了我国一批优秀的交通安全研究工作者与工程应用专家，他们为我国交通事业的发展，特别是道路交通安全主动防控技术的研发和应用付出了辛勤的努力。这套丛书，就是他们创新性研发成果的生动展现。开卷有益，希望本丛书的出版，能为致力于道路交通安全主动防控工作的各位学生、教师、科研人员及工程技术人员提供一个入门的指导和有力的工具，共同促进未来我国道路交通安全主动防控技术向高效、精准、全方位服务方向健康发展，并通过一批重大科技成果、设备和装备的研发，孵化出与之相适应的新型产业体系，为我国道路交通安全水平的提升和建设人民满意、保障有力、世界前列的交通强国做出积极贡献。

2022 年 9 月 14 日

周伟：教授，交通运输部原总工程师、交通运输部专家委员会主任委员。

前 言

随着我国经济发展水平的不断提高和人民出行需求的快速增长,公路客车、公交车、快速公交(BRT)等客运车辆已成为日常客流运输的中坚力量。客运车辆具有空间封闭、载客量大、行驶工况复杂等特点,一旦发生交通事故,极易造成重大人员伤亡和财产损失。因此,客运车辆在给人民生活提供巨大便利的同时,也带来了严重的安全问题,如何提高道路交通安全水平以保障乘客安全已成为客运交通发展中亟待解决的重要问题之一。传统的被动式治理方法成本高、效率低,难以应对当前日益复杂的道路交通安全运行风险。近年来,先进驾驶辅助、5G通信和云计算等技术的发展与成熟使路网级交通安全状态评估及预警成为可能。《国家中长期科学和技术发展规划纲要》和《交通强国建设纲要》均把信息化和智能化的道路交通安全综合治理方案列为研发重点,研究利用当前新兴信息与智能技术,变传统被动式治理为主动防控,实现事故前的预报预警、事故中的应急管控、事故后的自主救援与安全疏散,对建立我国道路交通安全主动防控体系、提升客运车辆在途运行安全水平具有重要意义。

本书是作者结合所在科研团队依托交通部重点实验室——汽车运输安全保障技术交通行业重点实验室,在车辆主被动安全方面近十年的工作经验与研究成果撰写而成,也是作者主持的国家重点研发计划"重大事故下客运车辆应急逃生、自主救援关键技术及装备"主要研究成果的高度凝练与总结。该项目主要针对在途车辆运行状态在线预警与自主救援关键技术开展深入研究,通过聚焦技术创新,综合运用新理论、新方法,最终得到以下主要成果:

① 融合在途车辆自主诊断、路网监测发现、在途交通事件等实时信息,构建通行车辆安全性诊断与测试平台,实现车辆运行状态安全诊断与在线预警;② 基于重大交通事故数据重构与再现技术,构建客运车辆逃生需求目标体系;③ 基于虚拟现实技术,研究司乘人员在重大事故下的逃生行为与逃生仿真模拟;④ 基于典型交通事故特征,研究高可靠性的司乘人员逃生自救型新技术;⑤ 基于负泊松比材料特性,研究客运车辆结构技术;⑥ 基于"司乘人员-客运车辆-事故灾害",动态推演系统的客运车辆综合布设方案优化。

  本书首次从客运车辆的主动防控与乘员的被动疏散两个角度,从车辆工程、交通科学、安全科学与工程等多学科交叉融合的视角,系统介绍了客运车辆主被动安全防控技术的基本理论、方法和技术,并聚焦最新研究进展、成果及其应用情况。全书以具体研究问题的提出、研究方法的实施、研究结果的分析与探讨为主线,详细阐述了研究过程中采用的基本理论与方法,避免枯燥繁杂的理论堆砌,使读者在实例研究介绍中掌握相关的研究方法与技术。

  本书共分为12章,第1章绪论部分总体介绍了本书背景、国内外研究现状、主要内容和技术路线、成果应用、前景与效益等内容;第2章介绍了建立车联网信息采集与监测系统的方法;第3章介绍了建立车辆安全评判预警系统的方法及如何利用多传感器信息融合对行驶车辆状态进行监测评判;第4章介绍了建立车载域控制器的方法及应用情况;第5章介绍了在途客运车辆主被动安全技术的研究方法、研究成果及其应用情况;第6章介绍了客车内饰材料火灾燃烧性能评价的理论与试验方法及客车火灾数值模拟模型的构建过程;第7章分析了乘员事故灾害逃生制约因素,介绍了需求目标体系构建的基本方法;第8章介绍了机器学习在逃生行为与机理动态分析中的应用,以及乘员疏散决策及运动行为的试验研究方法;第9章介绍了面向司乘人员逃生需求的客车结构新技术;第10章和第11章对上述车辆运行状态在线预警技术及事故自主救援技术成果应用情况进行了系统展示;第12章是对客运车辆主被动安全技术的未来展望。

  本书可供车辆工程、交通科学、安全科学与工程、应急疏散管理等领域科学研究及教学使用,可作为客运车辆主被动安全设计与管理、火灾风险评估、应急疏散管理等领域工程技术人员的参考资料,同时也可作为高等院校车辆工程、交通工程、安全科学与工程、应急疏散管理等专业研究生与高年级本科生的教材。此外,本书介绍的研究成果有助于提升我国客车行业安全理论水平、全民安全意识和自救互救能力,并且在提升客运车辆的市场附加值,降低客运车辆重特大交通事故率、交通事故伤亡率,提高交通事故后司乘人员存活率和逃生率等方面具有显著优势和重要意义,通过推广这些研究成果将取得良好的社会效益和经济效益。

全书由余强主持撰写完成。具体编写分工如下:第1章由赵轩、余强、仝秋红、朱国华撰写,第2~4章由仝秋红撰写,第5章由朱国华撰写,第6章由赵轩撰写,第7章由余强撰写,第8章由赵轩、余强撰写,第9章由朱国华撰写,第10、11章由赵轩、余强、仝秋红、朱国华撰写,第12章由赵轩、余强撰写。

感谢国家出版基金给予的支持,感谢编委会成员和所有撰稿人,感谢上海科学技术出版社的编辑出版。

由于作者知识和水平所限,不足之处在所难免,恳请广大读者及专家批评指正。

作　者
2022年9月

目 录

第 1 章 绪论

1.1 在途车辆运行状态在线预警技术的发展现状 _4
1.2 客运车辆事故模拟仿真技术的发展现状 _6
1.3 客运车辆自主逃生与救援技术的发展现状 _8
1.4 主要研究内容 _10

第 2 章 车载信息采集通信及监测系统

2.1 车载信息采集系统 _17
  2.1.1 基于 OBD 的智能终端信息采集系统 _17
  2.1.2 基于激光的前方障碍物信息采集系统 _19
  2.1.3 基于视觉的信息采集系统 _19
  2.1.4 车辆高精度定位信息采集系统 _21
2.2 车载通信及监测系统 _24
  2.2.1 车载终端与云服务器的通信 _24
  2.2.2 车载终端与路侧终端的通信 _25
  2.2.3 车载数据监测系统 _27

第 3 章 车辆安全评判预警系统及信息服务

3.1 车辆安全评判预警系统 _31

3.1.1　前向碰撞预警系统 _31

3.1.2　车道偏离预警系统 _32

3.1.3　通过车载总线获取信息的预警系统 _33

3.2　多传感器信息融合对行驶车辆状态的监测评判 _34

3.2.1　车载端与路侧端信息的融合 _34

3.2.2　应用智能算法对车辆状态的评判 _37

第 4 章　车载域控制器的搭建

4.1　基于安卓 APP 的数据采集平台设计 _41

4.1.1　平台硬件架构 _41

4.1.2　平台软件设计 _43

4.2　基于工控机的域控制平台设计 _46

4.2.1　平台硬件架构 _46

4.2.2　平台软件设计 _48

第 5 章　客车碰撞事故数值建模与仿真分析

5.1　客车碰撞安全仿真概述 _53

5.1.1　汽车安全法规 _53

5.1.2　客车碰撞安全分析方法 _55

5.1.3　客车碰撞安全仿真分析软件 _56

5.2　客车正面碰撞整车建模与仿真分析 _58

5.2.1　实体模型构建 _58

5.2.2　正面碰撞模型构建 _62

5.2.3　正面碰撞仿真结果分析 _64

5.3　客车侧翻碰撞整车建模与仿真分析 _68

5.3.1　仿真要求 _68
　　5.3.2　模型构建 _71
　　5.3.3　仿真结果分析 _73

第6章　客车火灾损害数值建模与仿真分析

6.1　客车内饰表层材料热解特性 _83
　　6.1.1　试验样品及热解特性试验方法 _83
　　6.1.2　热解特性分析 _84
　　6.1.3　热解反应动力学分析 _86
6.2　客车典型内饰材料燃烧性能研究 _95
　　6.2.1　样品及锥形量热燃烧试验方法 _95
　　6.2.2　热释放速率及峰值 _97
　　6.2.3　点燃时间 _102
　　6.2.4　产烟量 _106
　　6.2.5　火灾风险评价 _109
6.3　客车火灾数值模拟 _110
　　6.3.1　数值模拟基础 _110
　　6.3.2　数值模拟研究对象和模型参数设置 _113
　　6.3.3　数值模拟结果和分析 _118
　　6.3.4　生存环境分析 _125
6.4　客车火灾烟气开口流动规律 _130
　　6.4.1　烟气开口流动特性分析 _130
　　6.4.2　烟气扩散试验 _135
　　6.4.3　烟气流动试验结果分析 _138

第7章　客车事故逃生制约因素及逃生需求目标体系

7.1　交通事故逃生制约因素 _147

7.2 层次分析法与逃生需求目标体系构建 _153
    7.2.1 层次分析法 _153
    7.2.2 逃生需求目标体系构建 _154
7.3 乘员逃生人因分析 _157
    7.3.1 动态乘员数据采集设备 _157
    7.3.2 动态乘员因素数据分析 _159
7.4 逃生需求目标综合模糊评价 _161

第8章 客车乘客疏散决策和运动行为研究

8.1 疏散行为研究基本方法 _167
8.2 客车乘客应急动态决策 _170
    8.2.1 问卷设计与调查 _171
    8.2.2 模型构建 _173
    8.2.3 行为分析与预测 _176
8.3 基于有控试验的乘客疏散行为 _179
    8.3.1 乘客疏散行为试验设计与人员选择 _180
    8.3.2 乘客个体疏散时间分布规律 _184
    8.3.3 乘客疏散行为速度-密度关系 _188
8.4 基于问卷调查的乘客疏散行为 _191
    8.4.1 乘客疏散行为图形问卷设计 _191
    8.4.2 乘客疏散行为试验人员选择 _193
    8.4.3 乘客疏散行为数据处理与结果分析 _196

第9章 面向司乘人员逃生需求的客车结构新技术

9.1 负泊松比结构定义及基本类型 _203

9.1.1 负泊松比结构定义 _203

9.1.2 负泊松比结构基本类型 _204

9.2 经典负泊松比结构及其在吸能构件中的应用 _213

9.2.1 经典负泊松比结构力学性能 _213

9.2.2 双箭头结构的优化及吸能盒设计 _216

9.3 增强型负泊松比结构设计及抗冲击性能研究 _222

9.3.1 内凹-反手性负泊松比结构设计及建模 _222

9.3.2 内凹-反手性负泊松比结构的临界冲击速度及变形模式 _225

9.3.3 内凹-反手性负泊松比结构的抗冲击性能 _231

9.4 新型耐撞型客车安全门 _240

9.4.1 新型耐撞型安全门的设计 _241

9.4.2 不同事故类型下新型客车安全门的耐撞性能 _243

第 10 章　车辆运行状态在线预警技术成果应用

10.1 汽车前向碰撞预警系统 _253

10.1.1 工作原理 _254

10.1.2 典型应用 _254

10.2 V2X 信息采集系统 _259

10.2.1 工作原理 _259

10.2.2 典型应用 _259

10.3 车道偏离监测及预警系统 _261

10.3.1 工作原理 _261

10.3.2 典型应用 _262

10.4 基于高精度 GPS 的车辆定位信息采集系统 _265

10.4.1 工作原理 _265

10.4.2 典型应用 _267
10.5 基于云服务器的行驶车辆监测系统 _270
10.5.1 工作原理 _270
10.5.2 典型应用 _270

第 11 章 客车事故自主救援技术成果应用

11.1 安全窗击破装置 _275
11.1.1 工作原理 _275
11.1.2 典型应用 _276
11.2 下翻式逃生窗 _279
11.2.1 工作原理 _280
11.2.2 典型应用 _283
11.3 司乘人员逃生自救引导系统 _285
11.3.1 工作原理 _285
11.3.2 典型应用 _289
11.4 多信号融合的智能车载防火/灭火设备 _291
11.4.1 工作原理 _291
11.4.2 典型应用 _296
11.5 交通事故自主救援虚拟仿真三维演练平台 _299
11.5.1 平台简介 _300
11.5.2 典型应用 _303

第 12 章 客车运行状态在线预警与自主救援技术展望

12.1 客运车辆安全预警 _309
12.2 客运车辆碰撞安全 _311

12.3　客运车辆防火安全 _312

12.4　客运车辆应急逃生 _314

12.5　客运车辆安全管理政策建议 _314

参考文献

第 1 章
绪　论

近年来,随着我国经济的持续发展和基础设施建设的逐渐完善,公路客运行业得到了迅速发展,使得包括公路客车、公交车、BRT快速公交在内的客车成为全国客运服务行业中一种不可缺少的交通工具。然而,客车运输在给人民生活提供巨大便利的同时,也带来了严峻的安全问题,造成了众多的人员伤亡和财产损失。据相关资料统计,2009年到2016年间,全国范围内共发生单次死亡10人以上的客车重特大交通事故103起,共造成1 386人死亡、1 648人受伤;平均每年发生12.88起,平均每起事故造成16.03人死亡、18.23人受伤。2018年全国交通事故发生总数共计187 781起,造成58 022人死亡、199 880人受伤,直接财产损失达到103 692万元。国家安全生产总局发布的数据显示,道路交通事故死亡人数占非正常死亡人数的70%以上,已成为"社会第一公害"。以上数据表明,客车重特大交通事故往往造成群死群伤的严重后果,有必要对客车事故的致死因素和事故类型及其他事故特性进行深入研究。传统的交通安全管理方法多采用改善道路几何线形设计、在事故高发路段上安装控速设施、实施速度执法等措施。虽然这些方法能够有效降低交通事故数量、提高交通安全水平,但它们都是静态、被动的"事后"改善方法,而且通常在出现交通安全问题后才采取措施来改善交通安全状况;这些方法投入成本高、见效慢,无法对道路交通安全问题做出迅速响应。如何变被动治理为主动式防控,实现事故前的预报预警、事故中的应急管控,研究建立我国道路交通安全主动防控体系,已成为当前迫切需要解决的问题。

  本章首先以历年客运交通事故统计数据为引子,介绍了当前客车主被动安全的研究背景,随后分别对客车碰撞、侧翻、坠车、落水、着火等典型事故特征的已有研究成果进行梳理,总结阐述了当前研究成果存在的不足,最后对本书主要研究内容和创新性成果进行了归纳和总结。

1.1　在途车辆运行状态在线预警技术的发展现状

近年来,随着驾驶辅助系统(ADAS)、路侧监测设备等的快速发展,利用车辆在途数据、车联网技术等进行车辆危险状态短临预警及车间通信成为可能。特别是云服务及云计算的发展,使得路网级别的交通安全状态评估及预警也成为可能。《国家中长期科学和技术发展规划纲要》中明确提出了"发展交通系统信息化和智能化技术,以及安全高速的交通运输技术"的思路,并将"交通事故预防预警"列为优先主题。《交通强国建设纲要》中也表明要"提高智能、平安、绿色、共享交通发展水平","广泛应用智能道路等新型装备设施,开发新一代智能交通管理系统。加强交通安全综合治理,切实提高交通安全水平"。

1957年,Gibson首次讨论了汽车安全及其相关问题,并概述了碰撞和行驶安全的概念,但直到20世纪80年代末才开始对汽车前方防碰撞系统进行研究。在1990年,Burgett等根据当前行驶状态将碰撞情形分成三个区域,并给出相应的边界条件和预警标准。Kiefer等通过分析人为因素,研究防碰撞所需的报警时刻,开发出汽车防碰撞预警系统。Brunson等重新修正了由Burgett等在美国公路交通安全管理局(National Highway Traffic Safety Administration,NHTSA)提出的模型,该策略用当前车辆状态和驾驶员反应时间估计值来预测期望距离,当期望距离小于距离阈值时,发出警告。Zhang等对Brunson和NHTSA算法做出新的解释,不再计算期望距离,通过车间距计算反应时间和制动操作最迟时间,该方法能更好地体现人对车辆安全行驶状态的判断。Hayward根据驾驶员在开车过程中难以准确知道前车运动状态,却可以实现对行车危险的准确判断和评估,基于人的这种行为,提出了早期的认知行为模型。本田公司的Kodaka等基于TTC阈值的判断,提出了一种可削弱碰撞冲击的制动系统(collision mitigation braking system,CMBS)。Coelingh等根据TTC危险认知模型,通过分析驾驶员在碰撞危险发生过程中的驾驶行为,提出了一种TTC危险预测模型,基于此模型建立了主动制动系统(automatic emergency braking,AEB)。车间时距是另一种基于认知阈值进行车辆安全行驶状态判断的指标,利用车辆在公路上正常行驶过程中的行车间距与本车速度的比值关系,来描述驾驶员在此过程中会时刻保持与前车一定心理期望车距的行为,保证车辆行驶安全性。

在 20 世纪 90 年代初,NHTSA 就提出了智能车公路系统计划,随后展开了对防碰撞预警和自动制动的研究工作。美国的智能交通研究院通过与通用汽车公司合作,对自动防碰撞预警系统进行了研究,开发出基于雷达系统的主动防撞系统及其相关测试试验流程。随后,美国福特公司也研制了防撞辅助系统,它通过摄像头和雷达相互配合共同观测车辆前方情况,若有障碍物出现,系统会通过报警给予驾驶员提醒。沃尔沃汽车一直保持着安全领域领导者的地位,将 INTELLISAFE 作为新车标准配置,提升用户驾驶体验和安全;沃尔沃的"城市安全系统"(City Safety)是一项前方防碰撞技术。丰田的先进碰撞预防系统(advanced pre-collision system,APCS),以双透镜摄像头、近红外线系统和毫米波雷达作为前方的探测系统,可以探测动物和人等较小的目标,通过红外可实现车辆在夜晚时探测危险目标。本田的 CMBS,以毫米波雷达作为探测系统,当系统探测到危险目标时,通过报警提醒驾驶员,如果车辆继续接近危险目标时,系统会采取轻微制动,使驾驶员身体感受到危险情况,提醒驾驶员注意安全驾驶。若系统判断碰撞不可避免时,则进行高强度制动,与驾驶员自身的制动一起降低碰撞时车辆的速度,减小对驾驶员的伤害。日本马自达公司开发出一种防止撞车的新型系统,该系统是利用激光雷达探测前方的车辆及行人并在紧急工况下实现自动制动。此外,在利用车车协同来实现纵向避撞的研究中,Yasuhiro Sato 等搭建了基于车车通信下的避撞系统;Huang Jihua 和 Tan Han Shue 基于 DGPS 开发出避免车车冲突的安全距离模型,并应用到车车协同作用的防碰撞预警系统中。戴姆勒·克莱斯勒的预防性安全系统(PRE-SAFE),装有微波探测传感器和制动辅助系统,在工作过程中可与 ESP 系统得到的自车转向角度、横向加速度和制动力度等数据进行融合分析,制定出更加符合自车运动状态的控制策略。当该系统探测到将要与危险目标相撞时,制动系统主动制动,同时收紧安全带,将座椅调到最低损伤的角度,在必要时自动关闭开着的车窗,将伤害程度降到最低。当碰撞前 0.6 s 时,自动制动的力度达到最大值。

1.2 客运车辆事故模拟仿真技术的发展现状

近几十年来,尽管客运车辆的主被动安全技术不断提高,重特大客运交通事故仍时有发生。根据客车事故形态,客车事故主要分为碰撞、侧翻、坠车、落水、着火五类,对 2009—2016 年客运交通事故类型的统计分析表明,碰撞事故是发生比例最高的事故类型,车身结构强度不足造成的乘客生存空间受挤压是引发人员伤亡的主要原因;尽管客车火灾事故占比最小,但其往往造成极大的人员伤亡和生命财产损失,客车内大量可燃材料在燃烧中释放的浓烟和有毒气体是造成乘客伤亡的主要原因。由于大型客车具有空间封闭、载客量大、行驶工况复杂等特点,一旦发生交通事故,极易造成群死群伤,如何保障乘客安全已成为交通发展中亟待解决的重要问题之一,安全且快速地疏散是在碰撞、火灾等客车紧急事故情况下避免或减少人员伤亡的关键。因此,对碰撞、火灾事故演化规律和乘客疏散行为开展研究,是影响乘客生命安全与自主救援的关键因素,对提升客运车辆的安全设计水平具有重要指导意义。

20 世纪 80 年代,随着计算能力更强的计算机的推广运用,有限元理论被运用于工程计算。通过有限元仿真计算可对由网格划分建立起的模型进行较高精度的求解,其力学模型和求解方法远比前两种方法复杂和完善,能够真实地反映模型中各部件及其连接的真实力学性能和运动方式,借助计算机强大的计算能力可对车辆碰撞问题进行系统准确的求解计算。Jeyakumar P. D. 等通过仿真分析研究客车侧翻时,车辆车身变形侵入司乘人员的生存空间,提出强化客车结构刚度、保证足够生存和逃生空间的策略,保障侧翻事故中司乘人员的安全性。Yu Y. 等对客车车身骨架进行了侧翻仿真分析,依据仿真结果对车身的局部结构进行强化,在保证轻量化设计的情况下使得发生侧翻时骨架的变形量减小了 50%。Liang 和 Le 通过结构厚度参数调整对客车侧翻侧围吸能进行优化,并运用 ECE R66 对优化结果可行性进行验证。湖南大学阮诚心教授对侧翻碰撞车身上部结构变形侵入安全性问题进行了仿真研究,通过侧翻碰撞安全性仿真研究提出基于管内填充方法的结构改进。

华南理工大学李毅运用动态变形历程的车身段侧翻试验和有限元分析结合的方法对侧翻过程中车身段结构薄弱部位进行侵入生存空间分析。Lim J. M. 等选择了某款电动车进行实车碰撞,参照 SAE 及 JEVS 的相关法规要求进行仿真分析,以司乘人员生存空间的侵入量为评价指标,同时考虑其电解液泄漏的可能性大小。吉林大学杨昆等对客车车身骨架侧翻仿真模型的建立进行了较深入的研究,为提高建模精确性和节省计算资源,研究了梁壳混合单元的建模问题,提出了混合模型中梁壳单元连接的处理办法。Tomas Ways Tech 等选择某款车型进行客车结构安全性分析,但因各结构之间的连接位置较弱,生存空间被车身骨架侵入,为提高整车上部骨架强度,作者采用铰接的方式来加强并进行实际试验与仿真分析。亓文果等根据客车侧翻安全法规 ECE R66 中关于客车侧翻试验的测试方法,进行了客车侧翻有限元仿真计算,并着重对不同窗立柱的变形效果及侧向强度进行仿真分析。由此可得,通过有限元仿真模拟的方法能够高效快捷地对客运车辆的碰撞安全进行仿真分析及优化,进而提高整车的碰撞安全性能。

尽管客车火灾试验仍是评估客车火灾安全性能的重要方法,但是该方法存在周期长、花费巨大的缺点。随着计算流体力学(CFD)的发展,越来越多的学者和科研机构采用数值模拟的方式研究客车火灾事故发展规律,国外在这方面的研究较为细致。20 世纪 90 年代,NIST 采用 HAZARD Ⅰ 针对不同火源导致的校车火灾事故进行模拟,结果表明火源热释放速率在 250~500 kW 会导致车内人员失能,当火源热释放速率达到 1 000 kW 会导致车内人员死亡,并认为车内温度达到 65℃ 是车内人员的耐受极限。然而该研究采用的模型比较陈旧,可能不适用于当前客车。SP 基于客车内饰材料燃烧试验数据,使用火灾动力学仿真软件(fire dynamics simulator, FDS),分别对不同开口条件和不同内顶材料布置方式的客车火灾事故进行模拟,模拟结果表明:火灾烟气会迅速聚集在客车上部,建议将逃生出口设在较低位置;火灾事故发生时开启安全顶窗可以减少烟气层厚度,有助于乘客逃生;客舱内火灾主要通过内顶蔓延,建议提高内顶材料的阻燃性能。德国 BAM 基于锥形量热试验数据,使用数值模拟手段,针对 Hanover 客车火灾事故进行模拟。研究发现,若将客车内饰材料换为轨道列车内饰材料,可以减缓火灾蔓延速度,因此 BAM 建议加强客车内饰材料的阻燃性能。然而 SP 和 BAM 针对客车火灾数值模拟研究较少考虑车身结构对客车火灾发展特性的影响,对火灾事故时车内人员生存环境的定量分析较少。

国内也有众多学者采用数值模拟手段对客车火灾事故进行研究。Chow基于区域模型,对单层客车火灾事故进行模拟,结果表明减少内饰材料热释放速率有助于推迟轰燃发生。Chow还研究了双层客车火灾事故的烟气蔓延规律,结果表明烟雾会填满整个上层车厢,并建议在车内安装烟雾控制系统。陈洁等对不同开口条件、火源位置、环境风等多个工况下客车火灾事故的热释放速率、车厢内温度分布、烟气层高度变化等参数进行了研究,结果表明:① 开口条件对于客车火焰和烟气蔓延有重大影响,在良好通风条件下,客车纵火火灾会在 90 s 内发生轰燃;② 不同工况下,人员逃生的最佳时间不超过 190 s。然而陈洁主要针对单门客车开展研究,其结论可能已不适用于当前普遍使用的双门客车。Yan 等针对双层客车分别建立了客车火灾模型和逃生模型,认为起火后的双层客车的逃生时间小于 85 s,随后基于逃生模型对双层客车的前后车门宽度进行优化,并认为扩宽车门宽度可以提高乘客逃生效率。中国科技大学毛亚岐基于 FDS 建立了安凯纯电动客车火灾事故模型,研究了 2 MW 火源下客车前、中、后部失火时的 100 s 内火焰和烟气的蔓延规律,结果表明:① 开启车窗和安全顶窗有助于车内热烟气的排出;② 客车内饰材料阻燃性能不足,建议使用阻燃性能较强的客车内饰材料;③ 客车内饰材料会产生大量烟气,因此建议在车厢内设置烟温复合探测器,提高火灾探测准确率。但该研究设置的仿真时长较短,难以说明问题。也有其他学者针对客车火灾事故开展数值模拟研究,但设置的参数缺乏依据,结论可能不具有普适性。综上,国内大部分针对客车火灾数值模拟的研究缺乏试验数据支撑,火灾模拟的设置也不够科学,模拟结果与真实情况相差较大,因此进一步开展基于内饰材料燃烧特性的客车火灾数值模拟研究可以为改善客车火灾安全奠定基础。

1.3 客运车辆自主逃生与救援技术的发展现状

随着我国城市化和机动化的迅速发展,道路交通安全面临以下新问题:在途车辆种类繁多、交通参与者安全意识不强等状况,使得交通运行风险增高、道路安全系统的可靠性降低,造成重大人员伤亡与经济损失。如何变被动治理为主动式防控,实现事故前的预报预警、事故中的应急管控、事故后的自主救援与安全疏散,建立我国道路交通安全主动防控体系,已成为当前迫切需要解决的问题。事故前的预报预警和事故中的应急管控旨在通过避免事故的发生和减少事故灾害影响提高在途车辆的安全性,车辆运行状态预警与事故模拟仿真技术为其实现提供了理论基础与技术支撑。当事故的发生或灾害的影响无法避免时,如何快速安全地疏散乘客是减轻事故伤害、减少事故死亡率的关键。研究表明,重特大事故下,司乘人员普遍存在安全意识薄弱、自救与互救能力不强、应急逃生能力不足等问题。因此,在客运车辆的疏散背景下,探讨司乘人员的疏散行为规律,研究开发与之相适应的自主逃生与救援技术迫在眉睫。

匈牙利火灾研究机构招募 45 名成年乘客测量了前门开启、后门开启、前后门开启、紧急门开启四种场景的乘客疏散时间;此外,还测量了 45 名消防人员通过前门、紧急逃生窗疏散的时间以进行对比。他们的研究表明,可用出口数量会影响乘客的逃生效率,并且具备专业技能的乘客的疏散时间远少于其他普通乘客。NHTSA 下属的 Volpe 中心也组织该中心员工在满载 56 人的大型客车内进行小规模乘客疏散试验,分别测量其前门、紧急门、轮椅通道门的出口流量,并计算得到相应的乘客总疏散时间。夜间由于视野受限,乘客的逃生过程与行为可能更复杂,潜在风险也更大。为了揭示这种条件下乘客的疏散情况,Volpe 中心利用 1∶1 等比例模型测量了不同照明强度水平下乘客通过客车轮椅通道门和带踏步的服务门的流量。试验结果表明,在低能见度特别是昏暗的照明条件下,乘客通过带踏步的服务门的流量会显著降低,而通过轮椅通道门的流量则无显著变化。Miyoshi T. 在航空领域就飞机失事后的应急逃生群体行为特征进行了研究并建立了疏散模型;Hoogendoorn 基于效用最大化理论就突发事故聚集人群交通疏散提出行人路径选择模型;Kay Kitazawa 与 Taku Fujiyama 就聚集人群疏散时利用眼动仪研究了行人行走过程中视野与碰撞避免行为的关系,揭示了行人对外界信息刺激的处理过程及时间;物理教授 Helbing 研究了多因素下聚集人群的疏散行为,分别提出了基于恐惧心理状态的行为模型和博弈理论的行为模型;基于 Logit 回归分析模型构建了公共场所聚集人群消防疏散模型;Galea 等分别在有和无烟雾条件下进行大规模疏散试验,估计了列车侧翻时尾部出口的乘客疏散流量,试验结果表明烟雾的存在会显著降低出口流量；Gwynne S. 对建筑物内聚集人群火灾疏散进行研究，为了研究火灾场景对人员路线选择的影响，引入了 Building Exodus 的疏散模型；Capote J. A. 等通过演练获得列车疏散时乘客的反应、非紧急状况下的行为和行走速度等参数，基于 EvacTrain 软件建立了火灾时列车应急疏散仿真模型。

1.4 主要研究内容

通过对上述研究深入分析后可以发现：在在途车辆风险预警方面，缺乏同时考虑多因素的风险评价、在线诊断与及时预警技术；在车载终端研究方面，车载预警终端多是基于局域感知及单车智能，缺乏路网层级人-车-路-环境的综合感知及风险判断；在网联预警平台方面，联网预警平台多基于营运车辆的在途监测与监管，所用信息来自司乘人员及车辆定位，缺乏对车辆自身、驾驶行为及行车环境综合采集及短临风险预警；在客车火灾安全方面，针对客车内饰材料热解和燃烧特性的基础试验研究十分匮乏，现有试验数据无法对高精度的客车火灾数值模拟模型的开发提供有效支撑；在客车碰撞安全方面，现有文献仅对大客车交通事故发生过程中司乘人员的侵害问题和车身强度进行分析，如何根据碰撞过程中的车身结构变形和失效、乘员的侵害开发适用于客运车辆碰撞安全及防护的关键技术还有待研究。此外，对事故后的应急逃生和自主救援技术的研究仅限于人群疏散模型和路径规划问题，所有研究均未涉及应急逃生和自主救援关键技术、设施设备和应急措施。

目前，我国客运车辆面临着事故风险评价与实时预警难、重大交通事故司乘人员自主救援与应急逃生率低、易发群死群伤等严重问题，缺乏车辆安全诊断与预警理论等方面的研究，车辆级与网络级相融合的车辆运行状态安全诊断与在线预警技术有待突破，还没有建立车辆安全性诊断与在线预警平台，无法实现车辆安全隐患在线预警；此外，缺乏客运车辆事故灾害逃生需求目标体系，无法分析逃生制约因素与司乘人员逃生思维行为；需要深入开展司乘人员逃生自救新技术研究，通过理论建模与试验研究相结合，探明"司乘人员-客运车辆-事故灾害"动态推演机制，并将其应用于客运车辆自救设施和车辆结构综合布设方案设计,从而大幅提升我国客运车辆在重大交通事故下有效提高客运车辆应急逃生率和自主救援能力。为了有效应对上述挑战,分别从以下方面开展了研究工作:

(1) 建立车联网信息采集与监测系统。首先对车基信息、前方障碍物信息、车道线信息、车辆定位信息、车辆及车距信息进行采集;然后搭建车载通信系统,实现车载端与路侧端、车载端与云服务器的通信;最后控制中心融合接收数据对在途车辆状态数据进行监控,并根据一定的标准及算法建立模型对数据进行分析,评价车辆的安全状态。

(2) 建立车辆安全评判预警系统,利用多传感器信息融合对行驶车辆状态进行监测评判。为保障车辆的行驶安全,建立前向碰撞预警系统、车道偏离预警系统和通过车载总线获取信息的预警系统;同时采取多传感器信息融合的技术,将车载端与路侧端信息融合,应用模糊算法、免疫算法对行车状态进行相应的安全评判,从而使驾驶员在面临危险状况时能够及时收到报警并做出相应的改善,提高行车的安全性。

(3) 建立车载域控制器。为了对车辆行驶过程的状态进行实时监测和控制,保障行车的安全性,首先设计了一款基于安卓手机和车载自诊断系统(on-board diagnostics, OBD)蓝牙通信的车辆信息监测 APP,搭建相应的硬件和软件架构;另外,利用车载工控机搭建车辆域控制平台,通过工控机融合车载的多种传感器,在工控机 ROS 系统设计融合和控制算法,利用控制器域网(controller area network, CAN)对线控底盘实施控制,从而使车辆安全行驶。

(4) 针对重大交通事故客车结构受损严重、司乘人员自主救援与应急逃生率低及易发群死群伤等现象,基于典型道路交通事故分析客运车辆重大交通事故灾害形成机理及车辆受损状况,利用通用显式动力学分析软件 LS-DYNA 对客运车辆碰撞、侧翻及坠崖等典型道路交通事故进行计算机数值模拟计算,建立客车碰撞损坏模型、侧翻损坏模型及坠崖损坏模型,对客车不同事故灾害下客车的受损状况进行分析。基于客车事故损坏模型研究客车车身结构的安全性,从而得到对司乘人员生存空间及逃生行为的影响。

(5) 基于 ISO 5660 标准,利用锥形量热仪对部分客车内饰材料进行燃烧试验,获取材料在不同热辐射通量下的热释放速率、产烟率、点燃时间、峰值热释放速率等参数,对客车内饰材料的阻燃性能和燃烧性能进行评价和分析。采用数值模拟手段,基于部分材料燃烧结果和搜集到的材料热物性参数,以某客车为研究对象,建立 FDS 客车火灾模型,对客车火灾蔓延过程和烟气运动特性进行模拟和分析。基于客车火灾烟气蔓延模型,利用 Pathfinder 疏散仿真软件,建立客车火灾事故逃生模型,对客车仅前门开启、仅后门开启和前后门同时开启三种工况进行仿真研究,得到各工况下前后门利用率及事故逃生时间。根据研究结果对优化客车车厢内逃生设施布设提供建议,为建立客运车辆应急逃生多目标综合评价模型提供理论依据。

(6) 基于客运车辆重大交通事故数据、碰撞事故仿真及火灾事故模拟,针对典型道路交通事故形态特征及灾害形式,研究典型事故特征及致因机理,建立客运车辆典型事故灾害模型,分析车辆结构、逃生布设对事故灾害的影响,以此为基础构建事故灾害逃生需求目标体系。

(7) 根据客运车辆重大事故数据及基于虚拟现实技术的试验数据,运用数据挖掘技术研究司乘人员在重大交通事故下的逃生思维和逃生行为及影响因素,研究侧翻、火灾事故形态下司乘人员的应急动态决策模型。针对事故发生后乘客的自主救援不及时、逃生路线选择不科学、逃生装置使用不合理等问题,建立客运车辆应急逃生多目标综合评价模型,在进行乘员逃生状态分类的基础上,讨论车内乘员的疏散决策及运动行为特征,详细介绍采取的试验方法,并对相关结果进行深入探讨,研究逃生系统的模糊评价。

(8) 针对客运车辆碰撞交通事故中车身骨架在碰撞或侧翻后产生大变形,挤压原有车门立柱框架,导致车门无法正常开启,阻碍逃生空间的问题,围绕应用于客车大开口部位立柱及前后保险杠的负泊松比材料的变形与抗冲击特性进行研究,揭示负泊松比结构材料参数对变形及吸能特性的影响。在此基础上对负泊松比结构参数进行优化,使其等效弹性模量、相对密度及吸能特性等各项指标满足司乘人员的逃生需求。

(9) 针对上述车辆运行状态在线预警技术及事故自主救援技术成果应用情况进行展示,其中包括汽车前向碰撞预警系统、基于 V2X 通信系统的信息采集系统、行驶车辆车道偏离监测及预警系统、基于云服务器的行驶车辆监测系统、安全窗击破装置、下翻式逃生窗、司乘人员逃生自救引导系统、多信号融合的智能车载防火/灭火设备、交通事故自主救援虚拟仿真三维演练平台等。

通过开展上述研究工作,能够在复杂道路交通环境下实现在途车辆运行状态在线预警,在重大交通事故下有效提高客运车辆应急逃生率和自主救援能力。其中,车辆运行安全状态实时监测与预警平台能够判断车辆处于危险状态并马上报警,提醒驾驶员使其有较为充足的反应时间,从而能有效减少车辆运行过程中的重大交通安全事故。上述理论、模型能够有效分析客运车辆交通事故灾害模型和司乘人员逃生特征,对交通事故后司乘人员伤亡数量最小化、逃生概率最大化、自主救援合理化提供科学、安全、高效、完善的指导性意见和建议;开发的软件能够有效模拟各种交通事故场景,满足交通事故场景下的逃生培训、演练和模拟需求,以实现司乘人员应急逃生和自主救援行为能力和思维意识的培养,有效提高客运车辆交通事故后司乘人员的逃生和自救成功率,减少人员伤亡数量;研发的设施设备能够实现客运车辆交通事故后逃生装备的智能化和自动化、逃生路径的最优化和合理化,有效缩短逃生时间,提高逃生效率。

其中基于 OBD 的车载信息采集系统主要研究任务包括搭建以 STM32F103 为核心的车载信息采集系统硬件,移植嵌入式操作系统 μC/OS Ⅱ,分析并研究常用的 CAN 总线通信协议 SAE J1939,基于此协议开发读取车辆 CAN 总线数据帧的嵌入式程序,最后完成车载信息采集系统与服务器的对接,并进行实车验证此系统的稳定性、实时性和准确性。

基于高精度 GPS 的车辆定位信息采集系统的研究任务包括分析现在广泛应用的卫星定位技术、惯性导航定位技术、超宽带无线定位技术、高精度地图定位技术,分析各种定位技术的优势和不足,提出高精度的定位技术方案,进行车辆位置和姿态信息的采集。研究 CAN 总线通信协议、ROS 架构、坐标系转换技术,实现车辆位置信息和姿态信息的准确获取。

基于计算机视觉的车道线识别及车道偏离预警系统的主要研究任务是以机器视觉作为主要技术手段,搭建一个完整的车道偏离预警系统,使得车辆在偏离本车道时能准确、及时地提醒驾驶员,避免遭受严重的安全事故。主要涉及图像处理开发平台搭建、图像预处理知识、道路图像的分割、车道线的识别及其模型搭建、车道偏离判断算法的设计。

基于激光雷达的障碍物监测与防撞系统的主要研究任务包括搭建以单线激光雷达与飞思卡尔开发板为核心的前方障碍物信息采集系统。搭建硬件和软件框架,建立基于 16 线激光雷达的车载感知系统,以工控机作为主动防撞系统的主控制器,以 CAN 通信卡作为实现工控机与车辆 CAN 通信的硬件设备,同时阐述了被控车辆和电子液压制动系统的相关硬件及通信协议。

在软件框架方面，搭建了以 ROS 系统基本原理为基础的松耦合式软件架构。

设计多线激光雷达障碍物检测算法，通过 16 线激光雷达通信协议获取原始点云数据，通过 ROS 系统中的 TF 工具完成防撞系统中的坐标系转换，通过设计算法，完成对点云信息进行聚类之前感兴趣区域的提取和去除异常点的滤波操作，分别利用直通滤波器和条件滤波器的相关原理进行车身点的滤波、高度的滤波和地面点的滤波，之后利用体素滤波器的相关原理，在不影响系统功能的前提下减少激光雷达采集的数据点数量，以提高算法的实时性。滤波完成后，通过欧几里得聚类算法对点云进行聚类处理，获得障碍物的形心信息、轮廓信息及距离信息，通过 ROS 系统中的话题通信机制发送给车辆决策控制模块进行处理。

第 2 章
车载信息采集通信及监测系统

一个安全稳定的自动驾驶系统中,车联网信息的采集与监测对于车辆本身及环境的精确感知有着重要意义。它由车载信息采集系统、车载通信及监测系统两部分组成。

　　本章首先详细介绍了车载信息采集系统,其中包含通过OBD采集车辆信息、通过激光雷达采集前方障碍物信息、通过视觉采集车道线信息,以及通过定位信息设备获取车辆高精度定位信息的系统。还详细介绍了车载通信及监测系统,其中包含基于云服务器和4G/5G模块的车载终端与云服务器的通信系统,基于V2X设备的车载终端与路侧终端的通信系统,以4G/5G、云服务器、JavaScript和MySQL等其他技术为基础的车载数据监测系统。另外还介绍了车联网信息采集与监测系统,该系统可对智能汽车的行车状态进行评价,对车辆安全行驶保障发挥重要作用。

2.1　车载信息采集系统

2.1.1　基于OBD的智能终端信息采集系统

1) 研究方法

　　车载信息采集系统在车联网及智能交通领域发挥着重要作用,为了对车载信息进行采集,搭建了基于OBD的车载信息采集系统。其具体实现方法如下:

　　首先采用STM32芯片为硬件核心,通过OBD采集车辆的运行状态信息,然后通过外部加载的GPS模块获取定位信息,最后再通过外接的GPRS模块进行无线数据传输,实现数据的采集与上传。

通过研究本系统中所涉及的 CAN 总线技术、嵌入式技术、GPS 定位技术、GPRS 无线传输技术等内容,并分析了常用的 CAN 总线通信协议 SAE J1939。根据本系统具体的应用需要,搭建了以 STM32 为核心的车载信息采集系统的硬件电路。针对车载信息采集系统的核心微处理器 STM32,搭建 STM32 的库函数及 Keil 5 的嵌入式开发环境,并移植了嵌入式操作系统 μC/OS Ⅱ。在此基础上,对 SAE J1939 协议的应用层协议进行研究,开发了读取车辆 CAN 总线数据帧的嵌入式程序,并同时设计了 GPS 地理位置信息接收程序与 TCP 发送程序;服务器端配置了接收端口,并对通过端口的数据流进行存储;设计了后台监控 Web 服务程序及其相应的显示及登录界面。

系统整体测试包括实验室 ECU 模拟器测试及实车测试两种方案。ECU 模拟器数据遵守 SAE J1939 协议。首先对 ECU 模拟器的数据进行读取,根据读取结果不断修改验证程序以求读出的信息准确且具有很好的实时性。在此基础上,根据厂家提供的 CAN 总线数据私有协议对程序进行修改,最后进行实车试验验证,通过模拟器与实车试验相结合共同验证了此套车载信息采集设备的可行性。

2) 研究过程

搭建以 STM32F103 为核心的车载信息采集系统硬件,购买 STM32F103 芯片、NEO-6M 模块、移远 M35 4G 芯片,绘制 PCB 板,完成试验板的制作与封装。针对车载信息采集系统的核心微处理器 STM32,搭建了 STM32 的库函数及 Keil 5 的嵌入式开发环境,并移植了嵌入式操作系统 μC/OS Ⅱ,实现了简单的 μC/OS Ⅱ 任务调度操作,并基于此操作系统成功驱动 STM32F103 完成简单的串口收发调试。在成功移植 μC/OS Ⅱ 操作系统的基础上,分析并研究了常用的 CAN 总线通信协议 SAE J1939,开发了读取车辆 CAN 总线数据帧的嵌入式程序,并将它以一个任务线程的形式嵌入 μC/OS Ⅱ 操作系统中。设计并编写了 GPS 地理位置信息接收程序与 TCP 发送程序,将这两个任务以任务线程的形式嵌入 μC/OS Ⅱ 操作系统中;租借阿里云服务器,并在服务器端配置接收端口,通过端口的数据流进行存储,实现车基信息的简单存储与发送;完成 ECU 模拟器测试,实现基于 SAE J1939 协议数据标准的车基信息的采集与发送,通过简单的 TCP 传输,发送到服务器后端,并实现服务器前端的显示,根据厂家提供的 CAN 总线数据私有协议对程序进行修改,通过模拟器与实车试验相结合共同验证了此套车载信息采集设备的可行性。完成车载信息采集系统与搭建的服务器的对接,并进行实车验证,验证了系统的稳定性、实时性和准确性。根据不同厂家提供的 CAN 总线数据私有协议对程序进行修改,验证了系统对 ISO 15765 协议和 SAE J1939 协议数据采集的可行性、稳定性、实时性与准确性。

2.1.2 基于激光的前方障碍物信息采集系统

障碍物识别及测距分为雷达和机器视觉两种探测方式。目前激光传感器测距系统已经处于相对完善的状态,主要有基于单线激光雷达和多线激光雷达两种方法。

1) 单线激光雷达

基于单线激光雷达的障碍物识别及测距报警系统工作过程如下:通过单线激光雷达向车前方发射激光,在遇到障碍物之后光束反射回来,被传感器接收,检测这段时间差可以得到汽车与前方障碍物的相对距离。再将驾驶员的反应及制动时间加入考虑之后得到一个计算安全距离的公式,将实际测得的距离与安全距离做对比,当测得的距离小于安全距离时,系统对驾驶员进行报警,提醒驾驶员采取相应措施。将单线激光雷达连接飞思卡尔开发板,将采集的距离信息数据通过云端发送到服务器,并进行预警。

2) 多线激光雷达

基于多线激光雷达的障碍物识别及测距报警系统工作过程如下:通过 16 线激光雷达通信协议获取原始点云数据,应用 ROS 系统中的 TF 工具完成防撞系统中的坐标系转换,然后设计算法,完成对点云信息进行聚类之前感兴趣区域的提取和去除异常点的滤波操作,分别利用直通滤波器和条件滤波器的相关原理进行车身点的滤波、高度的滤波和地面点的滤波;之后利用体素滤波器的相关原理,在不影响系统功能的前提下减少激光雷达采集的数据点数量以提高算法的实时性。滤波完成后,应用欧几里得聚类算法对点云进行聚类处理,获得障碍物的形心信息、轮廓信息及距离信息,最后使用 ROS 系统中的话题通信机制发送给车辆决策控制模块进行处理。

2.1.3 基于视觉的信息采集系统

基于视觉的信息采集系统可分为基于图像处理的车道偏离信息采集方

法、基于机器学习的车辆及车距信息采集方法、基于深度学习的车辆及车道线信息采集方法。具体内容如下：

1）基于图像处理的车道偏离信息采集模块

车道偏离信息采集模块采用 CCD 摄像头采取车道线的视频信息。摄像头采取的车道线信息视频以一帧帧图像的方式传输给 DM6437 主控制器进行图像处理,识别车道线并判断行车是否发生偏离。此外,该模块使用 51 单片机检测转向灯电信号,当 DM6437 检测到车辆发生偏离,而 51 单片机检测到转向灯电信号时,则判定为驾驶员有意转向,此状态为正常偏离转向。反之,此时 51 单片机没有检测到转向灯电信号时,则判定发生车道偏离。最后,视觉模块与激光测距模块一起,借助 USR－G780 4G 模块将车道偏离及安全距离相关数据传输给后台服务器处理。

2）基于机器学习的车辆及车距信息采集模块

此模块主要是对于前方车辆及车距信息的采集,即通过摄像头获取行车环境的视频图像信息,在复杂的环境中检测出运动或者静止的车辆,并测量当前车辆与识别出的目标车辆之间的距离。该模块以高速相机作为输入设备,在 Windows 系统下将 Visual Studio Enterprise 2015 与 OpenCV 库进行配置,设置程序算法完成对输入的视频图像的处理。调用 OpenCV 内置的机器学习函数,进行相关参数设计,用一系列大量的正负样本完成基于 Haar-Like 特征的车辆分类器的训练,然后将分类器导入配置 OpenCV 的 Visual Studio Enterprise 2015,设计算法程序完成视频图像中的车辆检测,识别出车辆在图像中的位置。最后,基于单目视觉完成对识别成功车辆的距离检测,并将距离显示在屏幕窗口上。本模块应用的 OpenCV 3.0 中的 ml.cpp 文件提供了大量的机器学习算法,其中包括正态贝叶斯、K 最近邻、支持向量机、决策树、Adaboost、梯度提升决策树、随机森林、人工神经网络、EM 算法等。这些算法的分类过程都很相似,主要分为三个环节——收集样本数据、训练分类器和对测试数据进行预测,区别在于 OpenCV 中的参数设定上。识别出前方车辆及距离后,与激光传感器测得的距离融合,当发现前方行驶距离不安全的情况时给予报警。

3）基于深度学习的车辆及车道线信息采集模块

对于车辆和车道线信息的采集,首先建立车辆和车道线的数据集,包括车辆、车道线数据集的采集、标注、格式转化及通过批量处理整理成模型要求的数据集结构;然后搭建车辆与车道线检测网络模型。对于车辆的信息采集,首先输入图像得到不同大小的特征图,然后对最小的特征图进行不同尺度的目标预测,预测前使用 K-means 聚类算法得到每个特征图的三个先验框,然后通过单元格预测车辆的位置、置信度和类别,再对所有的预测框进行非极大值抑制,最终检测出图像中的车辆。对于车道线的信息采集,首先通过编码器网络对图像进行特征提取,接着解码器网络进行图像分割,然后使用 mean-shift 算法进行聚类得到车道线像素点的分割结果,最终使用最小二乘法对车道线像素点进行二次曲线拟合,最终获取车道线信息。

2.1.4 车辆高精度定位信息采集系统

卫星定位技术可以为行驶车辆提供基础的位置信息。目前除了美国的 GPS 定位系统外,我国部署的北斗卫星定位系统也正在实现民用及商用的功能。在卫星定位技术中,每颗卫星会以相应的数据格式发送电磁波信息,地面的卫星接收装置可以接收到卫星传输来的时钟及位置信息,依据卫星定位的传输原理进行解算。理想状态下,只需要四颗卫星就可以完成地面目标的定位,三颗卫星负责根据偏差解算得出地面目标的三维坐标(x, y, z),另一颗卫星负责协调三颗卫星产生的接收时间误差。

通过卫星定位获得目标的位置,定位精度仅可以达到米级,并且在大城市由于高楼阻隔及公路隧道的影响,卫星信号接收机接收到可用的卫星数量会大幅减少,卫星定位坐标可能会出现漂移的情况而无法测到准确的目标位置。在此基础上,实时动态载波相位差分技术(real-time kinematic,RTK)作为卫星定位的辅助工具,可以大大提升单纯的卫星定位的定位精度。同时,配合惯性导航系统(inertial navigation system,INS)依靠自身所带有的传感器进行感知,通过坐标标定来确定自身所处位置。在初次使用惯性导航系统时,需要通过设定初始位置及初始状态来定位当前坐标,后续可依据惯性单元的累计测量值如加速度、角速度等状态量的变化率,运用相关的运动学计算模型,不断更新迭代进行计算,来得到被测单元的实际坐标位置与当前朝向,并不断更新当前坐标。

实现高精度的定位,获得准确的车辆位置信息,是实现基于 GPS 的车辆高精度定位信息采集系统的基础。只有达到厘米级的定位精度,系统才可能获得准确的轨迹地图,得到精确的车辆位置。传统的定位技术都是单个技术获取车辆的位置信息,往往会因为客观原因的存在导致获取的位置精度不高。为了弥补这个误差,本系统采用多种定位技术相融合来实时地获取车辆位置及姿态信息,选择使用 GPS 和 INS 作为组合导航设备为信息采集系统提供定位信息。然后将接收到的车辆运行参数及地理位置信息打包整理后,通过 4G 通信模块将数据上传至云端服务器,接着服务器端绑定的网页监控部分将显示所收到的信息,这样后台工作人员便可以实现对车辆的实时监控。

本系统中的 GPS 信号接收模块选择 U-Blox 公司研发的 NEO-6M 模块,该模块具有极其高的精度,可以扩大定位的覆盖范围,在汽车电子领域有着广泛的应用。

NEO-6M 模块性能参数见表 2-1。其中 GPS 芯片的通道数量表示其最多可以接收卫星信号的数量,要获取正确的定位信息,至少需要四颗卫星的信号。更新率代表模块每秒所输出的定位信息的次数,定位精度的单位是误差概率单位 CEP,该单位的物理意义为物体的实际位置落在以定点为圆心、精度为半径的圆内的概率为 50%。

表 2-1 NEO-6M 模块性能参数

项　　目	参　　数	项　　目	参　　数
GPS 电压/V	3.3~5.5	冷启动灵敏度/dBm	-148
外形尺寸/mm	16×12.2×2.4	冷启动速度/s	26
工作温度/℃	-40~85	热启动速度/s	1
接收通道	50	水平精度/m	2.5
接收频率/MHz	1 575.42	测速精度/(m·s^{-1})	0.1
更新率/Hz	5	角度精度/(°)	0.5
灵敏度/dBm	-160		

本书使用的全球卫星定位系统是一套建立在空间的为近地单位提供三维定位服务的系统。卫星定位技术发展到现在,产生了 GPS 定位系统(简称 GPS 系统)、北斗定位系统(简称北斗系统)、格洛纳斯(GLONASS)定位系统及伽利略(Galileo)定位系统四种,它们分别由美国、中国、苏联和欧盟研发,

采用了"空间部分+控制部分+用户部分"的方式。卫星定位系统具体组成见表 2-2。

表 2-2 卫星定位系统组成及基本功能

组	成	基 本 功 能
空间部分	定位卫星	接收和保存导航信息;生成测距码和载波信号;发送信号给用户;根据控制系统指令调整运行状态
	监测站	接收卫星信号,检测卫星状态
控制部分	主控站	计算星历与时钟参数
	注入站	将主控站计算的参数注入卫星
用户部分	GPS 接收器	接收并转换卫星信号

本系统选择的组合定位设备使用北斗系统作为定位服务的供应商,与其他定位系统相比,北斗系统包含 35 颗卫星,构成了三种星座组网卫星轨道。此外,北斗系统使用三频信号、提供短报文通信服务、提供有源定位和无源定位。这些构造保证了北斗系统在亚太地区的定位精度、可靠性与安全性。

同时,本系统使用差分 GPS 提高个人用户的定位精度。原理是将 GPS 接收器作为参考站,放置在准确测量位置的已知点上,与用户(流动站)同步执行 GPS 观测,并将获得的单点定位结果作为参考坐标,用于比较并获得实时校正值。其原理如图 2-1 所示。差分 GPS 工作过程如下:在用户站附近设

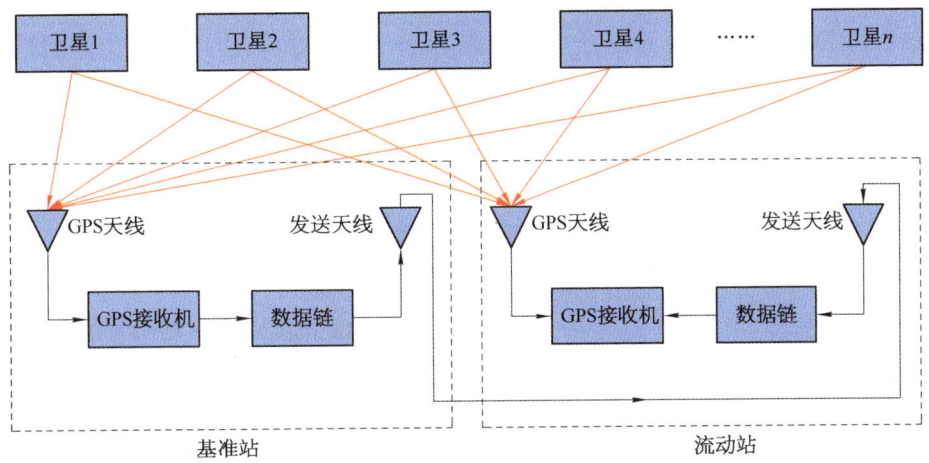

图 2-1 差分定位原理图

置一个差分基站,并确定其精确的三维坐标。基站接收机连续接收卫星发送的定位信号,将测量位置坐标或伪距数据与已知参考位置坐标或伪距数据进行比较,该差值为对应的差分校正值。然后通过数据链路将差分校正值发送到用户站,结合用户站自身的定位数据进行相应的补偿操作,以提高用户的定位精度,得到更准确的定位结果。

2.2 车载通信及监测系统

2.2.1 车载终端与云服务器的通信

通过建立车载终端和云服务器的通信,可以实现云端对于车辆的数据监控显示和紧急安全控制,进一步保障了智能车辆的行驶安全性。其具体内容如下:

搭建基于 GatewayWorker 框架的云服务器系统,运用 HTML5＋CSS3＋JavaScript 对云服务器前后端数据交互进行测试;搭建车载设备+4G 模块+云服务器的通信平台,设置 4G 模块参数使其与云服务器的特定监听端口进行绑定,再进行车载设备发送端与云服务器接收端通信的测试;车载设备采集ECU 模拟器的数据,并通过 4G 模块将数据上传给云服务器平台,完成车载信息采集设备端与云服务器平台通信的基本调试;根据云服务器端接收到的数据,运用不同的标准与算法分别对数据进行不同的处理,进而设计出不同的子功能模块,并对各个功能模块都进行调试;进行实车试验以测试通信信息的实时性、准确性和稳定性,并测试设计的各个子功能模块是否能正常并稳定地运行。

关键设备包括阿里云服务器、车载端 4G 模块等。

1) 阿里云服务器(操作系统 Ubuntu 14.04 64 位)

阿里云服务器 ECS 是阿里云提供的性能卓越、稳定可靠、弹性扩展的基础设施即服务(infrastructure as a service, IaaS)级别云计算服务。云服务器 ECS 免去了采购 IT 硬件的前期准备,可以像使用水、电、天然气等公共资源一样便捷、高效地使用,实现计算资源的即开即用和弹性伸缩。

使用云服务器 ECS 的优势如下：

（1）无须自建机房，无须采购及配置硬件设施。

（2）分钟级交付，快速部署，缩短应用上线周期。

（3）快速接入部署在全球范围内的数据中心和边界网关协议（border gateway protocol，BGP）机房。

（4）成本透明，按需使用，支持根据业务波动随时扩展和释放资源。

（5）提供 GPU 和 FPGA 等异构计算服务器、弹性裸金属服务器及通用的 x86 架构服务器。

（6）支持通过内网访问其他阿里云服务，形成丰富的行业解决方案，降低公网流量成本。

（7）提供虚拟防火墙、角色权限控制、内网隔离、防病毒攻击及流量监控等多重安全方案。

（8）提供性能监控框架和主动运维体系。

（9）提供行业通用标准 API，提高易用性和适用性。

2）车载端 4G 模块

4G 模块是一种硬件加载到指定频段、软件支持标准的 LTE 协议、软硬件高度集成模组化的产品的统称。硬件将射频、基带集成在 PCB 板上，完成无线接收、发射、基带信号处理等功能。通过 4G 模块将基于 OBD 与 GPS 的车载信息采集系统、车道偏离系统、前向碰撞预警系统等采集的各种信息发送到已经搭建好的云端，实现车辆实时数据的获取、处理及可视化。

2.2.2　车载终端与路侧终端的通信

车载端与路侧端的通信是实现车路协同的重要一环，要实现车载端与路侧端的通信，主要用到的方法是 V2X 通信技术，而对于 V2X 通信的实现，需要搭建相应的通信平台架构。平台搭建的过程如下：

一般来说，该通信平台主要涉及三个端口：车端、路侧端和云端。其中路侧端和云端因为车路协同环境下计算节点下沉至边缘层（即路侧）的需求而经常被同时提及。再考虑到三个端口间信息传输渠道的重要性，车路协同应当有以下三个核心组成部分：智能车载系统（车端）、智能路侧系统（路侧端+云端）和通信平台。其中智能车载系统负责车载端的海量数据实时处理和多传感器数据融合,保证车辆在各种复杂的情况下稳定、安全地行驶;智能路侧系统负责路况信息搜集与边缘侧计算,完成对路况的数字化感知和就近云端算力部署;而通信平台负责提供车-车、车-路间实时传输的信息管道,通过低延时、高可靠、快速接入的网络环境,保障车载终端与路侧终端的信息实时交互。目前最主流的通信技术一个是专用短距离通信(dedicated short range communications,DSRC),另一个是基于蜂窝移动通信系统(cellular vehicle to everything,C-V2X)技术(包括 LTE-V2X 和 5G NR-V2X)。图 2-2 是车路协同研究的总体技术路线图。

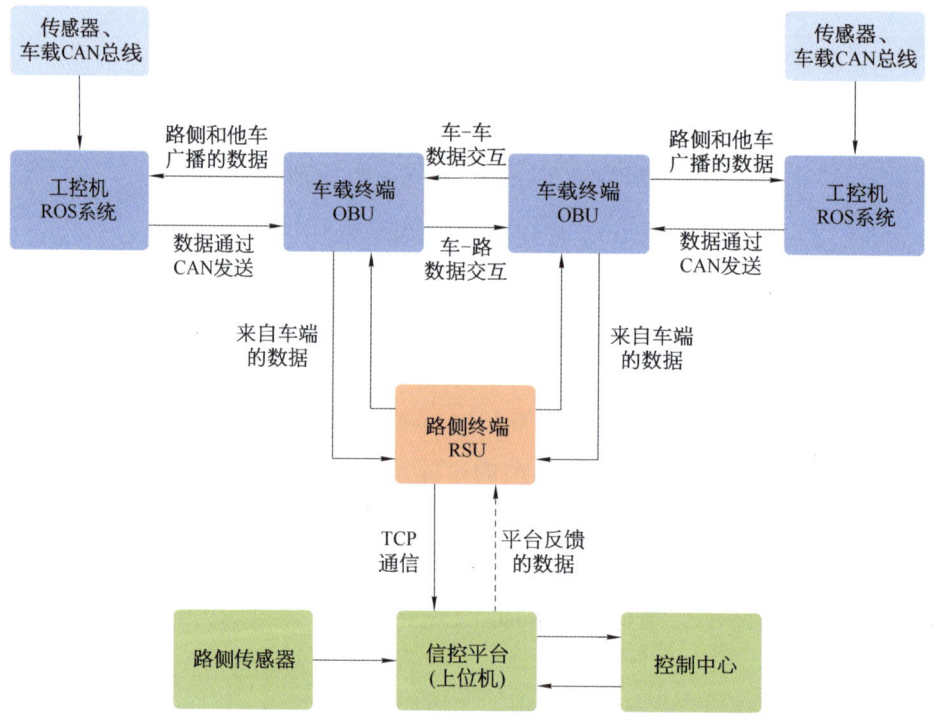

图 2-2 车路协同总体技术路线图

研究时可以使用工控机作为车载终端用于处理及发送本车数据到 OBU(V2X 车载端),OBU 再发送到 RSU 端(V2X 路侧端)和云服务器,同时云服务器接收其他车辆的行驶数据及由 RSU 端发送的道路信息数据,实现车载端、路侧端及云端之间的数据交互,与此同时车与车端的 OBU 也可完成车-车之间的通信。

2.2.3　车载数据监测系统

应用4G通信技术、云服务器及相应程序开发技术,车载终端将车载信息及定位信息发送到服务器的特定端口,控制中心基于TCP或WebSocket协议监听服务器端口,接收数据。一方面使用HTML5+CSS3+JavaScript使网页对接收的数据进行显示,用于对在途车辆状态数据进行监控;另一方面利用MySQL数据库对数据进行保存,以便实现数据回放等。另外,控制中心还根据一定的标准及算法对数据进行分析,确定车辆安全状态,并将结果推送到网页端。

第 3 章
车辆安全评判预警系统及信息服务

车辆安全评判预警系统的应用对于保障交通安全来说是必不可少的。在道路上行驶的车辆为保障其行驶安全,应用前向碰撞预警系统、车道偏离预警系统和通过车载总线获取信息的预警系统进行数据采集并处理信息,使得驾驶员针对行车状况做出相应的改善措施以保证行车安全。

本章首先从前向碰撞、车道偏离、车载总线获取信息三个方面详细介绍了车辆安全评判预警系统及其子系统,明晰了各子系统在车辆评判预警中的作用。进而从各子系统的功能出发,在硬件和软件方面采取多传感器信息融合的技术对车辆状态进行更加准确高效的评判。硬件方面,通过数据层、特征层、决策层三方面将车载端与路侧端信息融合。软件方面,应用模糊算法、免疫算法对行车状态进行相应的安全评判,使得驾驶员更能做出正确的改善措施,从而进一步保证交通安全。

3.1 车辆安全评判预警系统

3.1.1 前向碰撞预警系统

1)工作原理

障碍物识别及测距为激光探测方式,即通过激光传感器或者多线激光雷达向车前方发射激光,通过计算激光从发射到返回的时间便可以得到汽车与前方障碍物的相对距离。根据汽车制动系统模型得到一个计算安全距离的公式,将实际测得的距离与安全距离做对比,当实测距离小于安全距离时,提醒驾驶员采取相应措施。同时将测得距离相关参数传送到云端服务器,在服务器端进行监测评判,如果评判结果为非安全状态,则在紧急情况下进行控制制动。

2）系统设计

通过搭建安全距离检测及防撞预警系统硬件平台，前向碰撞预警系统由两种系统融合而成：

（1）利用激光测距传感器测量行车与前方障碍物的距离。通过 CAN 总线或 OBD 接口，实现对车速等其他信息的实时读取，建立行车安全距离模型；当系统判断实际行车距离小于安全距离时，以声音报警的方式提醒驾驶员，同时可在紧急情况下进行控制制动。

（2）利用多线激光雷达，建立点云图，通过相应算法处理识别障碍物，获得障碍物的形心信息、轮廓信息及距离信息，并将信息发送给车辆决策控制模块处理，根据汽车制动性，系统模型得到一个计算安全距离的公式，当实时测得的障碍物距离小于安全距离时，对车辆进行紧急制动，从而完成车辆自主防撞。

3.1.2　车道偏离预警系统

1）工作原理

车道偏离预警系统应用图像处理技术识别车道线，通过算法判断车辆是否偏离，并将发生偏离的情况发送到云端服务器。该系统主要由 DSP 图像处理开发板、单片机开发板、摄像头、照度采集传感器、显示器等组成。首先对道路图像进行感兴趣区域（region of interest，ROI）的提取；然后对提取到的图像进行预处理，主要包括灰度化和中值滤波；接着利用车道线的形状与亮度特征对道路图像进行阈值分割；再通过车道线的连续性特征识别出道路图像中所有车道线的中心点；再利用最小二乘法对提取的车道线中心点进行直线拟合；最后以偏航角和车道线在道路图像中的横向位置作为车道偏离的两个判断条件，形成车道偏离判断方法。软硬件搭建完成后在试验车上进行试验验证，完善系统。

2）系统设计

基于图像处理的车道偏离预警系统的研究过程是首先搭建车道线识别及车道偏离预警系统软硬件平台，平台以 DSP 芯片 TMS320DM6437 作为图像处理主芯片进行车道线的识别，载有蜂鸣器的 51 单片机开发板作为报警设备在偏离车道时进行预警,并将车道偏离信息发送至云端服务器,以CCS3.3作为软件开发环境,进行程序的编写和调试。软硬件搭建完成后,通过摄像头采集前方道路图像并传输到DM6437图像处理芯片中,然后对采集到的图像进行预处理,接着利用车道线固有的形状及亮度特征作为道路图像分割的依据,再结合车道线识别及拟合算法,设计车道偏离判断方法,最终形成一套车道偏离预警系统。在CCS软件开发环境中进行车道线识别和车道偏离预警的程序编写和调试。最后对整个系统进行实车试验和验证,确定摄像头的安装参数和车道偏离判定参数,不断改进和完善系统,保证车道偏离预警系统的实时性、适应性及准确性要求。

基于深度学习的车道偏离预警系统的研究过程是首先搭建车道线识别及车道偏离预警平台,该平台建立了车道线数据集,主要包括车道线数据集的采集、标注、标签转换及通过批处理整理成模型要求的数据集结构;然后搭建了车道线检测网络模型,首先通过编码器网络对图像进行下采样完成特征提取,然后通过解码器网络对图像进行上采样完成图像分割。解码器包含两个分支:语义分割分支和实例分割分支。它们分别用来分割背景和车道线及区分不同的车道线,之后再使用 mean-shift 算法进行聚类后处理得到车道线像素点的分割结果,接着使用最小二乘法对车道线像素点进行二次曲线拟合,最终检测出图像中的车道线。最后对整个系统进行实车试验和验证,不断改进和完善系统,保证车道偏离预警系统的工作稳定性、准确性及实时性要求。

3.1.3 通过车载总线获取信息的预警系统

在实现车道偏离预警时,监测当前车道标线与车辆轨迹,在偏离车道时发出警报,提醒驾驶员保持直线行驶。同时结合CAN数据、转向灯信号,使得当转向灯亮起时,不发生报警。

在车辆紧急加速/制动时,结合CAN数据,提醒驾驶员合理控制速度,避免紧急变速造成安全风险。

在车辆变道或弯道行驶到达极端状态时,结合CAN数据,提醒驾驶员及时减速或减少转弯方向以避免事故发生。

获取的信息包括OBD提供的车速、发动机转速、冷却液温度、进气歧管压力等30多种车辆信息。对于电动汽车,待采信息还包括由车载总线获取OBD提供的车速、电池温度、驱动电机转速、驱动电机温度等30多种信息。

3.2 多传感器信息融合对行驶车辆状态的监测评判

3.2.1 车载端与路侧端信息的融合

车载端信息与路侧端信息分别由车载设备与路侧设备获取,对所获取的信息进行预处理,将信息统一、规范,提取适用、可靠的信息。通过为车载终端提供的接口,将车载端信息发送给路侧端。获取路侧设备采集到的行驶车辆有关信息,与车载端信息融合,提高对风险行为识别的可靠性,并对有异常行为的车辆进行信息服务。车载端信息的获取包括通过车载 OBD 采集车辆运行时的车速、发动机转速、电动汽车电池温度、电机转速等车载端信息,通过高精度差分 GPS 设备采集 GPS 位置信息,通过摄像头采集车道偏离信息,通过距离传感器获取车辆与周边物体距离信息。以上信息作为数据融合中的车载端信息的数据基础。最后,对路侧端信息及车载端信息(车速及车距异常信息、车辆位置信息、车辆 OBD 状态参数异常信息、车道偏离信息等)进行数据融合研究。车载端-路侧端信息融合可以从数据层、特征层及决策层三个层面进行。

1) 数据层融合

数据层融合是直接在采集到的原始数据层上进行的融合,在各种传感器的原始测报未经预处理之前就进行数据的综合与分析,是将同类别的传感器采集到的同类原始数据进行融合。其最大优势是能保持原始数据最大化,保证其准确性。数据层融合过程如图3-1所示。数据层融合的方法主要包括加权平均法、神经网络算法、参数估计法等。

基于神经网络的数据层融合流程如图3-2所示。神经网络算法对车载端信息、车载端-路侧端信息的融合,可以对所选取的行驶车辆有关信息进行训练,获得每个节点的权值和阈值,通过输入车载端、路侧端数据,按照一定的推理过程输出车辆行为状态。

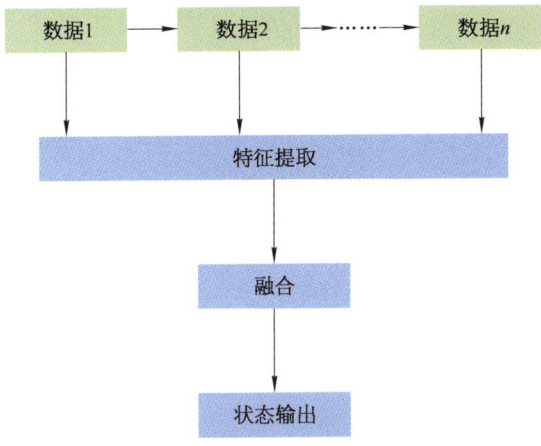

图 3-1 数据层融合过程

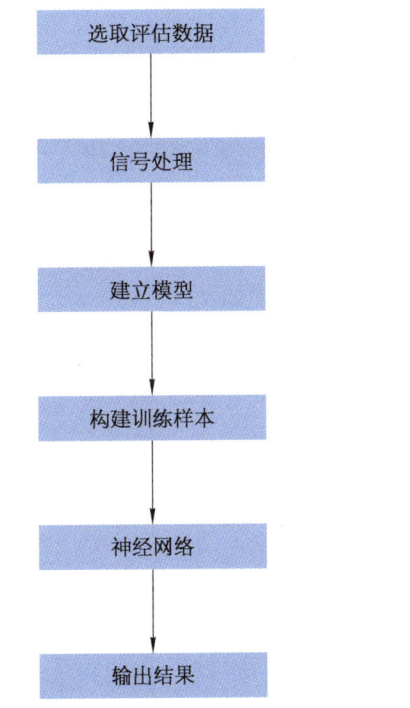

图 3-2 基于神经网络的数据层融合流程

基于加权平均法的数据层融合流程如图 3-3 所示。获取车载端、路侧端信息,选取所需的数据进行加权平均算法融合,然后输出结果。加权平均法具有使用方便、处理快、算法容易实现等特点。

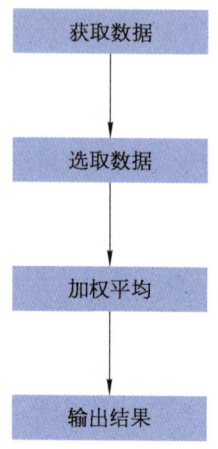

图 3-3　基于加权平均法的数据层融合流程

2）特征层融合

特征层融合是先对来自传感器的原始信息进行特征提取（特征可以是目标的边缘、方向、速度等），然后对特征信息进行综合分析和处理。特征层融合的优点在于实现了可观的信息压缩，有利于实时处理，并且由于所提取的特征直接与决策分析有关，因而融合结果能最大限度地给出决策分析所需要的特征信息。特征层融合可分为两大类：一类是目标状态融合，另一类是目标特性融合。特征层融合过程如图 3-4 所示。

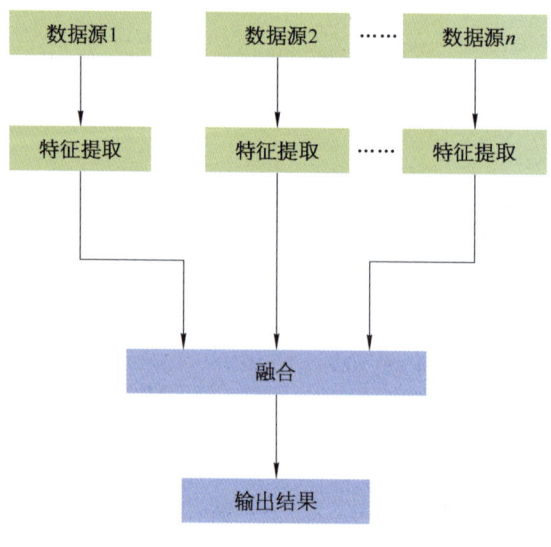

图 3-4　特征层融合过程

3）决策层融合

决策层融合是通过不同类型的传感器观测同一个目标,每个传感器在本地完成基本的处理,其中包括预处理、特征抽取、识别或判决,以建立对所观察目标的初步结论；然后通过关联处理进行决策层融合判决,最终获得联合推断结果。决策层融合过程如图3-5所示。

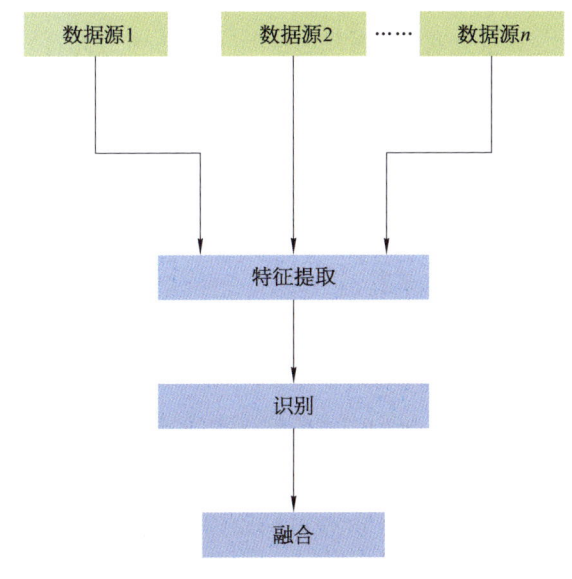

图3-5 决策层融合过程

3.2.2 应用智能算法对车辆状态的评判

1）基于模糊方法对车辆状态的评判

在道路上行驶的智能汽车,对其行驶的实时状态的监测与评判非常重要。首先基于研发的智能汽车的车载感知系统,包括通过视觉、激光雷达、定位、车载传感器系统及车载总线获取信息,通过V2X通信设备等获取路侧端雷视一体机、路侧传感器、气象传感器等交通信息,之后以V2X通信设备、4G通信模块传送到云服务器,在云服务器端建立模型,以基于可信度的模糊推理算法,将这些信息融合,对行驶车辆的状态进行评判。

首先建立针对车辆行驶状态的模糊评判集合和各参数隶属度函数,计算出各参数的隶属度,对行驶车辆的各个参数建立典型的行驶状态评判参数数据集合。之后再采用模糊假言推理方法,以典型的数据集合为基础建立带可信度和阈值的模糊规则库。应用麦姆德尼方法,建立与规则库的每个规则所对应的模糊关系矩阵库,以车辆行驶中接收到的车载端和路侧端信息为输入,应用规则库规则进行带有可信度的模糊推理,以相似度作为匹配度,对推理规则设定阈限,按照证据与规则的前件不相等的情况,计算结论的可信度,得出结论。对结论进行冲突消解的策略为取可信度高的一个结论,最后可以应用匹配度对结论进行验证,证明结论的可靠性。根据结论,可以对行车状态做出调整,从而保证行车的安全性。

2) 基于免疫算法对车辆状态的评判

当智能车辆在路上行驶时,需要实时监测和评估车辆的距离是否小于安全行驶距离、是否经常偏离车道、动力电池温度是高是低等。智能车辆具有丰富的环境感知系统和通信系统,通过这些系统获得了大量有效的车辆状态信息,然后通过智能算法对这些信息进行融合,这对车辆状态的评价非常有帮助。

利用开发的智能联网车辆(ICV)信息采集系统平台,包括视觉、雷达、环境感知、定位、V2X通信系统,获取路侧端信息,实时获取智能车辆当前驾驶过程中车辆的驾驶状态参数,然后传输到监控平台,应用智能免疫算法在监控平台上建立模型。在该模型中,设计相关问题的状态空间表示,用户根据监测道路驾驶特征中的典型车辆驾驶状态建立自体库,作为已知抗原,将车辆实时驾驶状态的参数作为未知抗原,应用免疫算法模型对当前车辆驾驶状态进行评价,将评价结果反馈给车辆并给出预警,从而确保车辆的行驶安全。

第 4 章

车载域控制器的搭建

车辆在道路上的运行状态包含着纷繁复杂的信息,不仅包括车辆自身的运动状态信息,还有通过搭载在车辆上传感器获取的感知信息和通过V2X通信获取的周围车辆和环境数据交互信息,因此需要通过集成化的域控制单元来实现对多传感器信息的监测与汇总;另外可以通过集成化,减少ECU的数量,使得平台的可扩展性更好。

本章首先通过对基于手机APP数据采集平台的软硬件架构进行设计,通过搭载的OBD+蓝牙通信模块与华清远见ARM Cortex－A9 FS4412开发板之间的通信,实现在手机相关软件系统页面对车辆运行过程中自身状态的汇总与监测,然后对基于ROS框架系统下的域控制平台的软硬件架构进行设计,利用研华MIC－7700型号的工控机作为硬件域控制平台,通过该平台实现对GPS、激光雷达、毫米波雷达、高精度摄像头和V2X等设备采集到的信息进行融合与汇总,并可通过CAN向线控底盘发送控制信号,提升系统决策能力。本章构建的域控制平台,可以对车辆运行状态进行融合与汇总,并可在执行层进行相应的应答,对提升车辆在线监测与预警的可靠性与集成性有着重要意义。

4.1 基于安卓APP的数据采集平台设计

4.1.1 平台硬件架构

数据采集平台采用车载终端+智能手机终端的模式,实现了车辆信息的实时采集。其中数据采集系统之一为OBD+蓝牙通信模块,该模块包括一个协议转换芯片ELM327和蓝牙芯片BCM70,以及相应的外部电路和通信电路。车辆在运行时通过 OBD Ⅱ 采集数据,建立 ELM327 芯片和车载终端及安卓手机的数据通信协议,再通过蓝牙通信将数据发送到车载终端和手机 APP 端。车载终端采用的是华清远见 ARM Cortex－A9 FS4412 开发板,通过改开发板的蓝牙模块与车载 OBD 蓝牙模块建立通信,智能手机为安卓操作系统环境,通过手机 APP 与车载 OBD+蓝牙模块通信。

华清远见 ARM Cortex－A9 FS4412 开发平台是高性能的 ARM Cortex－A9 开发平台,开发板包括核心板 V2 和外接设备板 V5,处理器为三星 Exynos 4412 四核处理器,主频达到 1.4~1.6 GHz,它的处理速度比双核大幅度提高,并且功耗减半。开发板由 5 V 电源供电,内部由电源转换芯片转换为 3.3 V 和 1.8 V,FS4412 提供了丰富的板载资源和扩展接口,且搭载了 7 in 的 1 024×600 高分辨率液晶屏,如图 4－1 所示。

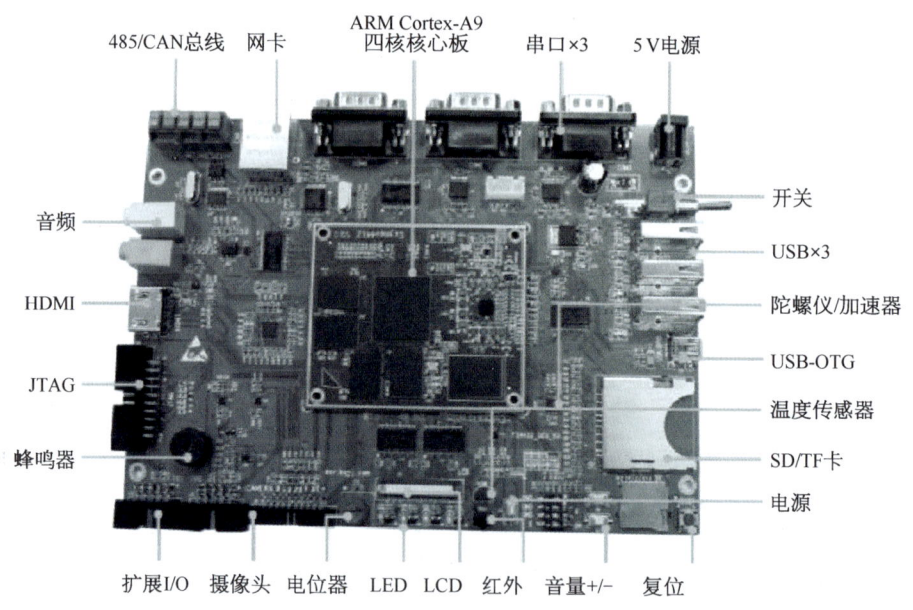

图 4－1　ARM Cortex－A9 FS4412 开发板

根据法律要求,现在几乎所有生产的汽车都要求提供一个检测接口,使检测设备能够通过这个接口获得诊断信息,从这个接口传出的数据符合某些标准,但是不能直接被手机等智能设备使用,ELM327 在 OBD 接口和标准 RS232 接口之间起到了一个桥梁的作用。ELM327 是 ELM320、ELM322、

ELM323 的升级版本,其中 ELM327 增加了 7 种 CAN 协议,使 ELM327 芯片可以自动检测并转换 12 种标准通信协议,如图 4-2 所示。

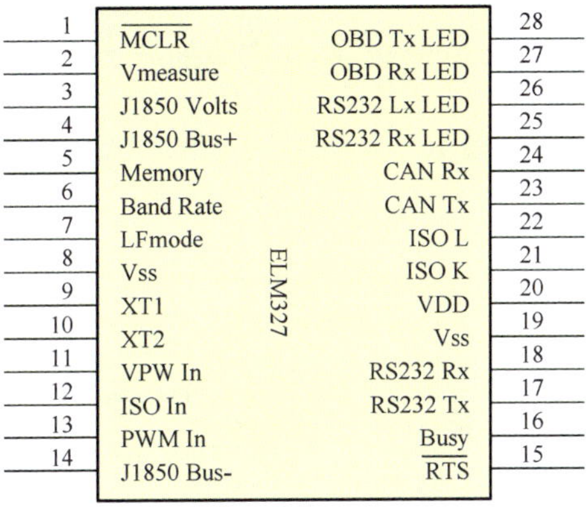

```
 1  MCLR       OBD Tx LED  28
 2  Vmeasure   OBD Rx LED  27
 3  J1850 Volts RS232 Lx LED 26
 4  J1850 Bus+  RS232 Rx LED 25
 5  Memory     CAN Rx      24
 6  Band Rate  CAN Tx      23
 7  LFmode     ISO L       22
 8  Vss        ISO K       21
 9  XT1        VDD         20
10  XT2        Vss         19
11  VPW In     RS232 Rx    18
12  ISO In     RS232 Tx    17
13  PWM In     Busy        16
14  J1850 Bus- RTS         15
```

图 4-2 ELM327 引脚图

智能终端 APP 与 OBD 之间通过建立蓝牙通信来进行数据传输,采用的蓝牙模块是 BCM70 芯片,属于蓝牙 3.0 标准,电压范围为 2.0~3.6 V,需要 16 MHz 的晶振来起振,支持 I2C、SPI 和串口通信,如图 4-3 所示。为了显示蓝牙模块的连接状态,可以用两个发光二极管来显示状态,当蓝牙连接建立后有一个 LED 灯常亮,有一个 LED 灯间隔 1 s 闪烁表示正在传输数据。

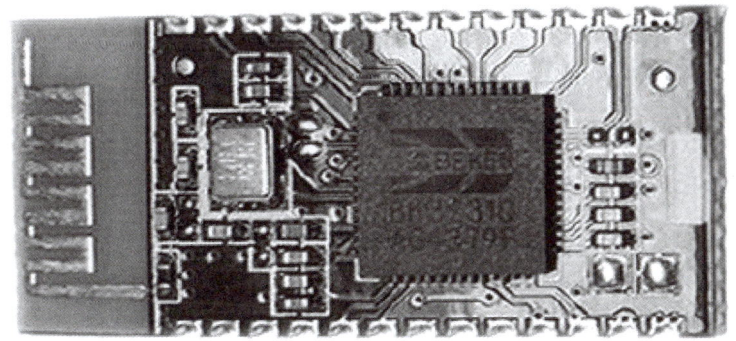

图 4-3 蓝牙模块

4.1.2 平台软件设计

该数据采集 APP 是利用 Eclipse 来进行程序开发的。Eclipse 是一个开放源代码、使用 Java 语言开发的框架平台,它只是一个框架,通过安装不同的插件构建不同的开发环境。以需要安装安卓开发的插件即 ADT 为例。首先需要关联 SDK 的安装路径(图 4-4),在 Eclipse 中,点击 Window-gt;Preferences,在图中左边一栏中点击 Android 选项,在右边加载上 S 的路径,点击 Apply。

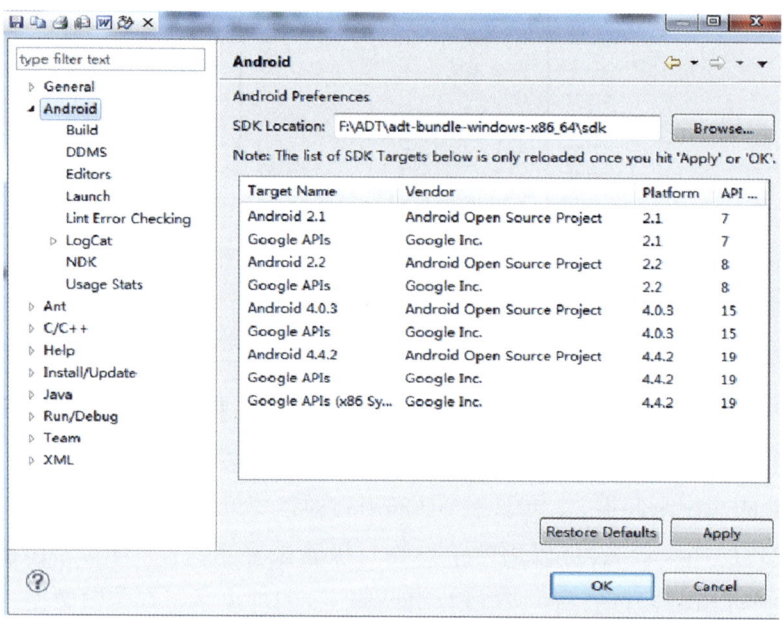

图 4-4　关联 SDK 路径

下面需要设置 Eclipse 的环境(图 4-5),点击 Window-gt;Customize Perspective - Resource,在第三个选项 Command Groups Availability 下,选中需要的 Android 的组件。在创建 Android 新应用的过程中,目标对象的 SDK 版

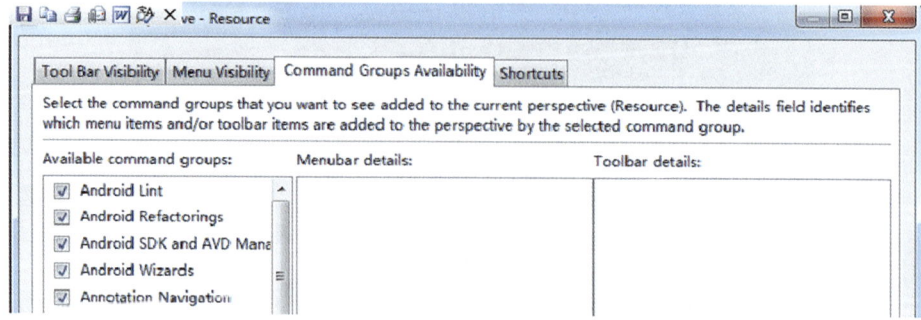

图 4-5　Android 相关工具

本和编译环境的版本需要和模拟器的版本相同,其他的一些设置可以保持默认,当有特殊需求时再去修改。

创建的 Activity 选择 Empty Activity,此时程序会自动创建一个 Activity 来继承 Activity,项目创建后就可以查看项目中的各个文件和进行程序的编写,创建好的界面如图 4-6 所示。

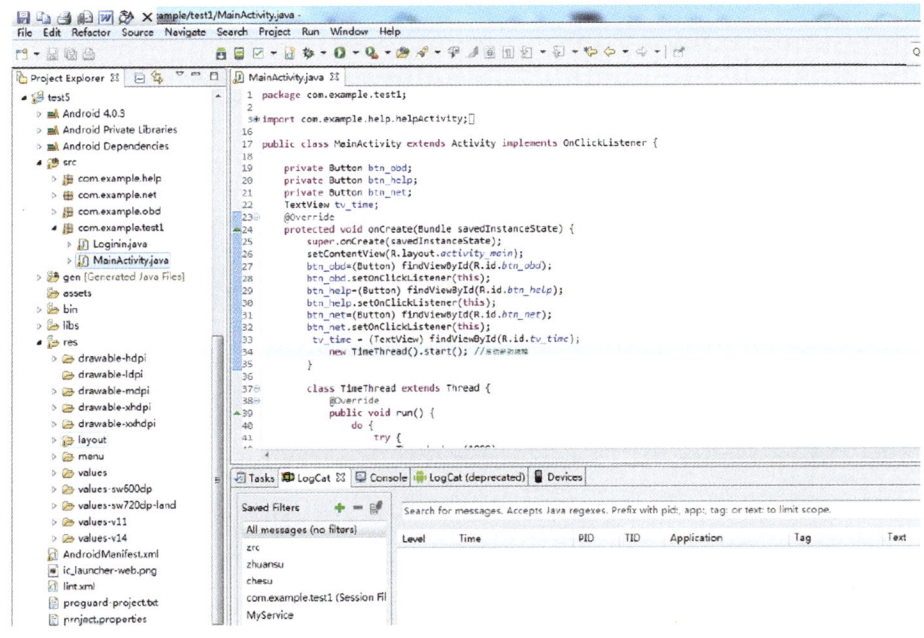

图 4-6　Eclipse 中 Android 项目

安卓系统在手机和平板等各种智能设备上的应用越来越普遍,屏幕的大小和分辨率也各不相同,所以在开发应用程序时,需要在程序中做出自适应屏幕的操作。安卓设备屏幕通常有两种属性,分别是尺寸和密度。密度是指单位面积的像素,对于尺寸来说,分为小的、一般的、大的和超大的,密度分为 ldpi、mdpi、hdpi 和 xhdpi。通过程序设计得到的手机 APP 登录和主界面如图 4-7 和图 4-8 所示。

通过该 APP 数据采集平台,可以在车辆行驶的过程中,在手机上对车辆的运行状态,包括车速、转速、温度等信息进行实时监控,可以利用实时采集到的数据对车辆行驶的安全状态进行监控。除此之外,该 APP 还有数据保存和网络服务等功能。

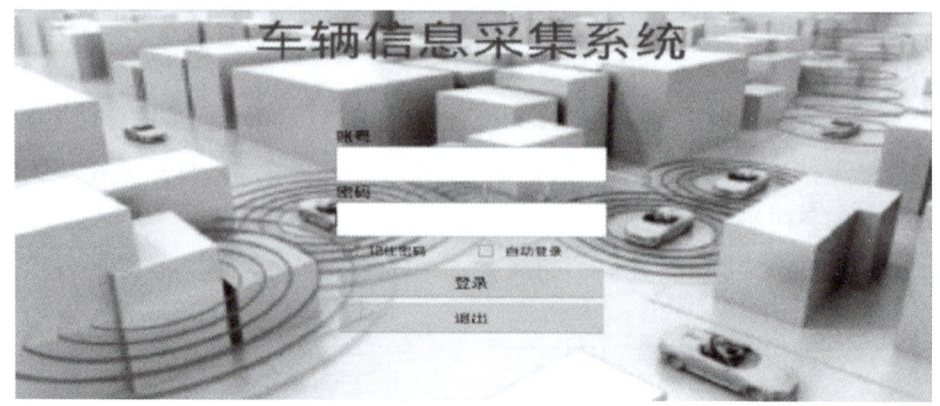

图 4-7 登录界面

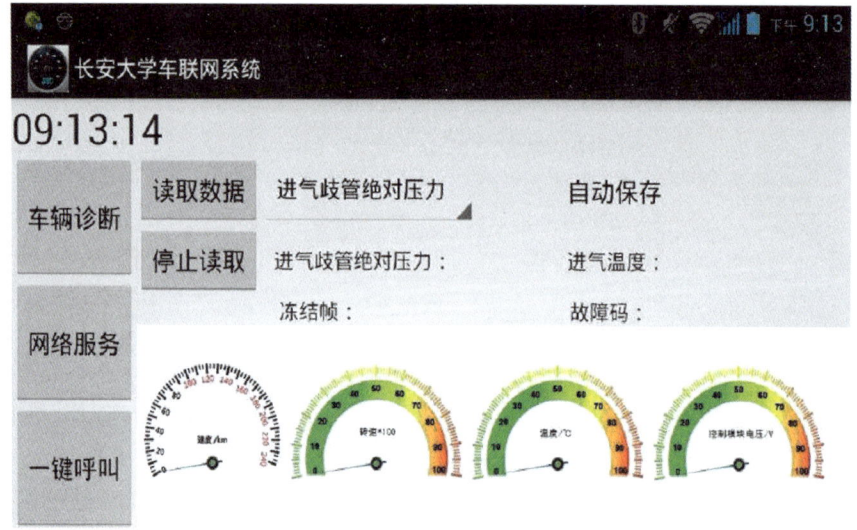

图 4-8 主界面

4.2 基于工控机的域控制平台设计

4.2.1 平台硬件架构

基于车载工控机搭建域控制平台的系统架构,智能驾驶车辆可以通过搭载的感知设备,包括 GPS、激光雷达、毫米波雷达、高精度摄像头和 V2X 设备,采集相应的车基信息和环境信息;工控机作为决策机构,可以将多传感器采集到的信息进行融合,并进行处理,在系统内部通过 CAN 向线控底盘发送控制信号;线控底盘作为执行机构,可以通过 CAN 总线接收来自工控机的控制信号,通过整车控制器(vehicle control unit,VCU)将制动、加速和转角信号输出到对应的执行机构,从而实现制动、加速和转向控制。

控制平台的硬件架构如图 4-9 所示。

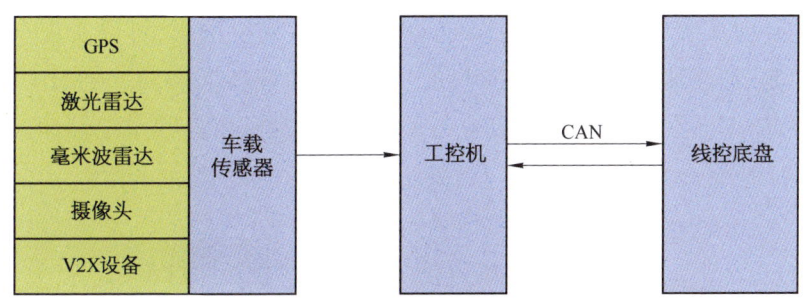

图 4-9 控制平台的硬件架构

选取研华 MIC-7700 型号的工控机作为决策单元(图 4-10),该工控机采用 Intel Core i7 系列处理器,6 核 12 线程,默频 2.4 GHz,睿频 2.7 GHz,可同时高效处理多个任务。系统还搭载有 8 个 USB 3.0 接口,可以支持两路 RS-232 和两路 RS-232/485/422 同时接入,该工控机支持 2×DDR4 高速运

图 4-10 研华 MIC-7700 系列工控机

存,最大可达到 32 GB 运行内存。该系统保证了多种传感器设备接入的可靠性与稳定性,并保证了数据分析与解析的实时性。系统还搭载了两路支持千兆以太网计入的 LAN 接口,作为激光雷达等设备接口。工控机也有比较好的扩展性,内置的 SATA 接口可以用于扩展机械硬盘,M2 接口则可以扩展固态硬盘或者机械硬盘。系统有 4 个 PCIe 接口,可以扩展其他接口,于是系统接入了 CAN 卡,设置了两路 CAN 接口,可以直接通过总线读取车辆状态信息,也可以将 CAN 指令发送到 VCU。

平台所使用的线控底盘是天尚元公司基于丽驰 V5 - T 车型改造的线控底盘。该线控车辆安装有防抱死制动系统(anti-lock braking system,ABS)、电动助力转向系统(electric power steering,EPS)和线控踏板,可以实现车辆的转向控制、加减速控制和制动控制,每一个控制器都与车载 VCU 通过 CAN 总线连接,VCU 提供的总线外部接口可用来外接控制设备,其系统设计方式如图 4 - 11 所示。

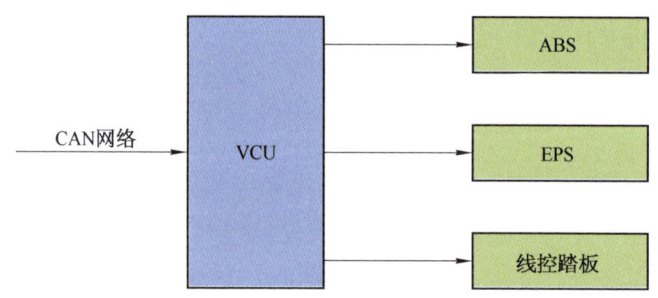

图 4 - 11　线控底盘系统设计方式

该线控底盘装配的 VCU 可以发送控制指令给线控踏板,以实现车速的控制。车内的 EPS 转向控制器直接安装在转向机构的转向柱处,可以接收来自 VCU 的转向信号,实现方向盘的转角控制。

4.2.2　平台软件设计

工控机的操作系统是 ROS 操作系统,车辆各通信节点的软件开发环境基于 ROS 框架在 Ubuntu 16.04 系统下完成,配置版本为 Kinetic 版本。通过在车载工控机搭建 ROS 框架,设计通信节点,完成传感器与底层线控车辆的通信功能。

ROS 通信框架集成了丰富的 C++类库、软件包,自带的 PCL、OpenCV 等开源项目可完成激光雷达、摄像头等识别设备的接入与部署。ROS 作为完善的通信框架,其对程序间的多进程及多线程操作进行了相应的封装处理,对于底层硬件设备的驱动调用、节点程序的管理及内存资源的合理优化,可以方便通信系统的开发。该通信框架可以在 Linux 平台上进行快速移植,具有完善的分布式架构,可将各个通信功能节点设计在多个终端平台上运行,并进行联合编译,在硬件设备无法满足处理操作时,可通过分布式部署的方式提升机器的运算速率。

ROS 框架设计了独特的计算图集:节点(node)是每一个功能包的具现,它代表了系统的每一个功能,节点可以订阅和发布话题。这时就涉及 ROS 计算图集的另一个层面:消息(message)。ROS 中的消息是一种固定的数据类型,它可以是由系统定义的,如 int32、unsigned int 等基本类型的数据组成,也可以是由用户自定义的数据类型。节点通过包含头文件的方式,使用这些类型的消息。消息在节点之间传递的方式如图 4-12 所示。

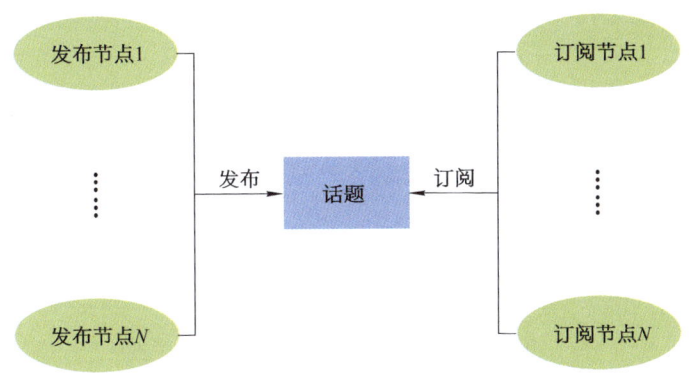

图 4-12 ROS 中基于发布/订阅模型的话题通信

在 ROS 系统运行时,系统会开启 ROS 的节点管理器(master),这个模块可以根据节点的名称与类型定位节点。在节点与节点之间建立"管道",master 节点通过区别节点订阅/发布的话题(topic),将消息发送到"管道"中,为节点传递信息。这些存储和检索运行时参数的"管道"控制器被称为参数服务器(parameter-server)。由于 ROS 系统中数据传输是全双工的,所以一个节点可以同时作为发布节点(publisher)和订阅节点(listener)。此外,ROS 中还有一种基于客户端/服务器模型的同步通信模式,称为服务(service),这是一种类似于 Web 服务器的消息传递形式。服务是一种一对多的数据传输方式,可以实现数据的同步传输。这种方式能够有效提升系统的实时性。

基于车辆的安全性要求,通过设计 ROS 系统下数据的读取和融合算法,求出不同行驶环境下系统需要的转角与车速,并发布控制信号。CAN 数据发送节点接收到控制信号后,根据 DBC 文件设定的 CAN ID 和报文格式,将算法节点输出的整型与浮点型数据转化为符合要求的报文,发送到 Socket CAN 节点,通过 Socket CAN 接口将控制信号发送到线控底盘。线控底盘的 VCU 接收到来自上位机的控制信号后,将控制指令发送到各个执行机构,完成对车辆的控制。整体的软件架构如图 4-13 所示。

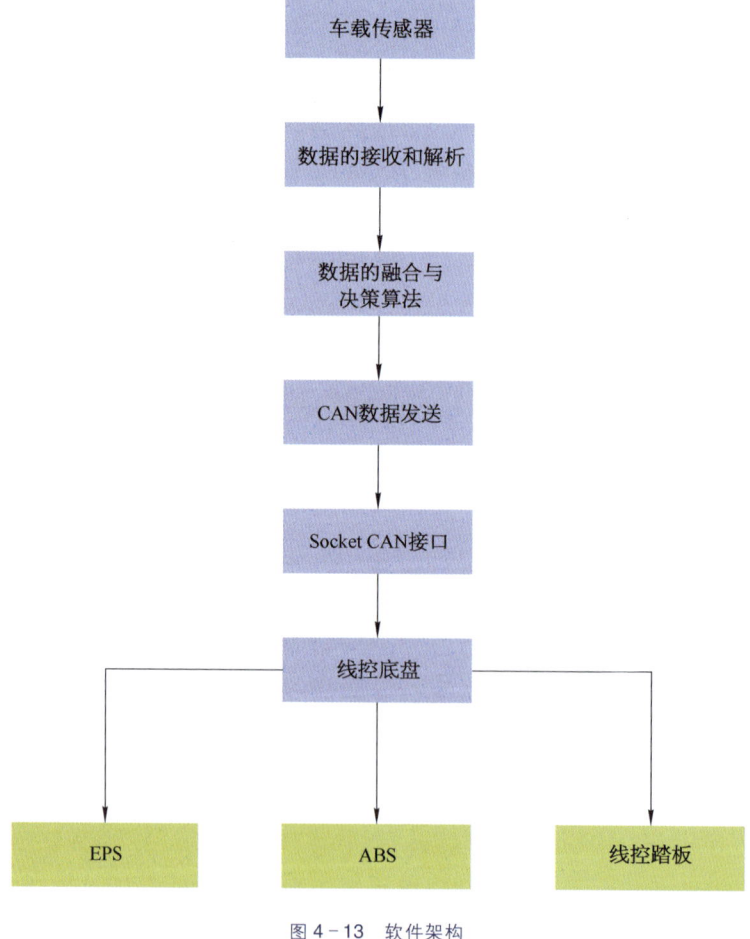

图 4-13 软件架构

第 5 章
客车碰撞事故数值建模与仿真分析

在典型客车事故中,碰撞事故往往导致车辆结构受损严重,容易造成群死群伤的严重后果,特别是正面碰撞和侧翻碰撞时造成的车辆结构受损及乘员受损情况更为严重。然而利用试验试错的方法无法系统地对车辆碰撞受损及人员伤害进行研究。

本章在我国大量重大碰撞事故数据分析的基础上,对客车正面碰撞及侧翻碰撞进行数值建模与仿真分析:简单介绍了汽车安全法规、客车碰撞安全分析方法及数值建模软件;根据前处理有限元软件建立客车正面碰撞及侧翻碰撞的整车有限元模型,利用通用显式动力学分析软件 LS-DYNA 对典型碰撞数值模型进行求解;通过后处理软件对典型碰撞事故车辆进行变形处理及数据处理,分析客车不同碰撞事故下的车身受损状况及对司乘人员的伤害,得到碰撞事故下客车车身的主要受损模式、受损部位及对司乘人员的冲击伤害。为进一步研究客车事故逃生制约因素、建立逃生需求目标体系、构建客车结构优化及综合布设提供相应的数据基础和模型基础。

5.1 客车碰撞安全仿真概述

5.1.1 汽车安全法规

为降低汽车事故中的人员和财产损失,英国从 1929 年开始实施道路车辆照明法,1931 年开始实施汽车构造和使用法规,1977 年以后开始执行车型认证制度。日本在 1951 年颁布了道路运输车辆法。德国于 1952 年颁布了包含汽车及其零部件安全法规的道路交通法。欧洲各国为消除贸易壁垒,大力推行法规的国际化,制定了统一的欧洲经济共同体指令和欧洲经济委员会法规，对汽车的安全性做出了相应的规定。美国也在1966年通过了国家交通和汽车安全法，对汽车安全性做出了要求。目前在美国、澳大利亚、日本、韩国等国家和欧洲地区均制定了完整的车辆安全相关法规。

经过对汽车正面碰撞安全性多年的研究，1983年美国率先颁布了《乘员碰撞保护》(FMVSS 208)，1992年欧洲提出了ECE草案并于1995年强制实施了《关于车辆正面碰撞乘员保护认证的统一规定》(ECE R94)，1994年日本实施了《正面碰撞的安全基准》。经过多次修订，这些法规和标准到现在已发展成为国际上最具代表性的美国FMVSS体系、欧盟ECE体系和日本碰撞法规。另外，由于日本出台的汽车安全技术法规很多都是按照欧盟ECE体系修订的，所以国际上应用最多的汽车安全法规主要是美国FMVSS体系及欧盟ECE体系。美国FMVSS体系中最具代表性的正面碰撞法规是《乘员碰撞保护》(FMVSS 208)，欧盟ECE体系中应用广泛的正面碰撞法规是《关于车辆正面碰撞乘员保护认证的统一规定》(ECE R94)和《关于就商用车辆驾驶室乘员防护方面批准车辆的统一规定》(ECE R29)。

我国对碰撞安全法规的研究较晚，但发展较为迅速。1989年制定了《汽车乘员碰撞保护》(GB/T 11551—1989)；1999年发布了《关于正面碰撞乘员保护的设计规则》(CMVDR 294)；2004年对1989年碰撞标准做出了修改，确立了我国的汽车碰撞标准，也就是《乘用车正面碰撞的乘员保护》(GB 11551—2003)。以上标准都是针对M1类汽车进行制定的。

关于客车侧翻碰撞法规，世界上主要有欧、美两大法规体系，即欧洲经济委员会制定的ECE R66法规(包括其修订版R66-01)、欧洲经济共同体制定的EEC/EC相关指令、美国制定的美国联邦机动车安全法规FMVSS 216等。此外，美国和欧洲也分别制定了关于侧翻安全性评价的法规。美国联邦机动车安全法规被称为FMVSS，共有60项，FMVSS配套的管理性汽车技术法规共有29个部分。其中涉及车辆侧翻结构安全法规的主要包括FMVSS 208、FMVSS 216和FMVSS 220。FMVSS 208为乘员碰撞保护标准，对翻滚试验部分有详细规定；FMVSS 216为车顶抗压强度，主要验证汽车车身上部结构强度；FMVSS 220为校车翻滚保护法规。日本、澳大利亚、南非、印度等也先后依据或借鉴欧美法规制定了适应自身国情的汽车法规，如日本在1951年颁布的《道路运输车辆法》、澳大利亚制定的《公共汽车上部结构强度》(ADR 59/00)、南非的《大客车上部结构强度》(SANS 1563)，以及印度的《客车结构强度》(AIS-031)等。一些汽车制造商在生产汽车的过程中逐渐形成了企业自身的一套标准,比国家标准或法规更严格,以求获得更大的产品竞争力。整体来看,这些安全法规的实施有效降低了以上国家的汽车事故发生率和伤亡率,也提高了汽车产品的技术水平。

随着我国客车技术的不断提高和产品的不断升级,客车标准也逐渐与国际接轨,这对我国客车走向世界来说是必经之路。客车作为公共交通工具,其标准就必然对安全性更加重视,规定也更加详细。我国机动车的强制性标准明确表明了客车的主被动安全、环保节能的技术应达到的水平。我国的客车强制检验项目有42项,与客车相关的国家及行业标准有105条。

客车侧翻试验方面,我国的《客车上部结构强度要求及试验方法》(GB 17578—2013)参照 ECE 于 2006 年 2 月 22 日颁布的第 66 号法规《关于大客车上部结构强度认证的统一技术规定》2001 版及其修订单、勘误单的技术内容编制。此标准作为强制性标准,完全替代只作为推荐性标准的 1998 年版本标准。这也从侧面反映了我国政府和行业对客车侧翻安全性的重视,对车辆安全性的要求逐渐提高并与国际先进标准接轨。

5.1.2 客车碰撞安全分析方法

目前常见的车辆被动安全数值分析方法类型包括由解析法发展得到的弹簧/阻尼质量单元分析方法、多刚体仿真分析方法、有限元仿真分析方法。目前有限元仿真分析方法使用较多,多刚体仿真分析方法其次,弹簧质量单元分析方法使用较少。

1)弹簧/阻尼质量单元分析方法

弹簧/阻尼质量单元分析方法的基本原理为将整车结构按安全性能相关的各个功能模块进行划分,将各部件及其连接等效为弹簧、阻尼和质量点,然后使用数学方法对其运动状态进行求解,如图 5-1 所示。

2)多刚体仿真分析方法

目前所使用的多刚体动力学仿真软件是在经典刚体力学、分析力学和计算力学的基础上发展而来的,其基本原理是将结构等效为多刚体,并使用不同的铰、弹簧和阻尼连接,建立起系统的数值模型,对其进行运动分析和动力分析,具有适用范围广、准确度高及运算速度快等优势。只需在计算机系统中录入对

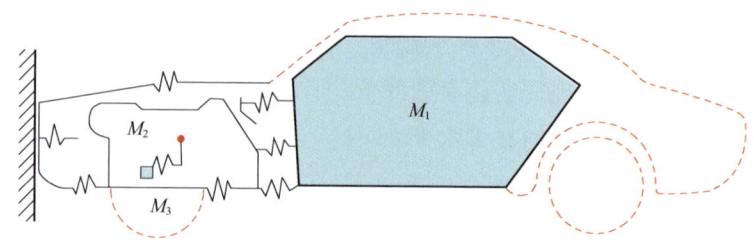

图 5-1　整车弹簧和质量单元等效模型

应的资料,系统就能够根据资料计算出多刚体系统对应的方程,不管是简单的运动还是复杂的运动,都能够通过电脑推算出对应的方程。由于多刚体系统的计算借助电脑,所以计算速度和计算结果比人为操作更加迅速且精准。

3) 有限元仿真分析方法

有限元仿真分析方法是目前车辆被动安全仿真分析的主要方法,可以通过对 CAD 模型进行离散(网格划分)得到较详细的结构模型。有限元法是将连续体在理想情况下划分为有限个单元,单元之间利用有限个节点相连接,将连续体的载荷施加到相应节点,从而构成具有有限个单元的集合体。在这个基础之上,借助位移函数、虚位移原理及边界条件就可以计算连续体的位移、应力。由于有限元法能够解决任意边界条件问题,并且能够提高计算效率、降低计算成本,所以被广泛应用于汽车强度和刚度的提高、汽车减振降噪、汽车结构件的静动态分析、汽车安全性研究等多个汽车设计领域,其中汽车碰撞历程仿真和乘员安全保护分析是有限元应用的一个重要方面。

5.1.3　客车碰撞安全仿真分析软件

目前在汽车安全仿真中使用最为广泛的软件主要有用于前后处理的 HyperWorks,用于结构碰撞仿真分析的 LS-DYNA、PAM-CRASH 和 RADIOSS,用于乘员保护的多刚体/有限元软件 MADYMO 等。

1) HyperWorks

HyperWorks 是澳汰尔公司开发的 CAE 分析系列产品,其产品很多,除了强大的前后处理产品 HyperMesh、HyperView 以外,还包括 HyperCrash、HyperStudy、Radioss、MotionSolve 等。在工程领域应用更多的是前处理产品

HyperMesh,它为主流的有限元求解器提供高效的前处理工作,允许工程师在高度交互和可视化的环境中分析产品性能;提供业界最广泛和最全面的CAD和CAE解算器直接接口支持,有着开放架构设计和定制功能,让它可以无缝地适应任何环境。HyperMesh人性化的使用界面方便用户进行学习,并支持多种几何模型的导入和有限元模型的读取,有着强大的互操作性和效率;HyperMesh中的高级功能允许用户高效地对复杂模型进行网格划分,该功能包括用户设定质量标准并根据标准优化网格,通过Morph功能改变现有网格,能够从不同厚度的模型上生成中面;自动四面体和六面体网格划分功能最大限度地缩短了网格划分时间,而批量网格划分技术可以在无须模型清理和最少的用户输入的条件下实现大批量网格划分。在进行汽车碰撞仿真分析中,HyperMesh扮演着前处理的角色,完成对模型的导入、网格划分及边界条件的施加。HyperView用于结果后处理,查看碰撞结果,生成报告。Radioss是HyperWorks自带的非线性分析求解器,也可用于碰撞分析的求解。HyperStudy与Optistrct用于结构优化分析。在本书中重点应用HyperWorks的前后处理技术。

2) LS-DYNA

DYNA程序是由美国Lawrence Livermore国家实验室J. O. Hallquist博士在1976年主持完成的,其开发之初是为设计武器提供一种分析工具。1986年,部分DYNA源程序在北约局域网(Public Domain)发布,并且得到了广泛的认可与传播,且目前所有的显示求解程序都是以该代码为基础的,其被公认为是显示有限元程序的先导。1988年J. O. Hallquist博士建立了LSTC公司,同时推出了LS-DYNA程序。LS-DYNA提供了很多单元类型,有二维、三维实体单元,薄厚壳单元,梁单元等,每种单元都有多种算法。在材料类型方面,LS-DYNA也提供了150多种金属和非金属材料类型,有弹性、弹塑性、泡沫、玻璃、地质、土壤、混凝土刚体等一集多种气体状态方程,除了以上给出的材料类型,用户还可以自己对材料进行自定义。另外,LS-DYNA提供了50多种可供选择的接触方式,可以分析柔性体与柔性体、柔性体与刚性体、刚性体与刚性体之间的接触问题,还可以对接触表面的静动力摩擦、固连失效及流通与固体的界面等问题进行分析。LS-DYNA是以显示动力分析为主的软件,能够解决复杂的几何非线性、材料非线性和接触非线性分析问题。其在汽车安全性分析方面有着广泛的应用,可以对整车、安全气囊、假人等方面进行功能分析,是目前最流行的显式分析软件之一。

3) MADYMO

MADYMO 软件是由荷兰 TNO 道路汽车研究所在 1975 年开发的多刚体计算软件,随着不同版本的升级和发展,MADYMO 逐步融合了多体(MB)动力学计算功能和显式动态有限元(FE)计算功能。在产品概念设计阶段,可以采用 MADYMO 中的 MB 方式进行快速有效的建模;在产品结构设计阶段,则可以采用 FE 方式进行细致的建模。MADYMO 还提供了对安全带和安全气囊的模拟。其工具软件可以进行气囊的折叠,以及气囊充气罐的试验分析。在较新版本的气囊模块中,MADYMO 提供了 Gasflow 计算模式,使得气囊展开模拟过程更加接近实际,在乘员离位状态的展开模拟中具有重要意义。由于其多刚体模型的计算高效和假人家族模型的完整性,目前该软件最为广泛的应用是整车约束系统的开发和改进,以及乘员安全的仿真分析。随着有限元理论和计算机硬件的发展,以及有限元假人开发的速度,目前越来越多的企业和研究院所正在采用有限元软件进行约束系统开发的有效性和可行性研究,多刚体为基础的软件可能逐渐会被有限元软件所取代。但在现阶段,MADYMO 仍然是汽车产品被动安全研发不可缺少的工具。

5.2 客车正面碰撞整车建模与仿真分析

5.2.1 实体模型构建

基于客运车辆典型重大交通事故类型,以 12 m 长某客车为研究对象,该车车体骨架为全承载结构型式,主要包括车架、地板、左右侧围、顶盖及前后围总成等。整车基本尺寸为 11 795 mm×2 550 mm×3 695 mm。具体参数见表 5-1。

根据该客车提供的二维 CAD 图纸,使用 CATIA 软件建立相应的客车三维几何模型,如图 5-2 所示。将在 CATIA 中建立的三维模型导入前处理软件 HyperMesh 中,对其进行网格划分前的几何清理和模型简化。由于三维建模时可能存在错误及模型本身存在问题,导入 HyperMesh 中可能会导致重复面、缺失面及相邻面不连续的情况。

表 5-1 客车具体技术参数

项 目	参 数
车身结构型式(承载式、成型式、车头结构式)	全承载式、型材骨架、平头
车辆外廓尺寸(长×宽×高)/mm	11 795×2 550×3 695
车辆整备质量/kg	12 700
车门数量(左/右)	左1/右2
轮距/mm	2 060/1 860
前悬后悬/mm	2 220/2 840
额定载客/个	24~49
最高车速/(km·h^{-1})	90

图 5-2 客车三维模型

客车整车车身包含的构件数量巨大,构件数量超过 1 000 个,通常在对车身划分网格时分成单独六块,然后再根据各部分之间的连接方式组装起来,六块分别是前围、后围、侧围、顶盖、底架及车身蒙皮,如图 5-3 所示。特别注意的是,各部分连接时一般需要对连接处重新划分网格使节点数达到一致,另外也可运用一维单元连接,本书运用单元共节点的形式进行连接。

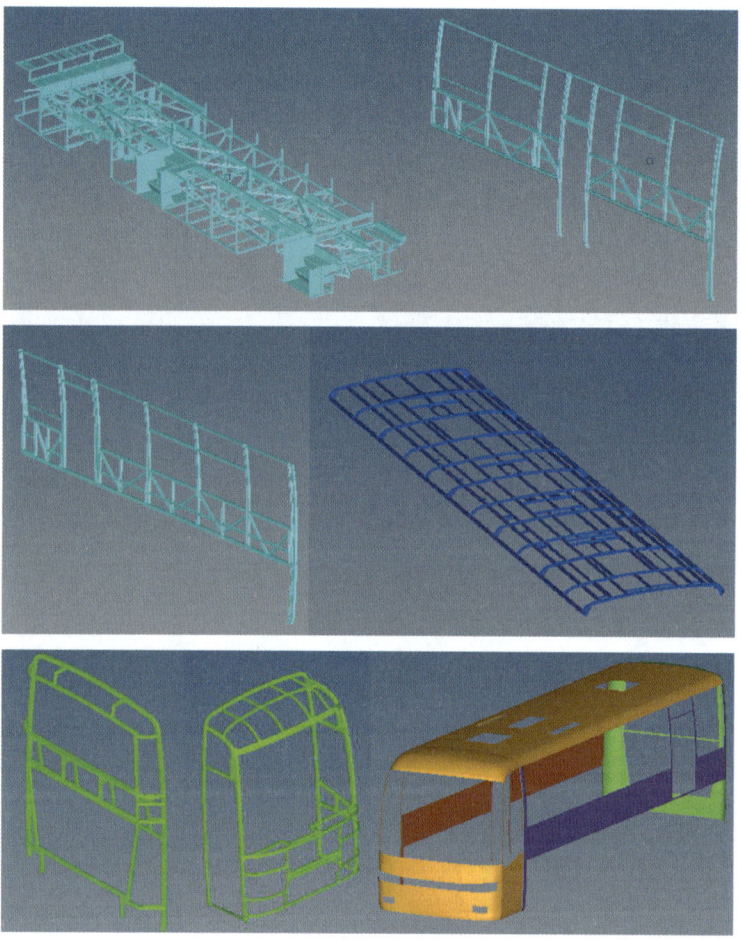

图 5-3 客车车身各总成分块

对客车进行网格划分时采用 20×20 矩形网格为基准进行网格划分,考虑各种因素,参照汽车碰撞仿真中的一些经验标准,并结合客车自身结构特点,对单元长宽比、翘曲角、扭曲角、单元内角、雅可比率等单元参数进行控制,最终建立的有限元模型节点总数为 570 944、单元 689 276,其中三角形单元为 5141，占 0.9%，符合制定标准。客车网格划分结果如图 5-4 所示。

图 5-4　客车网格划分

作用于车身上的载荷主要是底架、车身骨架、蒙皮、玻璃和空调及内饰件等的自重，乘客、驾驶员、座椅、行李和地板的质量，以及底架上的发动机、变速箱、悬挂、车桥、油箱和蓄电池等总成的质量，对于承载结构件的质量，可以根据材料截面属性和物理属性自动识别计算质量。客车中乘客、座椅、发动机、变速箱、油箱及蓄电池等承载结构件上的附属部件，则以集中质量的形式施加到各部件的质心位置，并用刚性连接与承载结构件连接。完成客车各部分载荷配置后整车质量为 13 254.5 kg，客车整车有限元模型如图 5-5 所示。

客车碰撞动态模拟是在 LS-DYNA 的环境中进行计算的，需要按照 LS-DYNA 的格式重新对单元类型的选取、单元属性及材料的定义、算法选取、部件的连接等方面进行定义。基于动态显式非线性有限元分析的算法仿真，与隐式算法不同，该算法有稳定条件，包括由简化单元计算使用的单点高斯积分引起的沙漏模态与应力波传递带来的数值震荡均需进行有效控制。同时，显式积分的稳定性还受临界时间步长的控制。为了确保 LS-DYNA 软件进行碰撞仿真模拟的有效性，需要对单元选择、积分点选取、材料定义、接触设置等进行设置。

图 5-5 客车有限元模型

材料属性的设置直接从 HyperWorks 自带的 LS-DYNA 模块进行设置,它支持 140 多种不同的属性。钢材是大客车车身使用的主要材料,其应力-应变关系具有各向同性和弹塑性的特点。根据厂家提供的资料,车身底架材料为 Q345 钢,其余骨架材料及蒙皮为 Q235A,弹性模量为 207 GPa,密度为 7 800 kg/m^3。

5.2.2 正面碰撞模型构建

根据已建立的客车有限元模型,对客车进行正面碰撞分析。针对客车 100%正面碰撞,分别建立正面碰撞刚性墙、定义接触、设置初始边界条件、设置控制卡片及输出等。

根据我国《乘用车正面碰撞的乘员保护》规定,采用 100%重叠率的刚性固定壁障。基于 HyperMesh-LS-DYNA 建立客车 100%重叠率的刚性墙。建立的地面及刚性墙如图 5-6 所示。

客车碰撞过程中应考虑的接触摩擦问题较多,诸如整车骨架与刚性墙壁的接触、车轮与地面间的接触及骨架构件在碰撞变形时的自接触等。因此,在接触定义时需要分别对上述可能发生的接触进行定义,定义接触的方法见表 5-2。

第 5 章　客车碰撞事故数值建模与仿真分析

图 5-6　100%重叠率刚性固定壁障

表 5-2　客车正面碰撞接触定义

接触体	接触类型	静摩擦系数	动摩擦系数	关　键　字
车体-刚性墙	点面接触	0.1	0.1	rigidwall-planar
车轮-地面	点面接触	0.6	0.6	rigidwall-planar
车体自身	单面自接触	0.15	0.15	contact-automatic-single-surface

同时,在接触控制卡片中,要定义接触算法。控制 SLSFAC 接触刚度设置为 0.2,RWPNAL 刚性墙惩罚因子系数设置为 1,ISLCHK 初始穿透检查设置为 1,IGNORE 设置为 1,消除在接触碰撞过程中初始穿透影响。具体接触算法设置如图 5-7 所示。

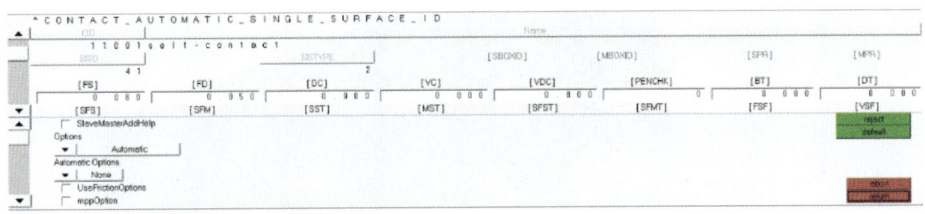

图 5-7　接触控制卡片

为了得到准确的仿真计算结果,在碰撞仿真的过程中需要保证沙漏能低于5%,所以需要在Property菜单中创建沙漏控制。

碰撞初始条件设置主要包括碰撞初速度、重力加速度及计算时间等,为使碰撞仿真过程与真实碰撞一致,要对模型中除地面与刚性墙之外的部件施加垂直于地面的重力加速度,取值9.8 m/s²。同时,在X轴方向上对整车模型施加一个50_{-2}^{0} km/h的初速度,即13 889 mm/s。

完成客车正面碰撞建模后,对模型控制卡片进行设置,主要包括仿真时间、步长、能量输出控制、相关参数输出控制、接触卡片设置及动画输出控制。实际车辆碰撞的过程持续时间为80~120 ms。由于模型初始位置离开刚性碰撞墙壁有一段距离,且碰撞结束后会有回弹和振动反复的情况,为更可靠地观察车辆碰撞结束后的变形情况,设定本次模拟碰撞的计算时间为200 ms。在HyperMesh中完成碰撞有限元模型建立后,对模型进行错误检查,正确无误后导出K文件。将K文件导入LS-DYNA求解器进行求解计算,计算完成后将计算结果导入HyperView中进行后处理,查看各模型的计算结果。

5.2.3 正面碰撞仿真结果分析

利用HyperView进行后处理分析,整车正面碰撞车体变形时序如图5-8所示。

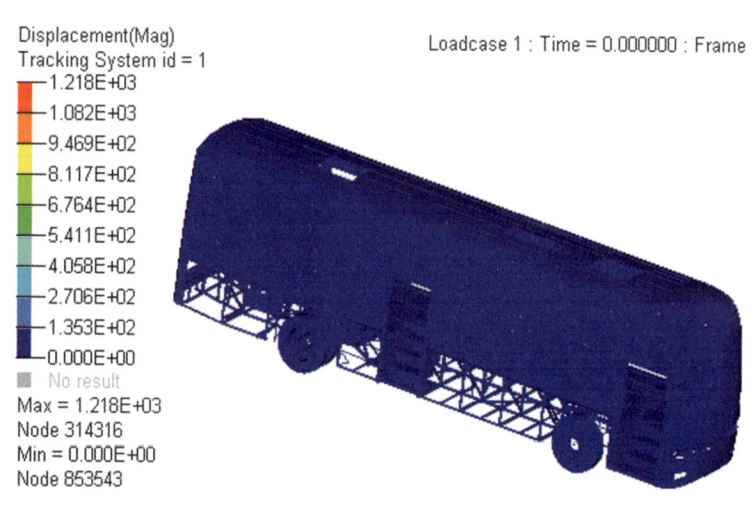

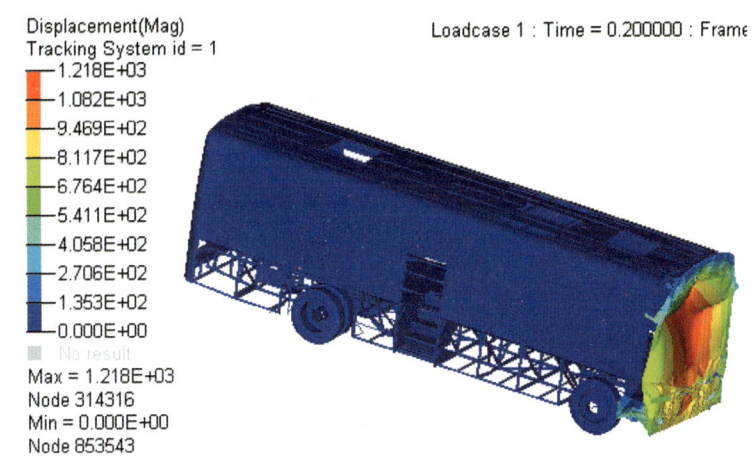

图 5-8 正面碰撞变形时序图

为了减小计算时间,建立有限元模型时,该客车最前端离刚性壁障为 100 mm,客车以 50 km/h 速度进行正面碰撞,在仿真分析开始后 10 ms 时刻,客车开始碰撞刚性壁障,前端车身骨架首先产生塑性变形。因该客车为满载状态下进行正面碰撞,整车动能较大,客车骨架变形严重,在 115 ms 时刻变形量达到最大,然后开始反弹。客车车头碰撞前后局部变形如图 5-9 所示,从图中可以看出,前围上下层骨架均产生了较大的变形,前桥以前几乎无乘员生存空间。风窗玻璃下横梁向后溃缩 1 085.99 mm,前围压溃变形严重,仪表盘、方向盘和前风窗玻璃侵入驾驶区,对乘员生存空间构成极大的威胁,驾驶员及前排乘客因生存空间不足而被变形的构件挤压受伤严重,甚至死亡。从图中还可以看出,前门区域变形严重,整个门框构件已经被严重破坏,前门无法正常开启,完全失去逃生能力。客车中间乘客门及左侧安全门变形量较小,完全具备逃生功能,司乘人员在事故后可选择从上述两位置进行逃生。在正面碰撞仿真分析时忽略客车车窗玻璃碰撞受损情况,因此不考虑车窗玻璃对司乘人员逃生的影响。

正面碰撞过程中的能量变化情况反映了整车结构的吸能特性。碰撞过程中各种能量的时间-历程曲线如图 5-10 所示。

由图 5-10 可知,碰撞结束时动能减少,内能增加,碰撞的动能转化为内能,可见该车前围骨架吸能效果显著,且能量变化平稳。由此可以说明,车身骨架刚度分布合理,碰撞过程中总能量保持不变,碰撞过程满足能量

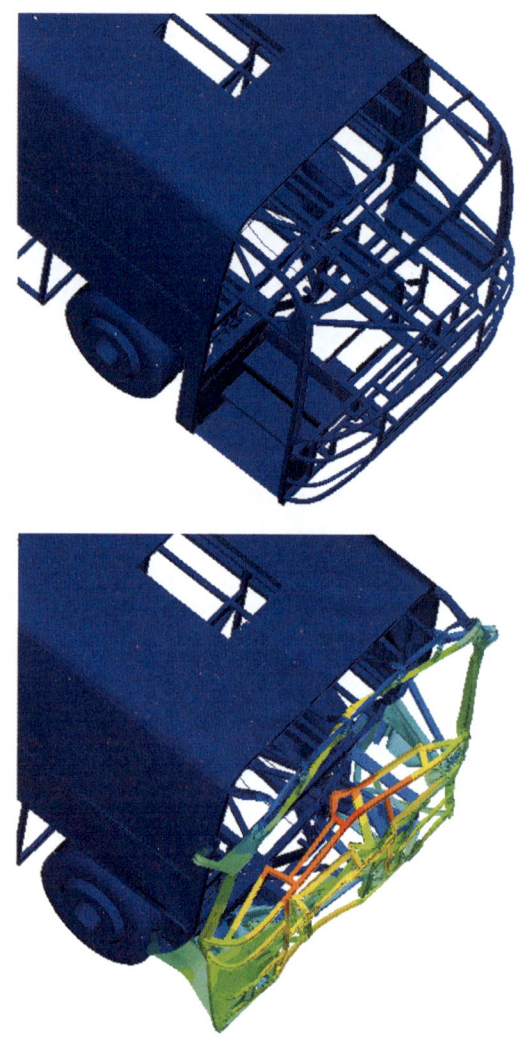

图 5-9 客车车头碰撞前后局部变形对比

守恒定律,碰撞能量从车体接触刚性壁障开始转化为车身骨架的内能,并且随着碰撞的继续,车身变形增大,变形能随之增大,直到碰撞结束,变形能不再增加。

碰撞加速度是衡量车身结构强度和耐撞性的另一个重要指标。最大碰撞加速度越大,说明汽车碰撞时受到的最大载荷越大,"一次碰撞"后传递到乘员身上的加速度就越大。过大的碰撞加速度是车辆碰撞中造成乘员伤亡的主要原因之一。图 5-11 为整车碰撞过程中质心、前轴及后轴处合成加速

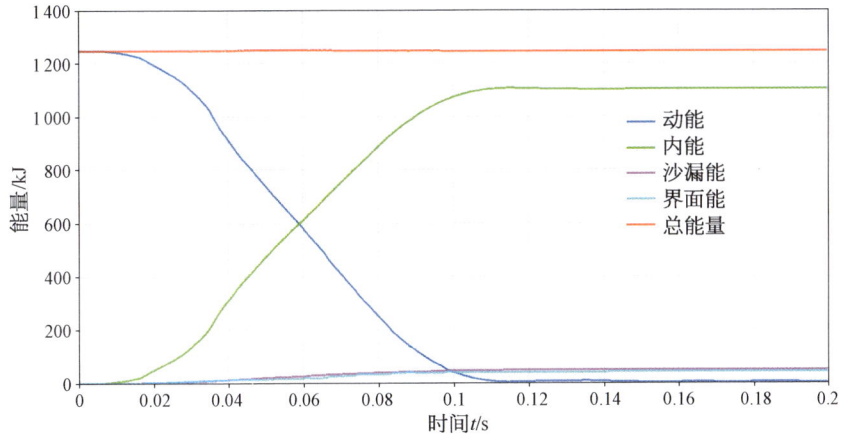

图 5-10 碰撞过程中能量-时间历程曲线

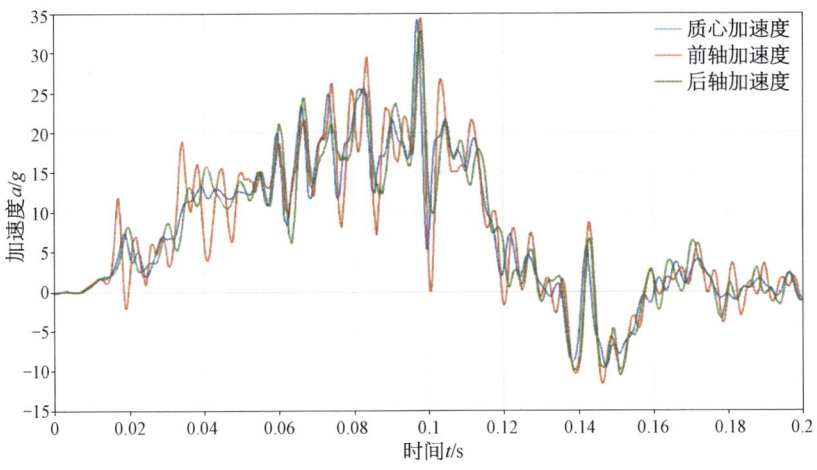

图 5-11 客车碰撞加速度

度的时间历程曲线。

由图 5-11 可得客车前轴、质心及后轴位置加速度曲线,其最大加速度分别为 34.4g、34.1g、32.7g(g 为重力加速度),均小于 C-NCAP 要求的 88g 极限加速度值,因此该型客车在正面碰撞时对司乘人员具有一定的保护作用。但是车辆在正面碰撞时的变形量较大,对司乘人员造成极大的威胁,因此应进一步对客车结构及材料进行优化,减小车体变形及碰撞加速度。

5.3 客车侧翻碰撞整车建模与仿真分析

5.3.1 仿真要求

根据建立的客车有限元网格模型,基于 LS-DYNA 建立并完善客车整车侧翻有限元模型,参照 ECE R66 标准建立侧翻试验台,按照试验流程简化并模拟客车侧翻碰撞过程。客车侧翻试验时,车辆位于翻转平板上,悬置锁止,翻倒方向为大客车翻滚时车身和生存空间最容易发生相互穿透的方向;翻转平台以不超 5°/s(0.087 rad/s)的角速度绕倾斜轴旋转;在车辆未达到不稳定平衡和倾翻前,倾斜过程中不得有摇动和动力影响;车辆达到不稳定平衡角度时,倾斜平台停止转动,车辆靠自身重力开始倾翻,直到翻倒在水泥地上。

在侧翻试验模拟仿真中,由于客车的碰撞能力来自客车自身重力做功,重心位置影响碰撞能量,直接决定仿真精度。由于仿真做的是刚性汽车的准静态侧翻试验,故计算的是静态侧翻角度的大小,所以临界侧翻角是关系建模质量的另一重要因素。虽然侧翻角在试验时通过仪器可以测得,但是作为工程设计,必须求得其理论解。根据试验客车模型参数,利用车辆临界侧翻角计算公式(5-1)得到客车的临界侧翻角:

$$\beta = \arctan \frac{B + 2e}{3h_g} \quad (5-1)$$

代入大客车的各个参数,就可以得出临界侧翻角的具体值,然后可与试验所得的值进行比较,经过理论计算得到客车模型的临界侧翻角为 39.27°。

按照 ECE R66 法规尺寸要求建立翻转平台的几何模型,然后进行网格划分,网格大小为 100 mm,建立有限元网格模型,并赋予翻转平台单元及材料属性,定义翻转平台为壳单元、刚性材料。利用无限平面的刚性墙代替试验地面,该刚性墙在仿真过程中不发生任何变形。首先选择无限平面刚性墙这种形式,然后设定一个基点,并给定其法向方向。对于给定的基点就是主节点,刚性墙就是主面,本模型的从节点是通过给定距主节点一定距离范围内的所有节点来设定的。之后,要给刚性墙赋予一定的参数,例如摩擦系数等。最后,按照上述要求建立翻转平台模型,如图5-12所示。

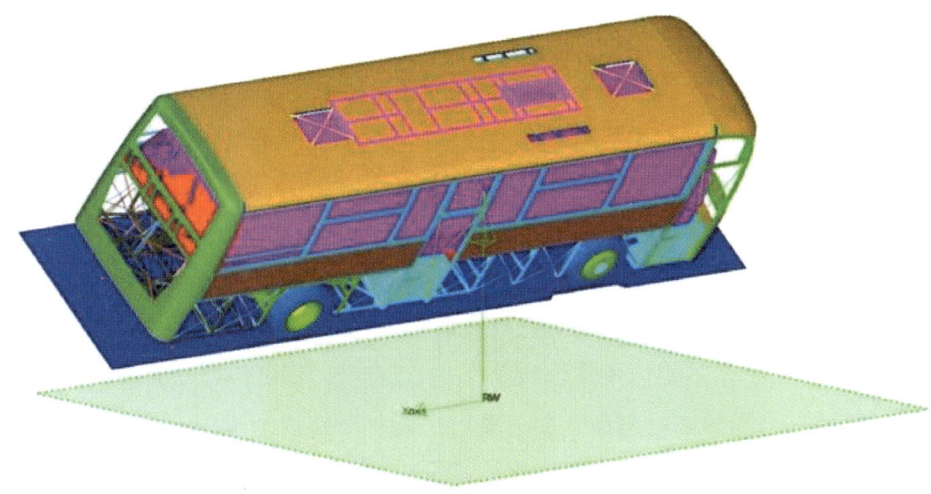

图5-12 客车侧翻平台模型

根据 ECE R66 法规规定的生存空间位置尺寸,建立刚性平面模拟生存空间。由于地板骨架变形很小,可忽略不计,其与地板骨架采用 EXTRA_NODES 的连接方式固连在一起,随整车侧翻。客车侧翻生存空间模型如图5-13所示。在侧翻仿真过程中,生存空间与侧围、地面之间均不设置接触,

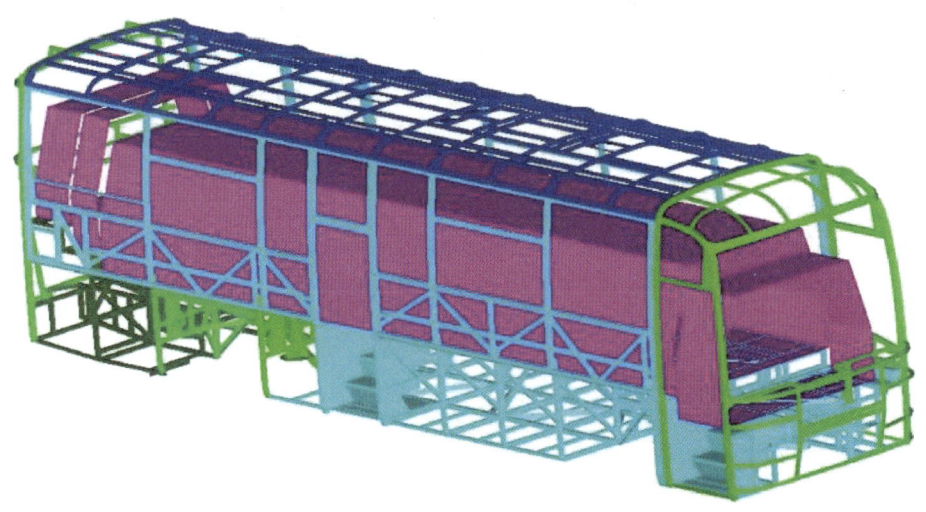

图5-13 客车侧翻生存空间模型

若生存空间被侵入,则生存空间将穿透侧围骨架。

利用LS-DYNA对客车整个侧翻过程进行模拟需要较长的计算时间,由于研究目标的需要,只对客车接触到地面过程进行分析。通常在试验中,客车车体在未接触到地面的那一段过程不是人们所关注的,通过能量转换或者在计算中设定柔性体和刚体的相互转换都可以大大提高计算效率,这里采取能量转换的方法简化大客车侧翻碰撞过程。

图5-14为客车侧翻过程示意图,其中点1、2、3分别为初始、临界侧翻、触地三个阶段大客车的重心位置。h_2为大客车上边梁接触地面时,整车的质心高度。Δh为从达到不稳定平衡角度到大客车触地时,整车质心高度变化值。从临界侧翻位置到接触地面的过程中,重心降低了$\Delta h = 970$ mm。侧翻时刻翻转平台和大客车旋转角速度保持恒定,为5°/s,即0.087 rad/s。根据能量守恒定律,临界侧翻时刻动能加上重力势能等于接触地面时刻动能加上重力势能,能量转化及初始角速度转化公式见式(5-2)~式(5-5):

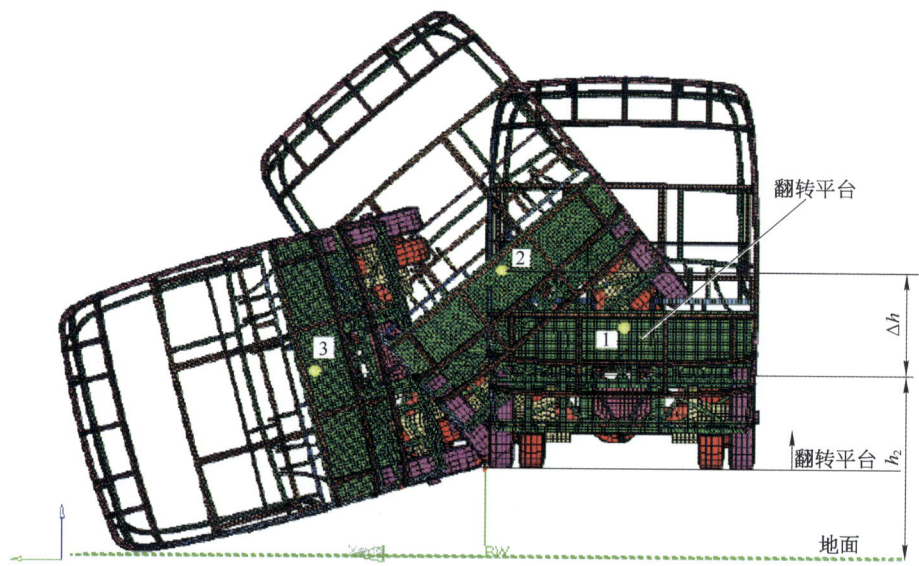

图5-14 客车有限元模型车侧翻示意图

$$\frac{1}{2}J\omega_1^2 + mgh_1 = \frac{1}{2}J\omega_2^2 + mgh_2 \qquad (5-2)$$

$$J = \frac{2mg\Delta h}{\omega_1^2 - \omega_2^2} \qquad (5-3)$$

设定任一角速度 ω_0 的值,将模型导入 LS-DYNA 中计算,可以计算出初始动能的值,由于

$$E_{K0} = J\omega_0^2 \tag{5-4}$$

$$J = \frac{2E_{K0}}{\omega_0^2} \tag{5-5}$$

由上述关系式可得客车与地面接触时刻初始角速度 $\omega_2 = 2.062$ rad/s。简化后客车侧翻有限元模型如图 5-15 所示。

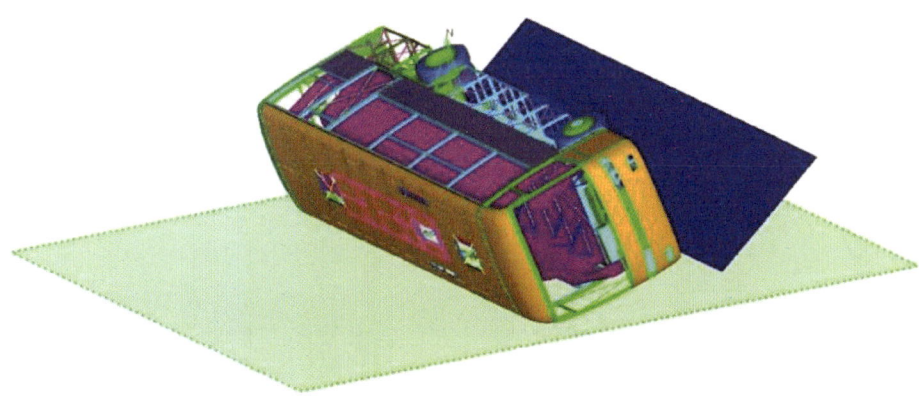

图 5-15 客车侧翻有限元模型

5.3.2 模型构建

客车侧翻仿真模型与客车正面碰撞有限元仿真相同,基于已建立的客车有限元模型,对侧翻模型进行接触定义、初始边界条件设置、控制卡片及输出设置等。

在大客车侧翻碰撞过程中,车身结构的大变形和大位移必然会导致部分构件之间的相互接触和摩擦。本仿真模型中,可以预见接触主要发生在车体与刚性地面、车体与翻转平台及车体本身之间。其中车体与刚性地面之间的接触将发生在车体右侧零件和刚性地面之间,车体与翻转平台之间的接触发生在轮胎和平台之间,车体本身的接触发生在除了生存空间以外的所有车体结构之间。各部件之间接触见表 5-3。

表 5-3 客车侧翻碰撞接触定义

接触体	接触类型	静摩擦系数	动摩擦系数	关　键　字
地面-车体	点面接触	0.4	0.4	rigidwall-planar
平台-车体	面面接触	0.6	0.4	contact-automatic-surface-to-surface
车体自身	单面自接触	0.15	0.15	contact-automatic-single-surface

同时,在接触控制卡片中,要定义接触算法。控制 SLSFAC 接触刚度设置为 0.2,RWPNAL 刚性墙惩罚因子系数设置为 1,ISLCHK 初始穿透检查设置为 1,IGNORE 设置为 1,消除在接触碰撞过程中初始穿透影响。具体接触算法设置如图 5-16 所示。

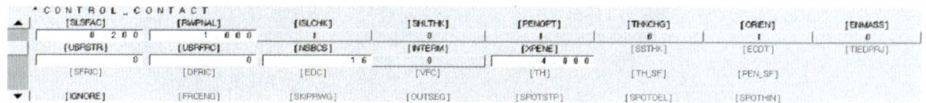

图 5-16 接触控制卡片

完成客车有限元建模之后,要根据仿真要求及实车侧翻试验实际情况,对其施加约束和边界条件。

根据上述对翻转过程的简化计算,可得客车初始角速度 $\omega_2 = 2.062\ \text{rad/s}$,用关键词 *INITIAL_VELOCITY_GENERATION 定义,定义有两张卡片,卡片 1 给定初速度值,卡片 2 给定旋转中心、旋转方向,具体定义如图 5-17 所示。在客车侧翻碰撞过程中,几乎所有的碰撞能量均来自重力所做的功,因此必须考虑重力加速度,取其值为 $9\ 810\ \text{mm/s}^2$,用关键词 *LOAD_BODY_Z 及 *DEFINE_CURVE_TITLE 定义。

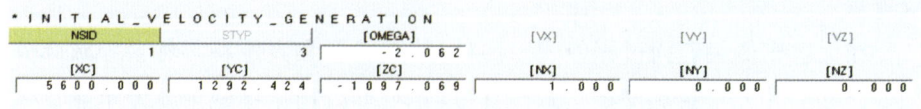

图 5-17 客车侧翻初始角速度卡片设置

在侧翻试验过程中,当客车轮胎离开翻转平台的一瞬间,平台停止转动。由于模拟过程为大客车与地面碰撞的最后阶段,而此阶段翻转平台是固定不动的,需要约束翻转平台的所有自由度,用关键词 * BOUNDARY_SPC_NODE_ID 定义。

碰撞试验中,一般汽车碰撞过程通常在接触刚性壁后 80~120 ms 内结束。本书研究的客车为发动机后置式,前部刚度相对较低,平台对大客车还有一定力的作用,因此侧翻碰撞结束时间要长一些。整个求解过程时间设置为 400 ms。

5.3.3 仿真结果分析

在 HyperMesh 中完成碰撞有限元模型建立后,导出 K 文件。将 K 文件导入 LS-DYNA 求解器进行求解计算,计算完成后将计算结果导入 HyperView 中进行后处理,查看各模型的计算结果。通过仿真计算,分别取 0 ms、50 ms、100 ms、140 ms、150 ms、200 ms、250 ms、300 ms、350 ms、400 ms,10 个时刻的整车侧翻碰撞变形结构。整车侧翻碰撞车体变形时序如图 5-18 所示。

整个碰撞仿真过程时间为 400 ms。由仿真结果可知,整个骨架侧翻过程分为两个碰撞阶段,第一阶段为车身顶部边梁与地面碰撞,此阶段参与变形的区域较小,只有顶盖、前风窗玻璃、左右侧围参与变形,而下车体部分变形较小。第二阶段为车身脱离翻转平台,整个侧面与地面碰撞,此时整个骨架都参与变形。客车侧翻触地瞬间,巨大的冲击力导致整车开始发生变形。随着冲击载荷的增大,客车右侧围逐渐发生变形,变形主要集中在接触点临近区域。客车侧翻开始到 140 ms 时刻,车体变形量达到最大。当侧翻碰撞持续

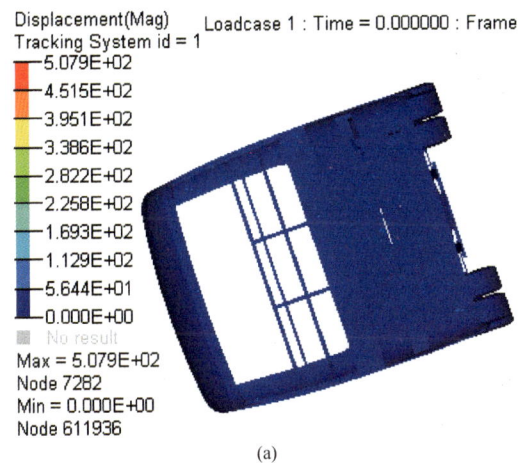

(a)

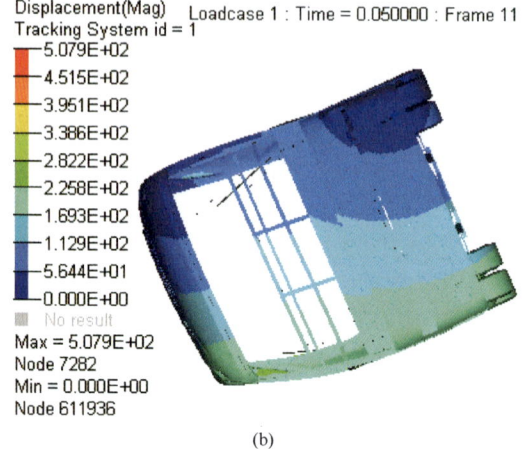

(b)

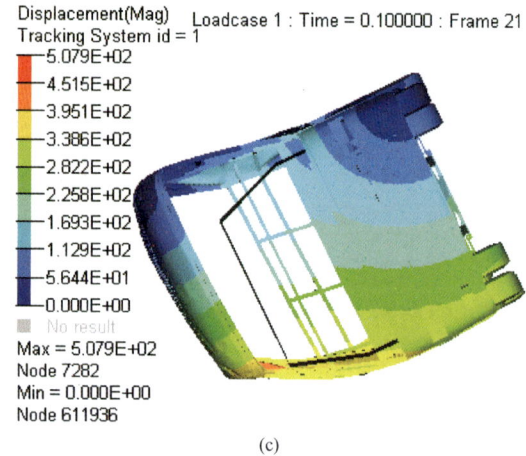

(c)

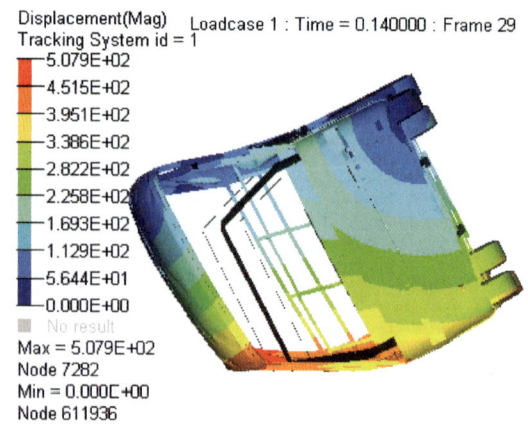

(d)

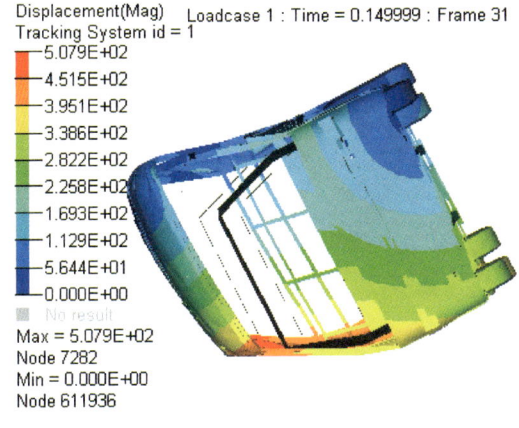

(e)

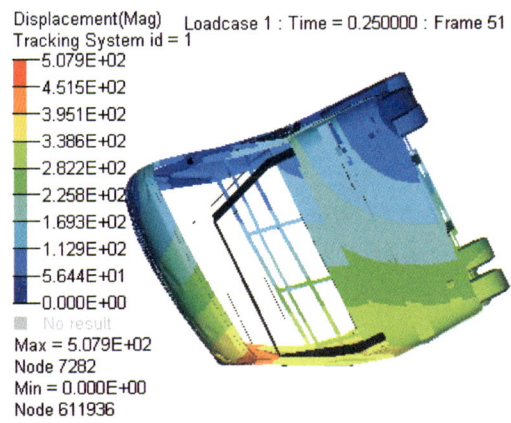

(f)

(g)

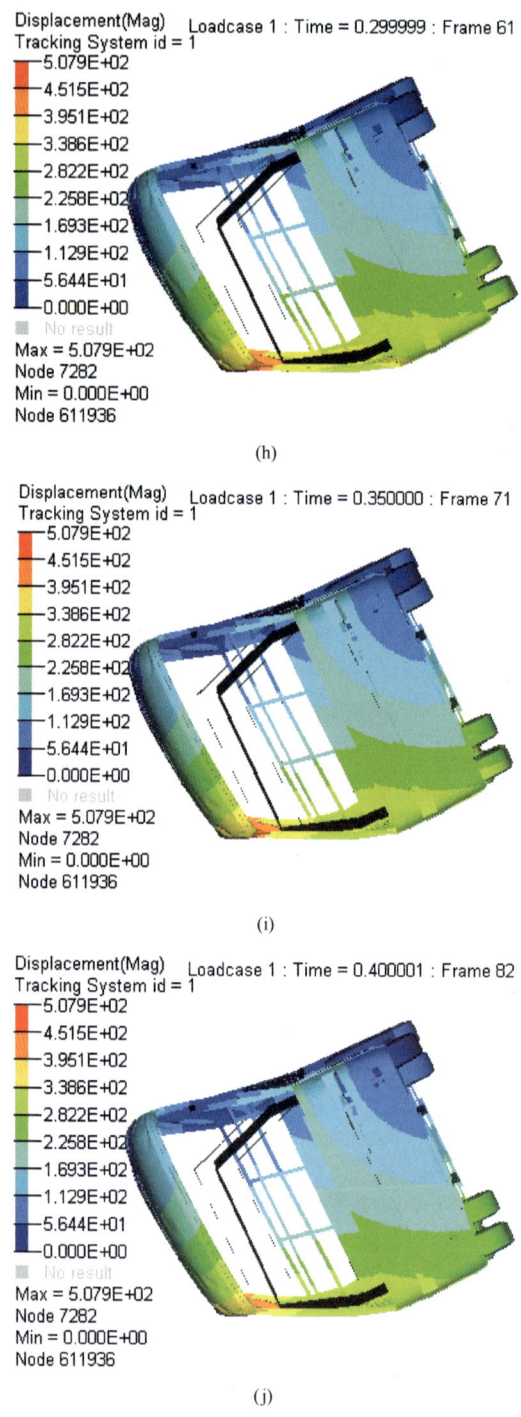

图 5-18 整车侧翻碰撞车体变形时序图

(a) 0 ms;(b) 50 ms;(c) 100 ms;(d) 140 ms;(e) 150 ms;
(f) 200 ms;(g) 250 ms;(h) 300 ms;(i) 350 ms;(j) 400 ms

到 200 ms 时,客车底架与地面接触,此时底架因地面冲击出现变形。300 ms 以后整车骨架变形迅速回弹,400 ms 碰撞基本结束,车体沿着刚性地面滑动。由于底架刚度比立柱刚度大很多,因此客车底架基本没有变形,只发生少量弯曲。顶部结构及车身立柱腰部强度偏弱,尤其是立柱腰部处出现了较大的塑性变形,导致客车上部结构侵入量较大。

由图 5-19 可得,客车右侧第二立柱、第三立柱及第九立柱在侧翻时已入

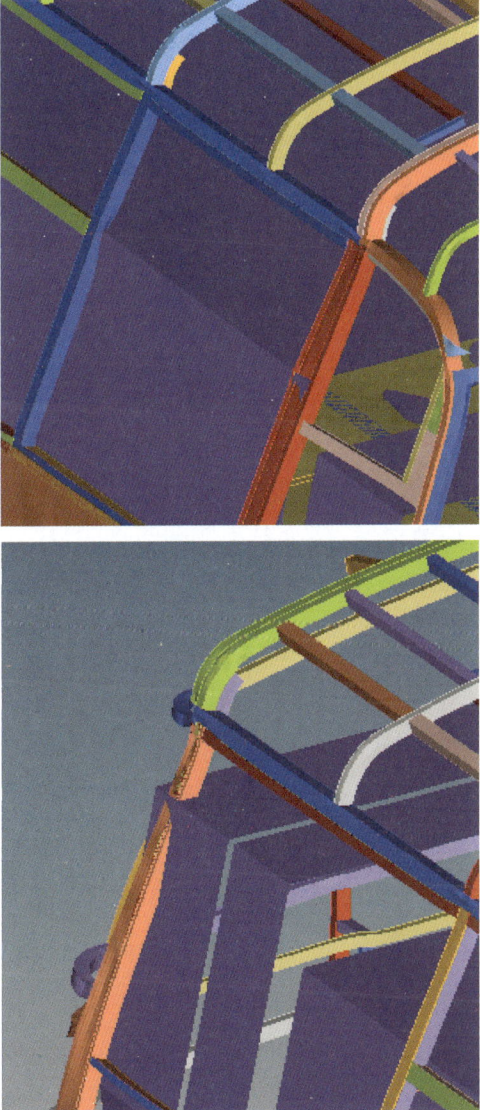

图 5-19 客车侧翻局部变形图

侵客车安全空间,最大入侵量分别为 42.25 mm、25.86 mm、57.96 mm。该客车侧翻时对乘员造成严重伤害,同时客车为向右侧侧翻,此时客车右侧前后车门均已无法开启,左侧安全门出现轻微变形,一定程度上影响其开启的效果。从侧翻后客车的受损状况可以看出,此时车顶两处安全窗口变形量较小,具备一定的逃生功能。

客车侧翻能量变化是评价客车侧翻安全性能的重要参数,能量变化可清楚呈现客车整个侧翻碰撞过程。在整个碰撞过程中,客车动能逐渐下降,车体动能转化为地面和车体由于摩擦而产生的接触能及车体塑性变形能。由于碰撞过程中车体在地面上位移较小,所以在整个分析过程中,由地面摩擦力所产生的热能转化可忽略不计。因此,客车侧翻过程中的能量变化主要为车体动能转化为车体材料塑性变形能。由能量变化曲线可得动能在 130~140 ms 迅速减小,内能迅速增大,150 ms 以后动能基本维持在 5 kJ,内能基本维持在 110 kJ。此时客车骨架开始逐渐回弹,并与地面发生滑动摩擦,因此滑移面能开始逐渐增大。

客车侧翻碰撞过程中总能量为逐渐增加,这是因为客车侧翻时逐渐脱离平台,此时客车因重力作用开始逐渐坠落,客车的重力势能逐渐转化为客车的动能。当客车底架与地面接触,约 150 ms 时,因客车质心位置开始保持恒定,该部分额外能量逐渐恒定,整个客车侧翻的总能量也逐渐维持在一个恒定值。图 5-20 可清楚地显示客车侧翻碰撞时额外功增加引起的总能量增加并逐渐稳定的过程。

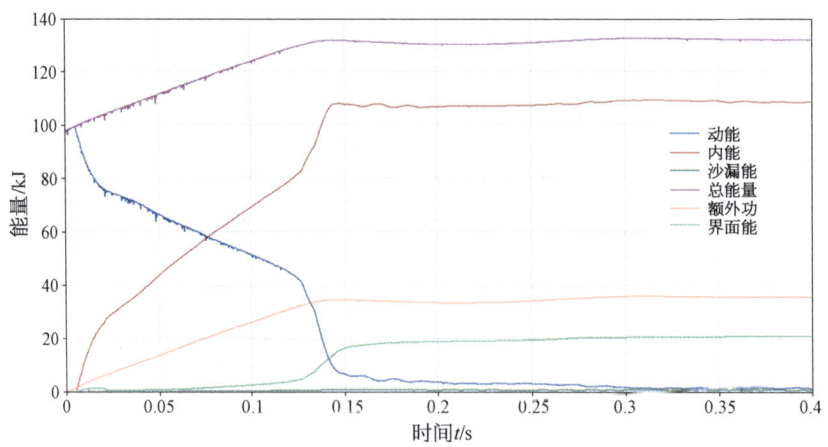

图 5-20　客车侧翻能量变化曲线

为了更为全面地评价客车侧翻安全性能,分别取客车右侧立柱、质心及前后轴位置的侧翻加速度对客车安全性能进行评价。客车侧翻时右侧立柱加速度曲线如图 5-21 所示,质心及前后轴加速度曲线如图 5-22 所示。由侧围立柱加速度曲线可知,10 ms 触地瞬间产生一个 101.48g 的峰值加速度,然后加速度逐渐减小,在 120 ms 时再次出现一个 54g 的峰值加速度,此时立柱出现迅速的大变形。由质心、前后轴加速度曲线可得,在 160~200 ms 出现加速度峰值。由于前轴载荷较后轴载荷小,因此后轴加速度比前轴加速度大,其加速度峰值分别为 98.75g、117.52g、121.04g,各位置加速度峰值均大于 C-NCAP 要求的 88g 极限加速度值。因此,强化客车侧围结构,提高客车侧翻碰撞安全性能,保护司乘人员的生命安全显得尤为重要。

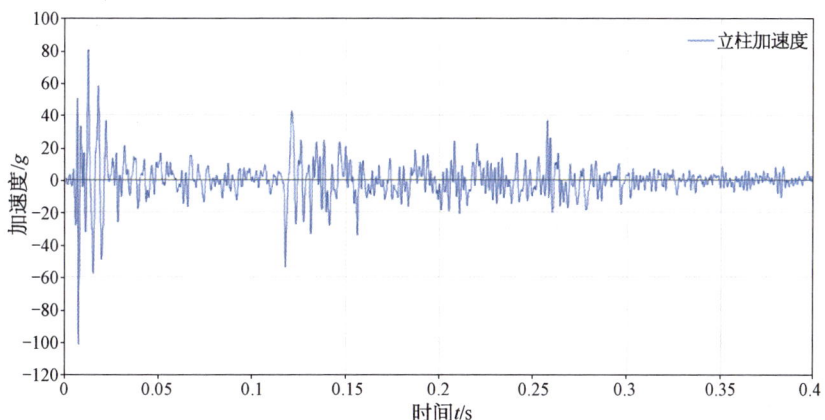

图 5-21 客车右侧立柱加速度曲线

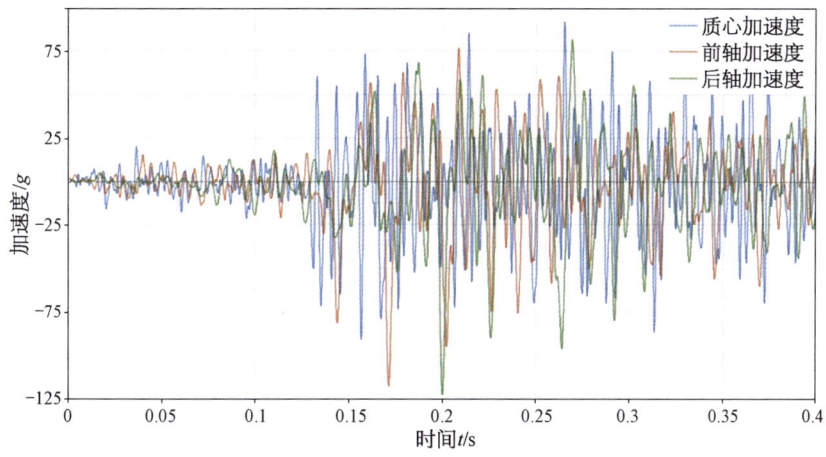

图 5-22 客车质心及前后轴加速度曲线

第 6 章
客车火灾损害数值建模与仿真分析

随着我国客车数量的快速增长,客车火灾事故发生的频率也越来越高,火灾事故导致的群死群伤时有发生。当前已有许多学者针对客车火灾安全性能开展研究,相关部门也提出了一系列标准用以改善客车火灾安全性能。

本章首先介绍了研究内饰材料热解特性的热重分析试验方法,并以实例讲述了材料热动力学参数的求解方法,为内饰材料燃烧特性的研究奠定基础。随后通过锥形量热仪燃烧试验方法研究了内饰材料的燃烧特性,并采用多种方法评价了内饰材料的阻燃性能和燃烧性能。在此基础上,建立了客车火灾模型,采用数值模拟手段研究客车火灾发展规律,并进一步引入ASET模型分析客车火灾事故时的生存环境。最后,通过理论和试验结合的方式,研究了客车火灾烟气开口流动规律。本章得到的结论对于改善客车火灾疏散效率及开发多信号融合车载防火/灭火系统具有支撑意义。

6.1 客车内饰表层材料热解特性

热解是固体可燃物发生燃烧的必经过程,可燃物的热解特性与燃烧特性高度相关。因此,针对内饰材料热解特性的研究,对于客车防火安全设计和客车火灾风险评估有着重要意义。当前国内外针对大型客车内饰材料热解特性的研究较少,有必要对客车内饰材料开展热解特性研究。

6.1.1 试验样品及热解特性试验方法

研究团队针对客车典型内饰材料地板、侧墙板和内顶表层三种聚氯乙烯(PVC)材料开展氮气氛围非等温热重试验。升温区间为室温到900℃,升温速率为5℃/min、10℃/min、15℃/min、20℃/min,氮气流速为100 ml/min。为减少样品的水分和样品内部的传热干扰,样品在试验前需切碎成颗粒(直径小于1 mm),并使用干燥剂干燥24 h以上。

6.1.2 热解特性分析

内顶表层PVC材料不同升温速率下质量损失和质量损失速率随温度变化情况如图6-1所示。由图可见,内顶表层PVC包含两个质量损失阶段:第一阶段发生在200~360℃,第二阶段发生在360~530℃。第一阶段主要是脱氯化氢反应,释放出氯化氢和一些可燃挥发物,第二阶段是聚氯乙烯中间体的分解,并生成炭和残渣。

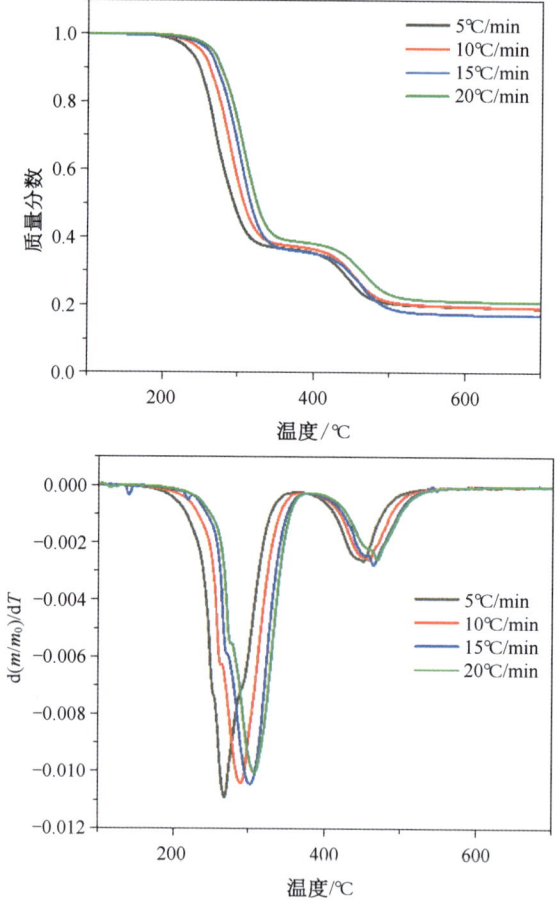

图6-1 内顶表层PVC材料不同升温速率下质量损失和质量损失速率曲线

侧墙板 PVC 材料不同升温速率下质量损失和质量损失速率随温度变化情况如图 6-2 所示。由图可见，侧墙板材料包含三个反应阶段：第一和第二阶段与内顶表层 PVC 相似，第三阶段可能是添加剂或炭的缓慢分解。然而侧墙板材料第一阶段的 DTG 峰值要远高于内顶表层 PVC 材料的 DTG 峰值，表明侧墙板材料阻燃性能较差。

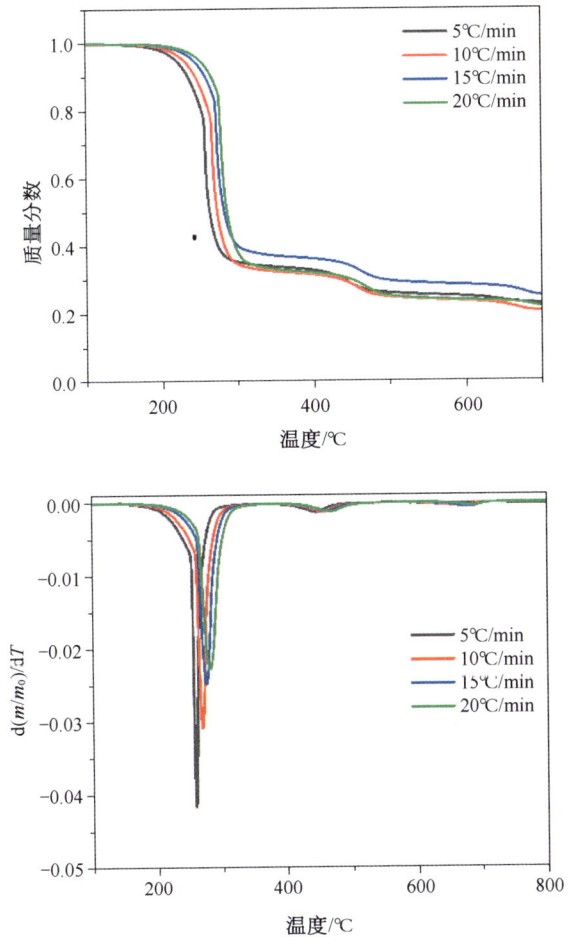

图 6-2　侧墙板表层 PVC 材料不同升温速率下质量损失和质量损失速率曲线

地板表层 PVC 材料不同升温速率下质量损失和质量损失速率随温度变化情况如图 6-3 所示。可以看出，地板 PVC 材料反应极为复杂，这主要是由于该材料添加了大量的稳定剂和阻燃剂。质量损失曲线表明地板热解主要包含三个反应阶段：第一阶段发生在 180~300℃，损失约 20% 质量；第二阶段发生在 300~640℃,损失约 13% 质量;第三阶段发生在 640~750℃,损失约 15% 质量。该材料不同升温速率下的平均残余质量为 47%,表明有大量无机物和炭存在,有较强的阻燃性能。

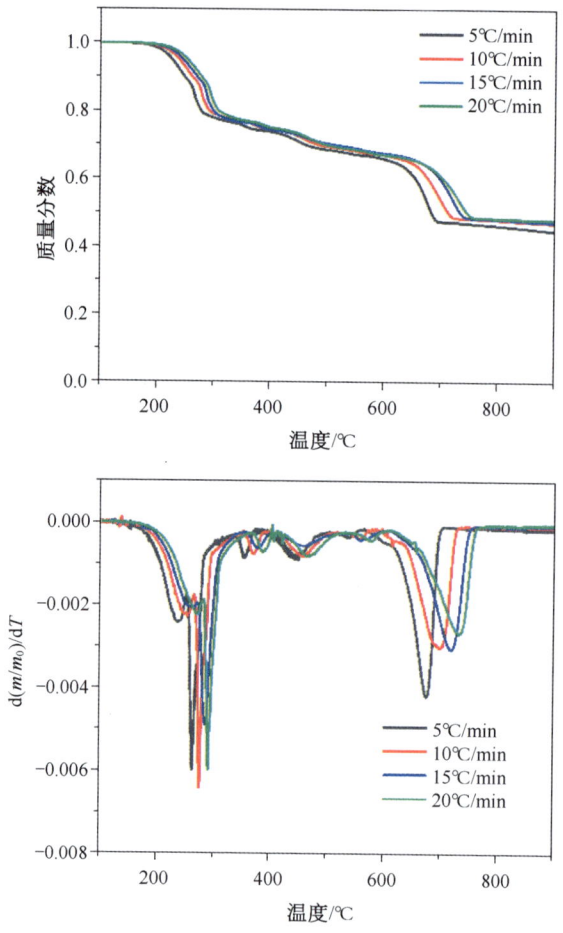

图 6-3　地板表层 PVC 材料不同升温速率下质量损失和质量损失速率曲线

综合比较三种 PVC 材料,可以看出地板表层 PVC 材料阻燃性能最强,侧墙板表层 PVC 材料阻燃性能较差。

6.1.3　热解反应动力学分析

热解反应动力学参数是描述材料热解过程的重要参数,对于非等温热重

试验,单步反应的热解过程可以表示为

$$\frac{d\alpha}{dt} = Af(\alpha)\exp\left(-\frac{E_a}{RT}\right) \quad (6-1)$$

式中　β——加热速率;
　　　R——气体常数;
　　　E_a、A——活化能和指前因子;
　　　α——转化率,可由下式得到:

$$\alpha = \frac{m_i - m}{m_i - m_f} \quad (6-2)$$

式中　m_i、m_f——反应开始和结束时的质量;
　　　m——样品在温度 T 时的质量。

1) Kissinger 方法

对式(6-1)求导,可以得到

$$\frac{d(d\alpha/dt)}{dt} = A\exp\left(\frac{-E}{RT}\right)\frac{d[f(\alpha)]}{dt} + Af(\alpha)\frac{d[\exp(-E/RT)]}{dt} \quad (6-3)$$

在最大反应速率 $T = T_{peak}$ 时,有 $d(d\alpha/dt)/dt = 0$,此时上式变为

$$0 = A\exp\left(\frac{-E}{RT_m}\right)f'(\alpha) + \frac{E\beta}{RT_m^2} \quad (6-4)$$

进行变换后,可以得到

$$\ln\left(\frac{\beta}{T_{peak}^2}\right) = \ln\left(\frac{AR}{E}\right) + \ln[-f'(\alpha)] - \frac{E}{RT_{peak}} \quad (6-5)$$

Kissinger 假设反应为一阶,即 $f(\alpha) = 1 - \alpha$,因此 $\ln[-f'(\alpha)] = 0$,此时有

$$\ln\left(\frac{\beta}{T_{peak}^2}\right) = \ln\left(\frac{AR}{E}\right) - \frac{E}{RT_{peak}} \quad (6-6)$$

基于该式,以 $\ln(\beta/T_{peak}^2)$ 为 Y 轴、$1/T_{peak}$ 为 X 轴作图,并进行线性回归拟合,通过斜率和截距可以求出活化能 E_a 和指前因子 A。内顶表层、侧墙板表层和地板表层 PVC 材料的 Kissinger 线性拟合情况如图 6-4 所示。

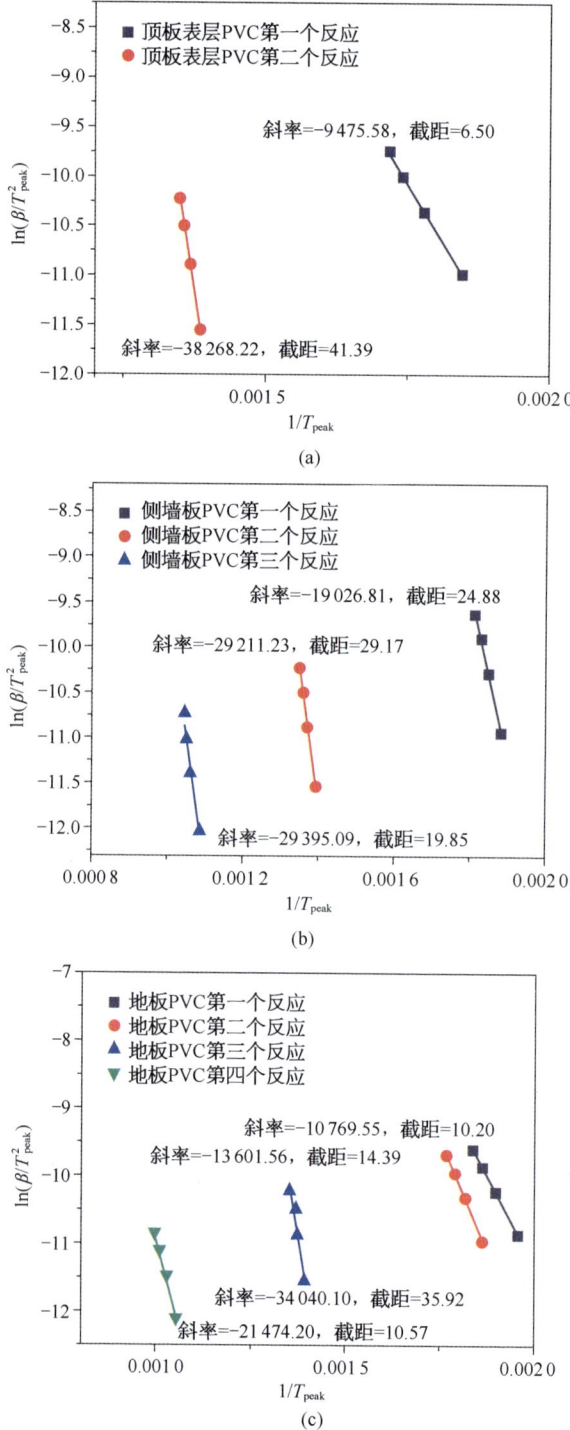

图 6-4　PVC 材料不同升温速率下 Kissinger 方法线性回归图
(a) 内顶表层;(b) 侧墙板表层;(c) 地板表层

三种 PVC 材料在不同升温速率下的 DTG 峰值温度和 Kissinger 方法计算结果见表 6-1~表 6-3。可以看出,三种 PVC 材料 Kissinger 方法的拟合决定系数 R^2 均大于 0.9,证明了 Kissinger 方法的准确性。三种 PVC 材料的活化能范围在 78.78~318.16 kJ/mol,尽管该范围较大,但与前人研究结果一致。

表 6-1 内顶表层 PVC 不同升温速率下 DTG 峰值温度及 Kissinger 方法计算结果

反应	加热速率	DTG 峰值温度/℃	E_a/(kJ·kmol^{-1})	ln A/ln(1/s)	R^2
反应 1	5	268.25	78.78	15.65	0.99
	10	290.2			
	15	305.55			
	20	308.35			
反应 2	5	450.2	318.16	51.94	0.99
	10	458.25			
	15	463.85			
	20	469.1			

表 6-2 侧墙板表层 PVC 不同升温速率下 DTG 峰值温度及 Kissinger 方法计算结果

反应	加热速率	DTG 峰值温度/℃	E_a/(kJ·kmol^{-1})	ln A/ln(1/s)	R^2
反应 1	5	258.05	158.19	34.74	1.00
	10	267.95			
	15	273.35			
	20	278.5			
反应 2	5	444.55	242.86	39.45	0.99
	10	456.45			
	15	462.1			
	20	469.15			
反应 3	5	647.1	244.39	30.14	0.95
	10	672.5			

反应	加热速率	DTG 峰值温度/℃	E_a/(kJ·kmol^{-1})	ln$A$/ln(1/s)	R^2
反应3	15	679.85	244.39	30.14	0.95
	20	683.9			

表6-3 地板表层PVC不同升温速率下DTG峰值温度及Kissinger方法计算结果

反应	加热速率	DTG 峰值温度/℃	E_a/(kJ·kmol^{-1})	ln$A$/ln(1/s)	R^2
反应1	5	238.2	89.54	19.49	1.00
	10	253.64			
	15	263.42			
	20	270.89			
反应2	5	263.69	113.08	23.91	1.00
	10	276.54			
	15	285.49			
	20	292.38			
反应3	5	445.4	283.01	46.36	0.91
	10	455.74			
	15	456.51			
	20	466.47			
反应4	5	675.83	178.54	20.55	0.99
	10	698.68			
	15	717.5			
	20	732.17			

2) Friedman方法

对式(6-1)进行变换,可得到

$$\ln\left(\beta\frac{d\alpha}{dT}\right) = \ln\left(\frac{d\alpha}{dt}\right) = \ln[Af(\alpha)] - \frac{E_a}{RT} \quad (6-7)$$

式中 dα/dT——某转化率下转化率对温度的微分；

$f(\alpha)$——该转化率下的反应函数值。

通过对不同升温速率下任意转化率 α 下的 ln[β(dα/dT)] 对 $1/T$ 进行直线拟合，可以得到直线斜率，进而得到该反应转化率处 α 的活化能及 $Af(\alpha)$。

以 α = 0.05 为起点、$\Delta\alpha$ = 0.1 为间隔计算不同转化率下的活化能和 $Af(\alpha)$。三种 PVC 材料的 Friedman 方法线性回归如图 6-5 所示。可以看出不同转化率下的直线拟合效果很好，证明了 Friedman 方法的有效性。

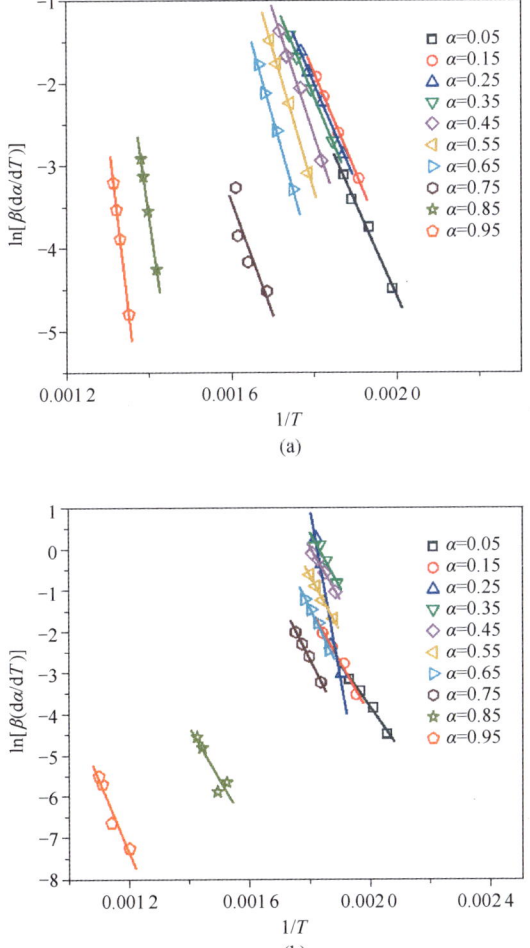

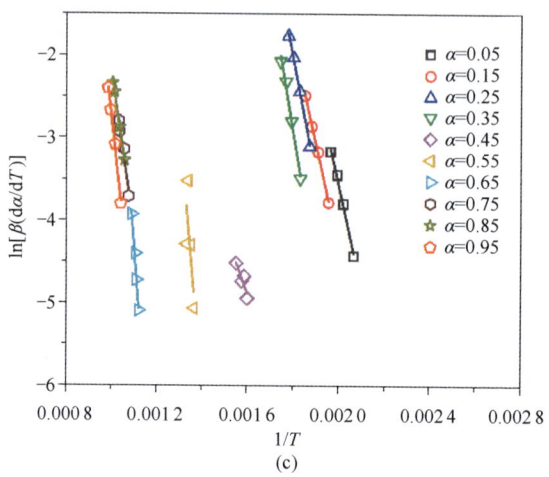

图6-5 PVC材料Friedman方法线性回归图
(a) 内顶表层；(b) 侧墙板表层；(c) 地板表层

3) Advanced Vyazovkin方法

Advanced Vyazovkin方法是一种非线性数值积分等转化率方法，可以避免Friedman方法对试验误差较为敏感的问题。该方法假设不同升温速率下转化率发生微小变化时，反应活化能一致。对于n组不同升温速率下的热重试验，通过求取下式最小值，可以得到转化率α处的活化能：

$$\Phi(E) = \sum_{i=1}^{n} \sum_{j \neq i}^{n} \frac{J_i(E)}{J_j(E)} \tag{6-8}$$

其中，对第i组试验数据，有

$$J_i(E) = \frac{1}{\beta} \int_{T_{i,\alpha}}^{T_{i,\alpha+\Delta\alpha}} \exp\left(-\frac{E}{RT_i}\right) dT \tag{6-9}$$

其中，α计算范围为$0.1 \sim 0.95$，$\Delta\alpha$设为0.02。Lina等使用计算得到的不同转化率处活化能E及$J_i(E)$，可以求出$Af(\alpha)$，如下式所示：

$$Af(\alpha) = \frac{\Delta\alpha}{\overline{J_i(E)}} \tag{6-10}$$

式中　$\overline{J_i(E)}$——基于各热重试验数据得到的$J_i(E)$的平均值。

基于 Friedman 方法和 Advanced Vyazovkin 方法得到的活化能 E 和 $\ln[Af(\alpha)]$ 如图 6-6 所示。可以看出,Friedman 方法和 Advanced Vyazovkin 方法得到的活化能 E 和 $\ln[Af(\alpha)]$ 趋势一致,证明了两种方法获得的活化能和 $\ln[Af(\alpha)]$ 的准确性。图 6-6(a)的曲线表明,内顶表层 PVC 反应可以分为三个阶段,转化率区间分别为[0.05,0.12]、[0.12,0.78]和[0.78,0.95]。图 6-6(b)的曲线表明,侧墙板表层 PVC 反应也包含三个阶段,转化率区间分别为[0.05,0.8]、[0.2,0.35]和[0.8,0.95],与前文一致。图 6-6(c)的活化能波动较为剧烈,进一步证明了地板表层 PVC 反应的复杂性。

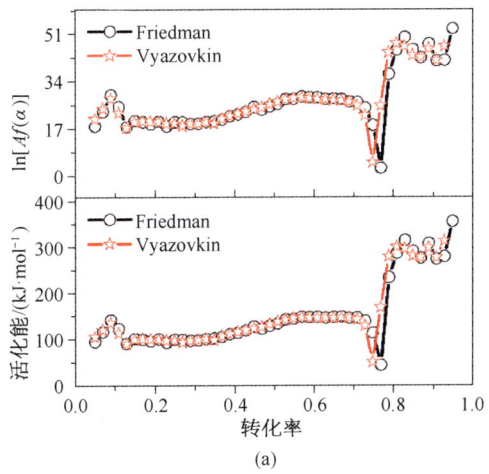

(a)

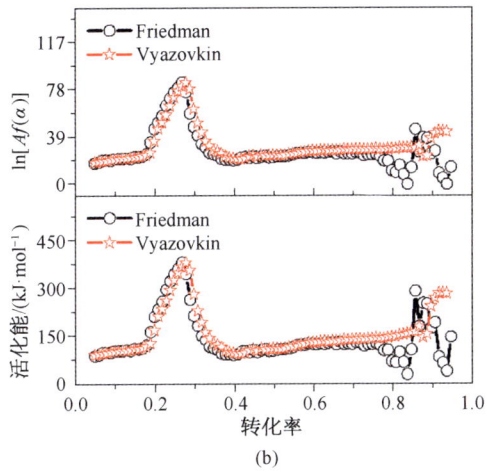

(b)

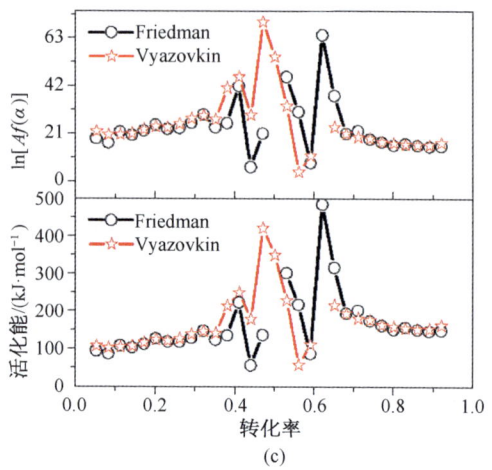

(c)

图 6-6 三种 PVC 材料得到的动力学参数
(a) 内顶表层；(b) 侧墙板表层；(c) 地板表层

对较小的 $\Delta\alpha$ 区间内，活化能 E 和 $Af(\alpha)$ 可以假设为常数。为了进一步验证三种 PVC 材料基于 Advanced Vyazovkin 方法得到的活化能 E 和 $\ln[Af(\alpha)]$ 的准确性，基于式（6-1），通过迭代数值积分的方式，可以对不同升温速率下的转化率曲线进行数值模拟。三种 PVC 材料不同升温速率下的模拟结果和试验结果对比如图 6-7 所示，可以看出不同升温速率下模拟值和试验值接近，证明了 Advanced Vyazovkin 方法得到的活化能的准确性。

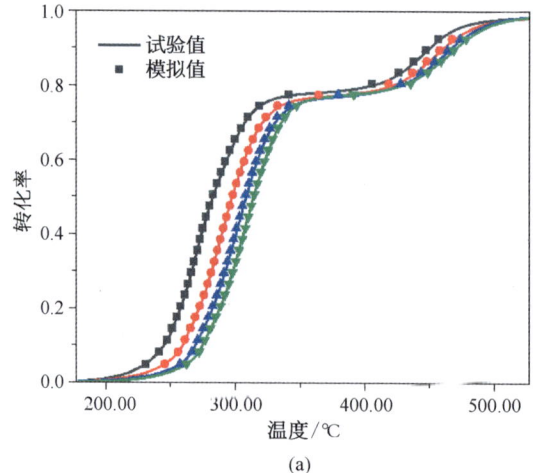

(a)

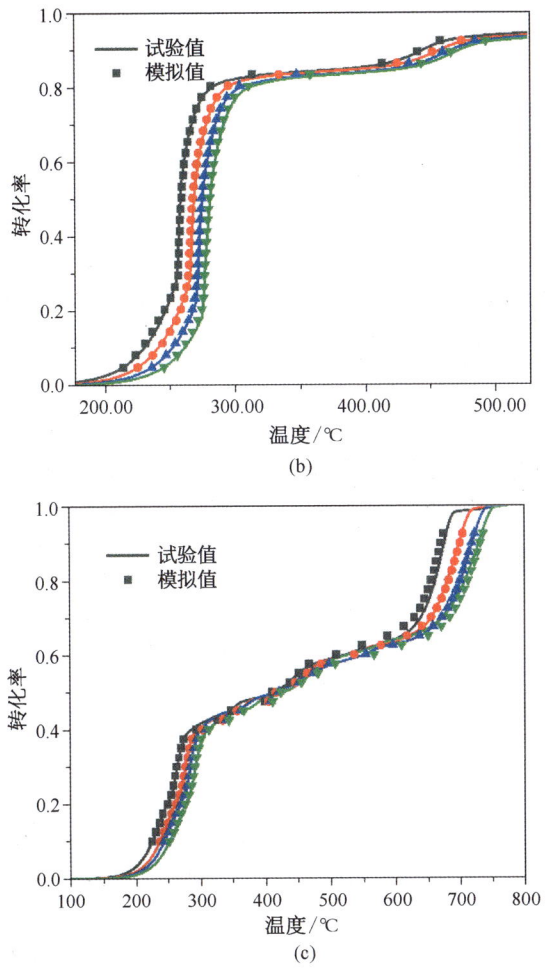

图 6-7 三种 PVC 材料转化率曲线模型验证
(a) 内顶表层;(b) 侧墙板表层;(c) 地板表层

6.2 客车典型内饰材料燃烧性能研究

6.2.1 样品及锥形量热燃烧试验方法

为研究客车内饰材料的燃烧特性,选用了两种中顶、前后内顶、侧围、地板共五种材料开展燃烧试验,材料所属部位和名称见表6-4。

试验采用英国标准公司生产的FTT锥形量热仪,如图6-8所示。锥形量热仪以氧消耗原理为基础设计,通过测量耗氧量来测量材料的热释放速率。氧消耗原理是指材料燃烧时消耗每一单位的氧气所释放的热量基本相同,单位质量氧气消耗所产生的能量是13.1 MJ/kg,通过测量氧气消耗量,可以确定材料的热释放速率。

图6-8 FTT锥形量热仪

为研究各内饰材料在不同热辐射强度下的燃烧特性,首先使用25 kW/m²、35 kW/m²、45 kW/m² 外加热辐射通量开展试验。当某材料在45 kW/m² 外加热流下的点燃时间超过10 s时,则增加55 kW/m² 的燃烧试验,否则增加15 kW/m² 的燃烧试验。综上,不同内饰材料所采用的外加热辐射通量见表6-4。

试验材料均来自某客车厂商生产的在售客车。根据ISO 5660-1,试验材料需切成100 mm×100 mm 的方块,样品厚度为实际厚度。每次试验前,需要对仪器进行气路分析,更换滤芯,检查冷井温度和排气流量,随后将甲烷燃烧

表 6-4　内饰材料所属部位和外加热辐射通量选择

材料所属部位	材料名称	外加热辐射通量/(kW·m^{-2})
客车中顶	XPE 皮革+PP 蜂窝板	15/25/35/45
客车中顶	无纺布皮革+PP 蜂窝板	15/25/35/45
中顶、侧墙板	PVC 皮革+五合板	15/25/35/45
客车前后内顶	PVC+聚氨酯硬发泡	25/35/45/55
客车地板	PVC 地板革+胶合板	25/35/45/55

器放到加热锥正下方 25 mm 处进行标定。试验开始前,使用铝箔纸包裹试样,放入锥形量热仪中的样品托中。随后将样品托放置到加热锥下方的电子秤上,静置片刻以减少振动对电子秤产生的影响。最后打开隔热板开始试验,电脑开始记录材料燃烧过程中的热释放速率、质量损失、产烟率等燃烧特性参数,当燃烧持续发生时,记录点燃时间。放入托盘的试样和锥形量热仪燃烧试验过程如图 6-9 所示。

6.2.2　热释放速率及峰值

材料的热释放速率(heat release rate,HRR)是火灾风险评估中最重要的

图 6-9 燃烧试验过程

参数。HRR 表征材料燃烧过程放热的速率,从而反映火势的大小,因此有必要使用热释放速率对客车内饰材料的燃烧性能进行评估。通常热释放速率越大的材料,火灾时火势发展会越快,而热释放速率越小的材料,火灾时火势发展会越慢。

图 6-10 给出了 XPE 皮革+PP 蜂窝板在 15 kW/m^2、25 kW/m^2、35 kW/m^2、45 kW/m^2 热辐射强度下的热释放速率曲线。可以看出,在高于 35 kW/m^2 的热辐射强度下,曲线会存在两个峰值,而在较低外加热辐射强度下,仅有一个峰值,并且第二个峰值高于第一个峰值。第二个峰值主要是由于底层材料燃烧导致。因此,若外加热流强度低于 25 kW/m^2,材料表层形成的炭层会阻碍热量和可燃气体的传递,导致底层材料无法被点燃。

图 6-11 给出了无纺布皮革+PP 蜂窝板在 15 kW/m^2、25 kW/m^2、35 kW/m^2、45 kW/m^2 热辐射强度下的热释放速率曲线。可以看出,在高于 25 kW/m^2 的热辐射强度下,曲线存在两个峰值,与 XPE 皮革+PP 蜂窝板材料相似,在较低的热辐射强度下(15 kW/m^2),材料下方 PP 蜂窝板无法被点燃。

图 6-12 给出了 PVC 皮革+五合板在 15 kW/m^2、25 kW/m^2、35 kW/m^2、45 kW/m^2 热辐射强度下的热释放速率曲线。可以看出,曲线一直存在两个峰值,说明在较低的热辐射强度下,表层材料无法对底层材料起到保护作用,底层材料也会参与燃烧,说明该材料的阻燃性能要弱于前两种中顶材料。

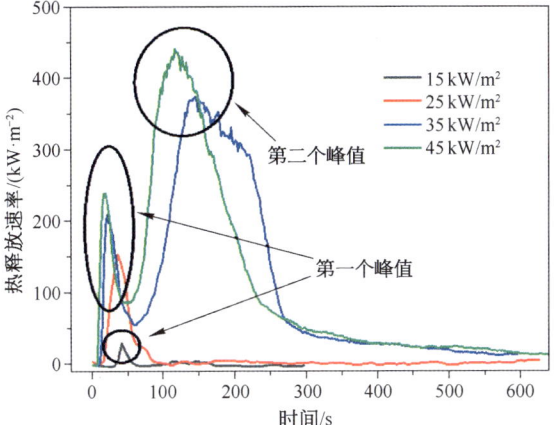

图 6-10　XPE 皮革+PP 蜂窝板

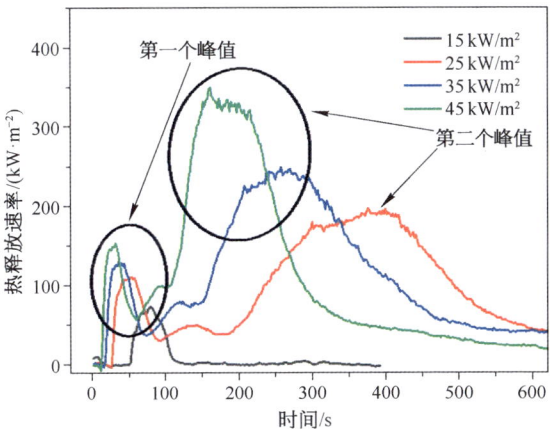

图 6-11　无纺布皮革+PP 蜂窝板

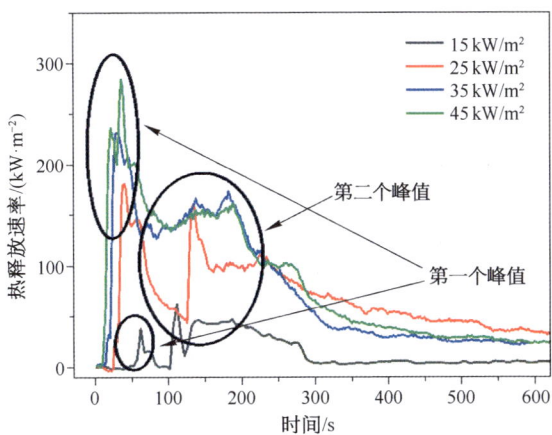

图 6-12　PVC 皮革+五合板

图 6-13 给出了 PVC+聚氨酯硬发泡在 25 kW/m²、35 kW/m²、45 kW/m²、55 kW/m² 热辐射强度下的热释放速率曲线。可以看出,在高于 35 kW/m² 的热辐射强度下,曲线存在两个峰值,而在 25 kW/m² 的热辐射强度下仅有一个峰值。这仍然是表层材料燃烧产生炭层对底层聚氨酯硬发泡起到保护作用,导致该材料底层无法被点燃。

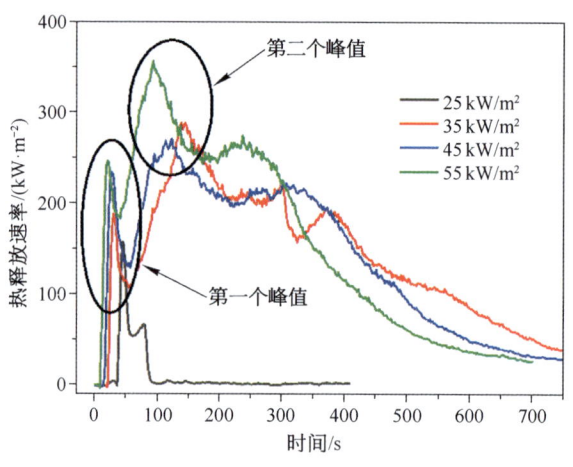

图 6-13　PVC+聚氨酯硬发泡

图 6-14 给出了 PVC 地板革+胶合板在 25 kW/m²、35 kW/m²、45 kW/m²、55 kW/m² 热辐射强度下的热释放速率曲线。可以看出,在高于 45 kW/m² 的热辐射强度下,曲线存在两个峰值,而在较低外加热辐射强度下(25 kW/m²

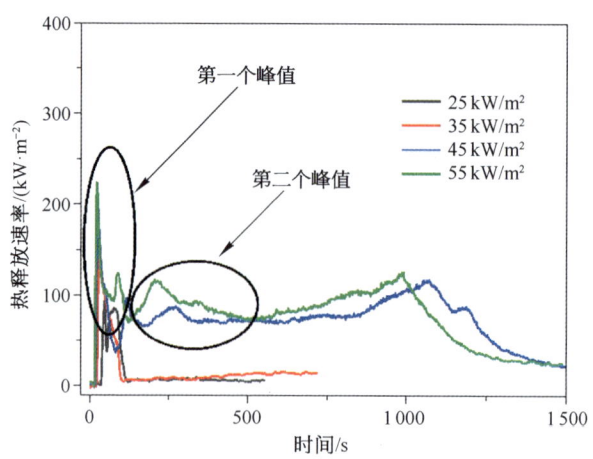

图 6-14　PVC 地板革+胶合板

和 35 kW/m²），热释放速率曲线仅包含一个峰值。由于 PVC 地板革材料在 45 kW/m² 外加热辐射强度下，仍可以对底层材料起到保护作用，因此 PVC 地板革材料在五种内饰材料中阻燃性能最强。

最大平均热释放（MARHE）是表征材料燃烧性能的指标，其定义如下：

$$\mathrm{MARHE}(t_n) = \max([\mathrm{ARHE}(t_1), \cdots, \mathrm{ARHE}(t_n)]) \quad (6-11)$$

式中 ARHE——平均热释放，定义为

$$\mathrm{ARHE}(t_n) = \frac{\sum_{2}^{n}(t_n - t_{n-1}) \times \dfrac{\dot{q}_n + \dot{q}_{n-1}}{2}}{t_n - t_1} \quad (6-12)$$

式中 t_n——锥形量热仪采样的时间点；

$\dot{q}_n$——t_n 时刻的热释放速率。

内饰材料的 MARHE 见表 6-5。由表可见，45 kW/m² 外加热辐射通量下，MARHE 最高的材料是 XPE 皮革+PP 蜂窝板，而 MARHE 最低的材料是 PVC 地板革+胶合板，因此建议对 XPE 皮革+PP 蜂窝板内顶材料进行阻燃处理，增强阻燃性能。

表 6-5 内饰材料热释放速率峰值及其对应时间和最大平均热释放

材料名称	参 数	热辐射通量/(kW·m⁻²)				
		15	25	35	45	55
XPE 皮革 +PP 蜂窝板	第一个 HRR 峰值/ (kW·m⁻²) 及时间/s	33.11/40	153.29/35	208.93/20	239.79/18	
	最大平均热释放/ (kW·m⁻²)	5.69	71.978 68	217.119 55	257.894 38	
无纺布皮革 +PP 蜂窝板	第一个 HRR 峰值/ (kW·m⁻²) 及时间/s	72.50/78	110.13/52	129.32/34	152.85/30	
	最大平均热释放/ (kW·m⁻²)	28.13	108.10	143.33	194.35	
PVC 皮革 +五合板	第一个 HRR 峰值/ (kW·m⁻²) 及时间/s	64.24/110	180.89/38	231.92/30	284.11/34	
	最大平均热释放/ (kW·m⁻²)	24.27	89.71	142.96	171.66	

续 表

材料名称	参　数	热辐射通量/(kW·m^{-2})				
		15	25	35	45	55
PVC+聚氨酯硬发泡	第一个 HRR 峰值/(kW·m^{-2})及时间/s		156.87/44	187.94/30	234.41/26	246.33/20
	最大平均热释放/(kW·m^{-2})		42.59	188.93	201.25	253.11
PVC 地板革+胶合板	第一个 HRR 峰值/(kW·m^{-2})及时间/s		93.60/46	149.54/30	202.27/24	224.36/20
	最大平均热释放/(kW·m^{-2})		44.74	68.75	91.88	102.49

6.2.3　点燃时间

研究表明,样品点燃时间是表征材料火灾安全的重要参数,因此有必要对内饰材料的点燃时间进行分析。ISO 5660-1 规定,当样品受到外加热流,表面被电火花点火器点燃并出现持续火焰时(持续时间大于 10 s),对应的时间即为点燃时间(time to ignition,TTI)。

内饰材料不同外加热辐射下的点燃时间如图 6-15 所示。可以看出,随着外加热辐射通量升高,点燃时间逐渐增大。XPE 皮革+PP 蜂窝板材料在

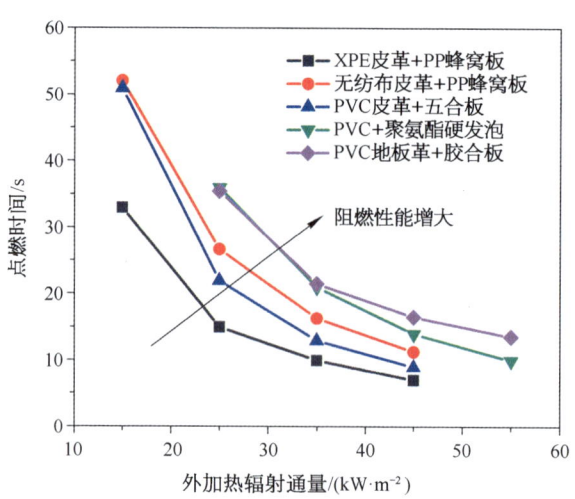

图 6-15　内饰材料不同外加热辐射通量下的点燃时间

15 kW/m² 外加热辐射通量下,需要 33 s 点燃,而在 45 kW/m² 外加热辐射通量下,点燃时间仅为 7 s。PVC 地板革+胶合板材料在 25 kW/m² 外加热辐射通量下点燃时间为 36 s,在 55 kW/m² 外加热辐射通量下点燃时间为 13.5 s。综合分析,PVC 地板革+胶合板材料点燃时间随外加热辐射通量变化曲线靠上,其阻燃性能最好,而 XPE 皮革+PP 蜂窝板材料在不同外加热辐射通量下的点燃时间最短,因此阻燃性能最差。其余内饰材料的阻燃性能适中。

可燃物根据其自身性质,通常被分为热厚型(thermally thick)材料或热薄型(thermally thin)材料。其中热厚型材料受热时内部存在热梯度,而热薄型材料由于其物理厚度通常小于热量扩散的厚度,因此不存在热梯度。对于热厚型材料,有如下公式来描述点燃时间(TTI)和临界热辐射通量(critical heat flux, CHF)之间的关系:

$$\mathrm{TTI} = \frac{\pi}{4}\rho c \left(\frac{T_{ig} - T_0}{q_{ext} - \mathrm{CHF}} \right)^2 \qquad (6-13)$$

而对于热薄型材料,有如下公式:

$$\mathrm{TTI} = \tau \rho c \left(\frac{T_{ig} - T_0}{q_{ext} - \mathrm{CHF}} \right) \qquad (6-14)$$

式中 TTI——点燃时间;

ρ、c——样品表面材料的密度和比热容;

τ——样品厚度;

T_{ig}、T_0——材料的点燃温度和环境温度。

显然,当外加热辐射通量等于临界热辐射通量(CHF)时,点燃时间无限长。基于以上公式,以不同外加热辐射通量 q_{ext} 为 X 轴,以 $1/\mathrm{TTI}^{0.5}$ 和 $1/\mathrm{TTI}$ 为 Y 轴分别作图,随后进行线性拟合,拟合直线与 X 轴的交点即为热厚型和热薄型模型对应的临界热辐射通量。

五种内饰材料基于热厚型和热薄型模型的线性回归如图 6-16 所示。由图可见,热厚型模型和热薄型模型均可以很好地拟合得到点燃时间。基于热厚型和热薄型模型得到的临界热辐射通量见表 6-6。五种内饰材料热厚型模型得到的临界热辐射通量均为负,因此五种材料均属于热薄型材料。这主要是由于材料表层较薄,并且下层材料导热系数较低。表层材料受热后,内部温度迅速达到一致,不存在热梯度,而表层向下层材料传出的热量有限,因

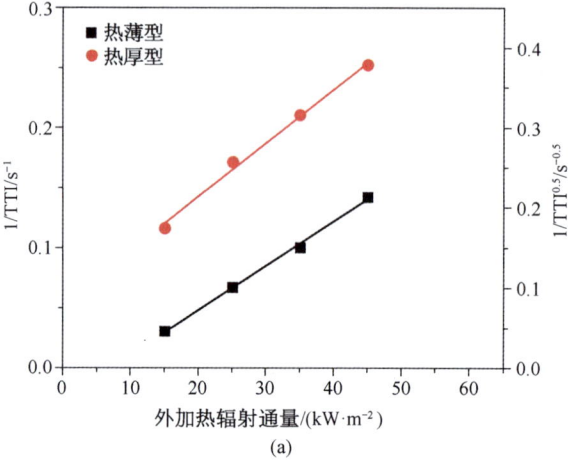
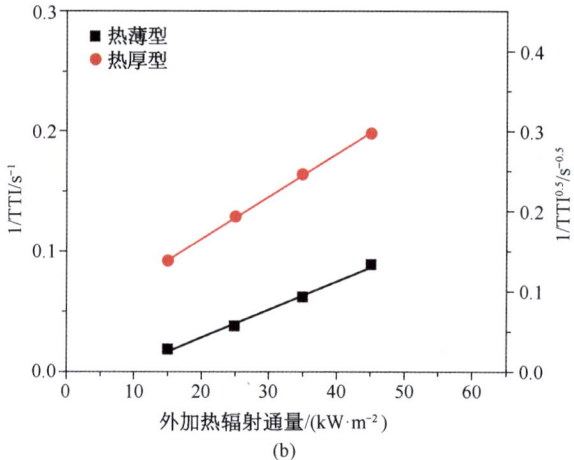
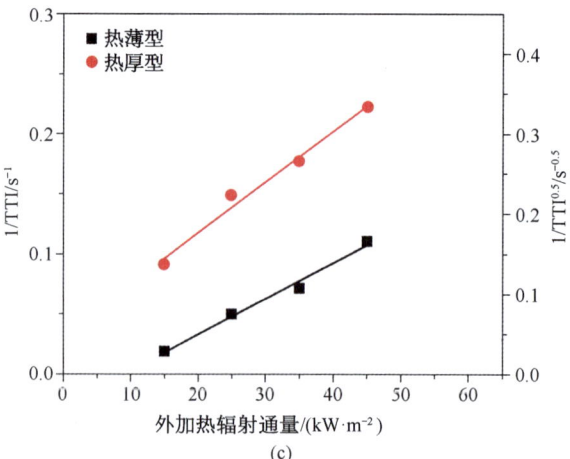

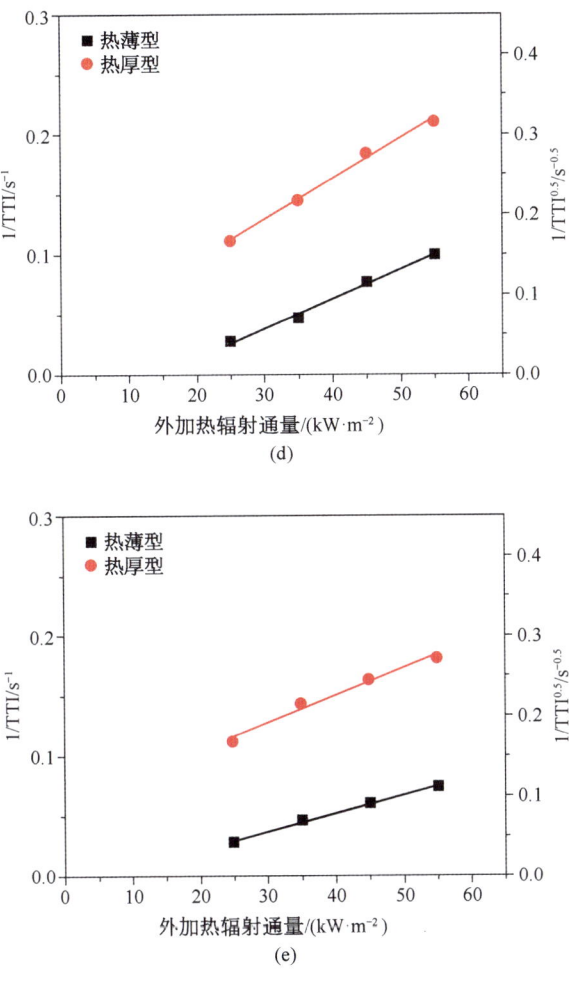

图 6-16 五种内饰材料基于热厚型和热薄型点燃时间线性回归图

(a) XPE 皮革+PP 蜂窝板；(b) 无纺布皮革+PP 蜂窝板；(c) PVC 皮革+五合板；(d) PVC+聚氨酯硬发泡；(e) PVC 地板革+胶合板

此五种材料的点燃时间均受到表层材料热物性参数的影响。

临界热辐射通量最大的材料分别为 PVC+聚氨酯硬发泡材料和 PVC 地板革+胶合板材料，因此这两种材料阻燃性能最好。临界热辐射通量由高至低排序为 PVC+聚氨酯硬发泡、PVC 地板革+胶合板、无纺布皮革+PP 蜂窝板、PVC 皮革+五合板、XPE 皮革+PP 蜂窝板。综上，临界热辐射通量最低的材料为 XPE 皮革+PP 蜂窝板材料，因此建议对该材料进行阻燃处理。

表 6-6　典型内饰材料基于热厚型和热薄型模型的临界热辐射通量计算结果

试 样	采用模型	CHF/(kW·m^{-2})	R^2
XPE 皮革+PP 蜂窝板	热厚型	-12.05	0.99
	热薄型	7.10	1.00
无纺布皮革+PP 蜂窝板	热厚型	-8.06	0.98
	热薄型	8.92	0.99
PVC 皮革+五合板	热厚型	-11.30	1.00
	热薄型	7.73	0.99
PVC+聚氨酯硬发泡	热厚型	-8.17	0.99
	热薄型	14.35	1.00
PVC 地板革+胶合板	热厚型	-10.19	0.94
	热薄型	12.26	0.97

6.2.4　产烟量

本节研究了各种内饰材料在不同外加热辐射通量下烟尘生成的情况。烟尘生成量的大小可以影响火灾发生时的可见度。通常可见度越低，乘客逃生速度越慢，从而制约乘客逃生速度。

图 6-17 为 XPE 皮革+PP 蜂窝板在不同热辐射强度下的产烟率。由图可见，随着热辐射强度的增大，材料的产烟率增大。产烟率曲线在热辐射大于 25 kW/m^2 时，会出现两个峰值，与前文分析一致。由于产烟率第一个峰值大于第二个峰值，表明表层 XPE 皮革产烟量较大。

无纺布皮革+PP 蜂窝板在不同热辐射强度下的产烟率如图 6-18 所示。可以看出，随着热辐射强度增加，产烟率也逐渐增加。在高于 15 kW/m^2 的热辐射强度下，产烟率会出现两个峰值，并且第一个峰值要远大于第二个峰值，说明表层无纺布皮革产烟量巨大。

图 6-19 给出了 PVC 皮革+五合板材料在不同热辐射强度下的产烟率。从图中可以看出，随着热辐射强度增加，材料燃烧初始阶段产烟率会逐渐增

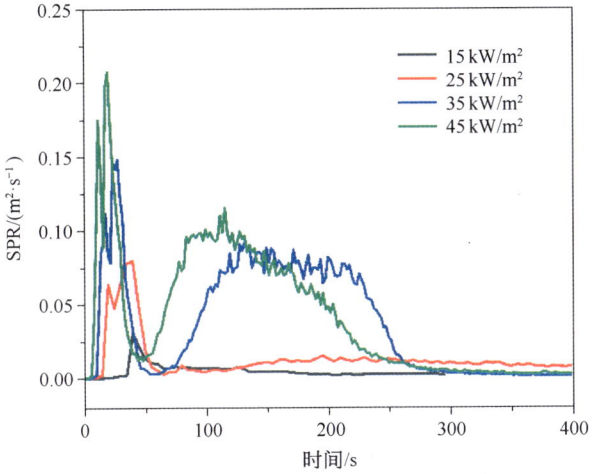

图 6-17　XPE 皮革+PP 蜂窝板产烟率

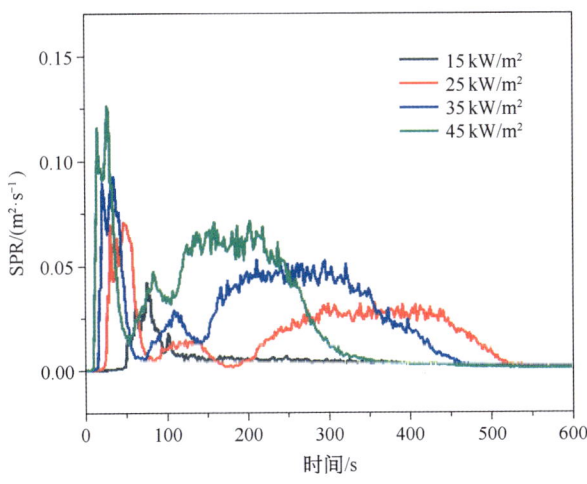

图 6-18　无纺布皮革+PP 蜂窝板产烟率

加,但燃烧后期的产烟率逐渐下降,说明表层 PVC 皮革相较于底层五合板产烟量大。

图 6-20 是 PVC+聚氨酯硬发泡在不同热辐射强度下的产烟率。显然,随着热辐射强度的增加,材料的产烟率也逐渐增大,并且该材料的产烟率要高于其他材料。

图 6-21 为 PVC 地板革+胶合板材料在不同热辐射强度下的产烟率。容

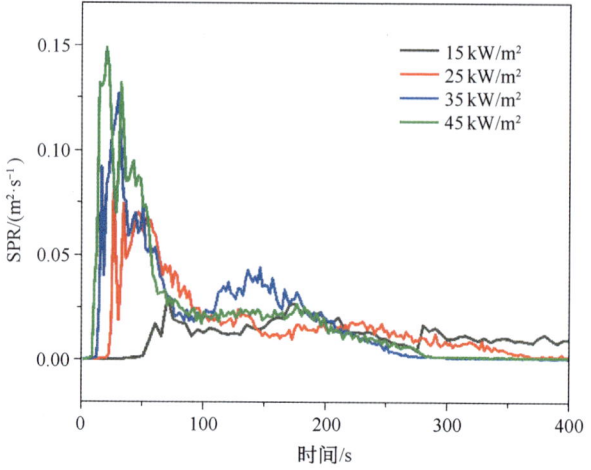

图 6-19　PVC 皮革+五合板产烟率

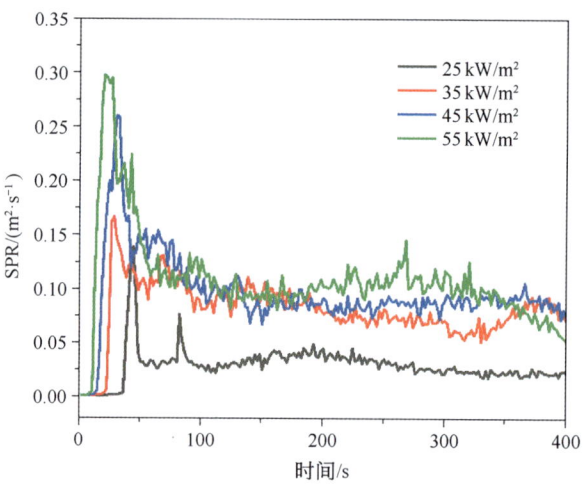

图 6-20　PVC+聚氨酯硬发泡产烟率

易看出,随着热辐射强度的增大,材料的产烟率增加。表层 PVC 地板革产生了巨大的烟尘,而胶合板几乎无烟尘产生,说明表层 PVC 地板革是材料生成烟尘的主要原因。

五种材料总产烟量见表 6-7。容易看出,不同内饰材料产烟量随外加热辐射通量增大而增大。产烟量最大的材料为 PVC+聚氨酯硬发泡材料,产烟量最小的材料为 PVC 地板革+胶合板材料。由于 PVC+聚氨酯硬发泡材料产

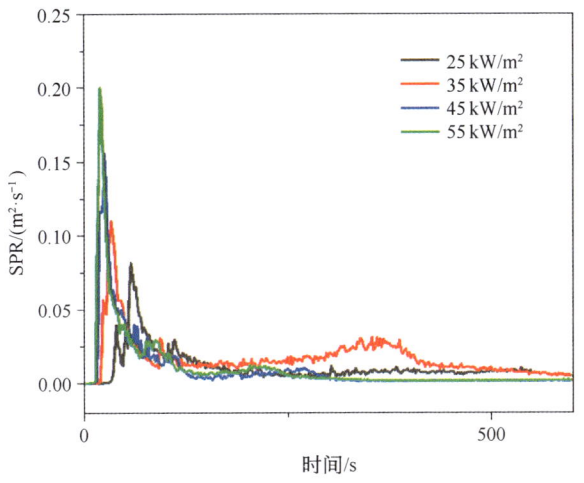

图 6-21 PVC 地板革+胶合板产烟率

烟量巨大,在火灾发生时,产生的烟雾有可能会严重刺激眼睛等器官,降低乘客逃生速率。

表 6-7 不同外加热辐射通量下客车内饰材料总产烟量

材料名称	外加热辐射通量/(kW·m^{-2})				
	15	25	35	45	55
XPE 皮革+PP 蜂窝板	1.32	6.47	14.99	16.91	
无纺布皮革+PP 蜂窝板	2.51	10.11	14.52	15.1	
PVC 皮革+五合板	6.95	6.69	8.18	8.82	
PVC+聚氨酯硬发泡		11.65	46.17	47.42	46.879
PVC 地板革+胶合板		5.96	10.55	7.81	8.4

6.2.5 火灾风险评价

为了对材料燃烧危险性进行分析,已有众多学者提出了一些综合评价指标,如火灾增长速率指数(FIGRA)和火灾增长指数(FGI),以及 Petrella 风险评价体系。其中火灾增长指数(FGI)为材料热释放速率峰值和点燃时间的比值,可以作为火灾轰燃倾向的评价指标,FGI 越大,则材料发生轰燃的概率也越高,因此采用 FGI 对客车内饰材料火灾危险性进行评价。

五种内饰材料 FGI 随外加热辐射通量变化情况如图 6-22 所示。由图可见,随外加热辐射通量增大,五种内饰材料的 FGI 逐渐增大,火灾轰燃风险也逐渐增大。对比 45 kW/m² 下的 FIGRA,可以看出 XPE 皮革+PP 蜂窝板火灾风险性最大,PVC 地板革+胶合板材料的火灾风险性最小。综上,燃烧危险性由高至低排序为 XPE 皮革+PP 蜂窝板、PVC 皮革+五合板、无纺布皮革+PP 蜂窝板、PVC+聚氨酯硬发泡、PVC 地板革+胶合板。该结论与前文使用点燃时间和临界热辐射通量进行危险性评价结论一致。

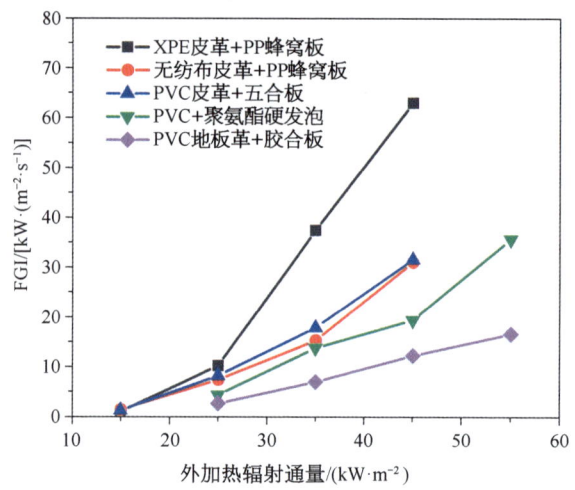

图 6-22　五种内饰材料 FGI 随外加热辐射通量变化情况

6.3　客车火灾数值模拟

6.3.1　数值模拟基础

当前已有众多学者采用 CFD 方法对客车火灾事故开展研究。常用的火灾数值模拟软件包括 FDS、Fluent、PHOENICS、CFX 等,其中 FDS 针对火灾仿真设计,相比其他软件可以更准确地模拟火灾发展过程并已得到众多学者验证,因此在火灾仿真计算领域得到广泛应用。

FDS 中采用的一维热解模型可以模拟聚合物在外加热辐射条件下的化学反应、能量传递和质量传递,其主要控制方程如下。

对于固相热解内部的热传导,其能量守恒方程可以表示为

$$\rho_s c_s \frac{\partial T_s}{\partial t} = \frac{\partial}{\partial x}\left(k_s \frac{\partial T_s}{\partial x}\right) + \dot{q}'''_{s,c} + \dot{q}'''_{s,r} \qquad (6-15)$$

式中 $\dot{q}'''_{s,c}$、$\dot{q}'''_{s,r}$——化学反应产生的热量和辐射传递的热量。

化学反应产生的热量为

$$\dot{q}'''_{s,c}(x) = -\rho_s(0) \sum_{\alpha=1}^{N_m} \sum_{\beta=1}^{N_{r,\alpha}} r_{\alpha\beta}(x) H_{r,\alpha\beta} \qquad (6-16)$$

材料内部辐射传递的热量根据 Schuster-Schwarzschild 近似方法建立的双向辐射模型得到。即假设热辐射一部分向前传递,另一部分向后传递,有

$$\dot{q}'''_{s,r}(x) = \kappa_s [4\sigma T_s^4 - 2\dot{q}_r^+(x) - 2\dot{q}_r^-(x)] \qquad (6-17)$$

式中 κ_s——平均后的表面吸收系数;

σ——Stefan-Boltzmann 常数。

若聚合物经历单个或多个反应,根据质量守恒,有

$$\frac{\mathrm{d}Y_{s,i}}{\mathrm{d}t} = -\sum_{j=1}^{N_{r,i}} r_{ij} + \sum_{i'=1}^{N_m} \sum_{j=1}^{N_{r,i'}} v_{s,i'j} r_{i'j} \quad (i' \neq i) \qquad (6-18)$$

式中 r_{ij}——第 i 种材料经历第 j 个反应的速率;

$r_{i'j}$——其他材料生成第 i 种组分的速率;

$v_{s,i'j}$——产率。

r_{ij} 可表示为

$$r_{ij} = A_{ij} Y_{s,i}^{n_{s,ij}} \exp\left(-\frac{E_{ij}}{RT_s}\right) X_{O_2}^{n_{O_2,ij}} \qquad (6-19)$$

式中 $A_{ij} Y_{s,i}^{n_{s,ij}} \exp\left(-\frac{E_{ij}}{RT_s}\right)$——阿伦尼乌斯公式;

$X_{O_2}^{n_{O_2,ij}}$——氧化反应,若忽略氧化反应,$X_{O_2} = 1$。

FDS 还假设聚合物反应生成的气体瞬间到达表面,生成气体的质量流

率为

$$\dot{m}''_\gamma = \int_0^L \rho_s(0) \sum_{\alpha=1}^{N_m} \sum_{\beta=1}^{N_{r,\alpha}} v_{\gamma,\alpha\beta} r_{\alpha\beta} \mathrm{d}x \qquad (6-20)$$

根据组分 α 生成气体的燃烧热 $\Delta h_{f,\alpha}^0$，可以得到各组分总热释放速率为

$$\dot{q}'' = \sum \dot{m}''_\gamma \Delta h_{f,\alpha}^0 \qquad (6-21)$$

除一维热解模型的控制方程外，FDS 中流体力学主要用到的控制方程包括固相质量守恒、动量守恒、能量守恒、组分守恒等。各方程表达如下：

（1）质量守恒方程：

$$\frac{\partial \rho}{\partial t} + \nabla \cdot (\rho \vec{u}) = 0 \qquad (6-22)$$

式中　ρ ——密度；

　　　t ——时间；

　　　$\vec{u}$ ——速度矢量。

（2）组分守恒方程。对于第 i 种气体组分质量分数守恒如下式所示：

$$\frac{\partial}{\partial t}(\rho Y_i) + \nabla \cdot (\rho Y_i \vec{u}) = \nabla \cdot (\rho D_i \nabla Y_i) + \dot{m}'''_i \qquad (6-23)$$

式中　Y_i ——第 i 种组分的体积分数；

　　　D_i ——第 i 种组分的质量扩散系数；

　　　$\dot{m}'''_i$ ——第 i 种组分的质量生成速率。

（3）动量守恒方程：

$$\frac{\partial}{\partial t}(\rho \vec{u}) + \nabla \cdot \rho \vec{u}\vec{u} + \nabla p = \rho g + \rho \vec{f}_b + \nabla \cdot \tau_{ij} \qquad (6-24)$$

式中　p ——环境压力；

　　　g ——重力加速度；

　　　$\vec{f}_b$ ——作用于流体上除重力外的其他外力；

　　　τ_{ij} ——黏性力张量。

（4）能量守恒方程：

$$\frac{\partial}{\partial t}(\rho h_s) + \nabla \cdot (\rho h_s \vec{u}) = \frac{\partial p}{\partial t} + \vec{u} \cdot \nabla p + \dot{q}''' - \nabla \cdot q_{rad} + \nabla \cdot k \nabla T + \sum_i \nabla \cdot h_{s,i} \rho D_i \nabla Y_i \quad (6-25)$$

式中 h_s——显焓；

q_{rad}——辐射热通量；

T——热力学温度；

k——导热系数；

D_i——第 i 种组分的扩散系数；

$\dot{q}'''$——来自化学反应的热释放速率。

（5）理想气体状态方程：

$$\bar{p} = \frac{\rho R T}{\bar{W}} \quad (6-26)$$

式中 R——气体常数；

$\bar{W}$——混合气体的分子量。

FDS 中的燃烧模型采用混合分数模型。对于某燃烧反应，其混合分数 Z 与燃料和氧气的质量分数关系如下：

$$Z = \frac{sY_F - (Y_O - Y_O^\infty)}{sY_F^I + Y_O^\infty} \quad (6-27)$$

式中 Y_F——燃料质量分数；

Y_F^I——燃料源处的质量分数；

Y_O——氧气质量分数；

Y_O^∞——初始环境中的氧气质量分数；

s——引入系数。

6.3.2 数值模拟研究对象和模型参数设置

本节基于某大型长途客车建立模型，模型图纸来自该客车主机厂。客车车身尺寸为 10.69 m×2.49 m×3.44 m，载客数量为(43+1)人（包括驾驶员），右侧有两处车门，前门宽 0.86 m，后门宽 0.8 m，客车发动机位于客车尾部发动机舱。客车布置如图 6-23 所示。

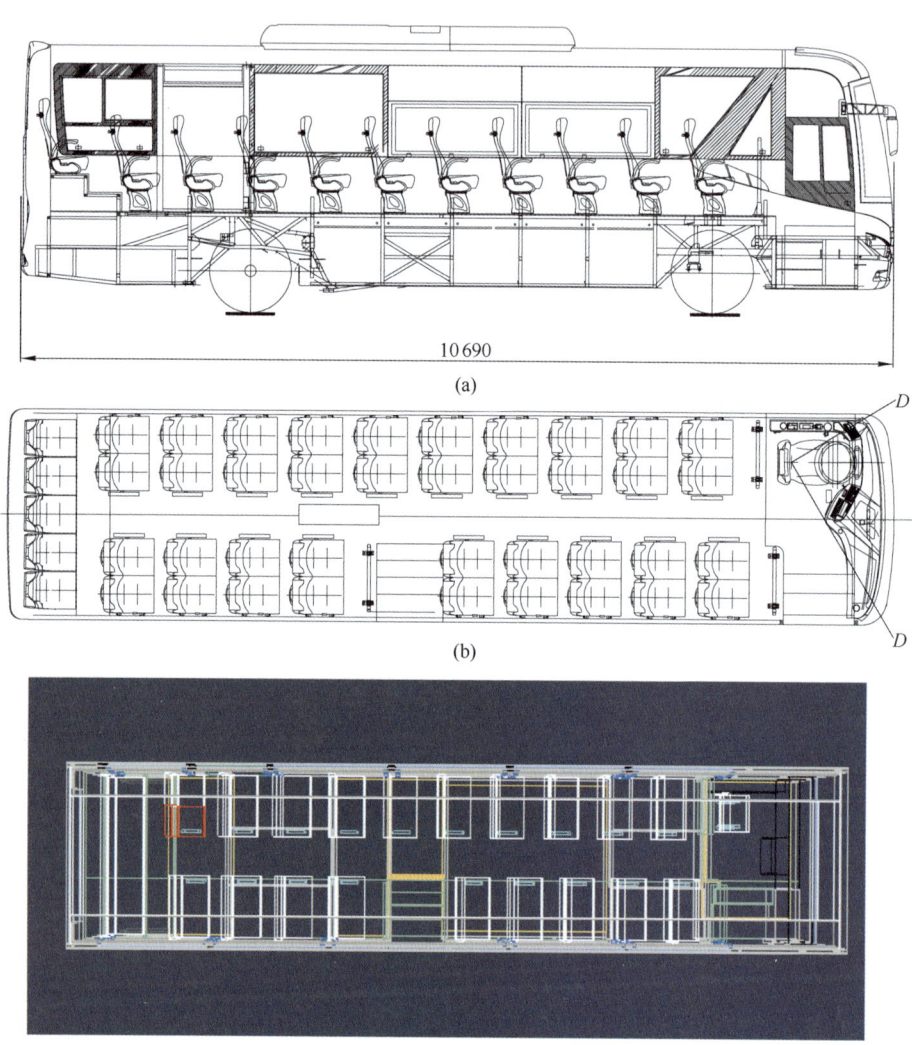

图 6-23 客车模型示意图

(a) 客车布置侧视图;(b) 客车布置俯视图;(c) 模型示意图

FDS 中,需要对模型进行如下参数设置。

1) 初始环境条件

假设火灾发生时,客车处于静止状态,环境温度为 20℃,仿真时间为 900 s。

2) 热边界条件

客车主要可燃物包括座椅、内饰板、地板、前后内顶、中顶及仪表板,由于难以估算乘客行李数量,因此忽略了行李架上行李,并对客车车内材料进行简化。模型主要材料和各个材料的热物性参数见表6-8和表6-9。

表6-8 客车主要材料

可燃物	材料	厚度/m	数量
座椅	座椅椅罩为涤纶,椅垫为聚氨酯发泡	涤纶 0.03	43+1
		聚氨酯发泡 0.042	43+1
窗帘	涤纶	0.05	20
内顶	ABS 工程塑料	0.003	1
仪表盘	ABS 工程塑料	0.002	1
地板	PVC 地板革+胶合板	PVC 地板革 0.002	1
		胶合板 0.018	
车窗包层柱	聚氨酯发泡	0.02	14
车窗	钢化玻璃	0.01	12
客车骨架	钢	0.05	1
轮胎	橡胶	0.02	4

表6-9 客车材料热物性参数

材料	密度/$(kg \cdot m^{-3})$	导热系数/$(W \cdot m^{-1} \cdot K)$	比热容/$(kJ \cdot kg^{-1} \cdot K)$	反应热/$(MJ \cdot kg^{-1})$	燃烧热/$(MJ \cdot kg^{-1})$
涤纶	1 345	0.2	1.15	0	90
胶合板	545	0.12	1.215	0	16.9
PVC 地板革	1 400	0.185	1.25	3.1	16
聚氨酯发泡	46	0.045	1.47	0	24.4
ABS 工程塑料	1 060	0.17	1.42	0	30.4
聚氨酯发泡	160	0.038	2.1	1.2	24.5
橡胶	1 100	0.17	1.88	2.3	27
Alloy 3003	2 730	180	0.9	0	0
钢化玻璃	2 400	1.1	0.72	0	0
钢	7 854	60.5	0.434	0	0

3）工况设置

为研究客车开口条件下客车起火后火焰和烟气的蔓延特性,设置了以下开口条件:

(1) 侧窗关闭,仅车门开启。

(2) 车门、车窗开启,安全顶窗关闭。

(3) 车门、车窗开启,安全顶窗开启。

4）测点布置

为研究客车起火后,人眼特征高度(距地板 1.7 m)、客车顶部(距地板 2 m)处和坐在座椅上时(距地板 1.3 m)处的人眼特征高度的可见度和烟雾扩散情况,在以上高度设置测点,并在客车中心平面 $y=0$ 处设置 slice 采集装置,确定客车中心平面可见度和烟雾扩散情况,如图 6-24 所示。

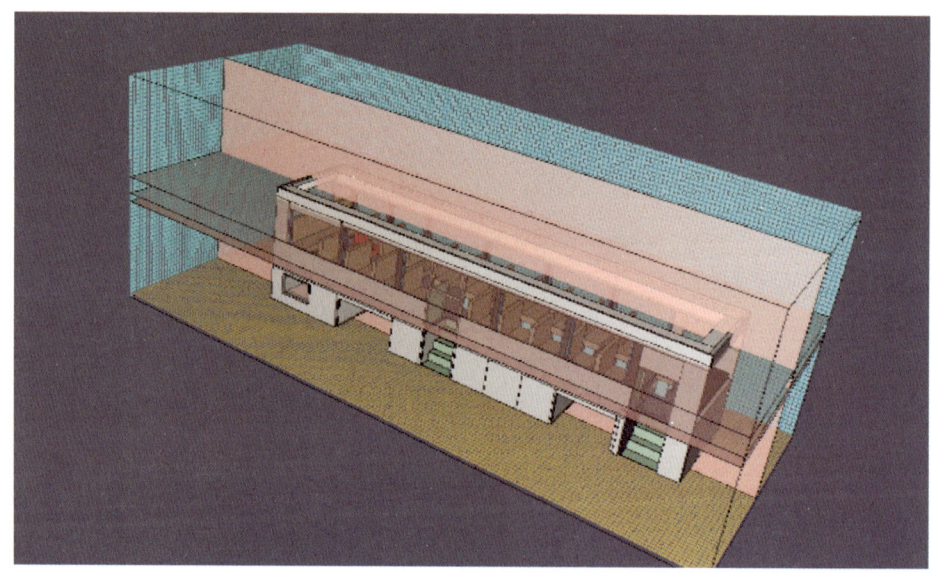

图 6-24　测点布置

5）火源设定

客车火灾常见原因包括发动机舱起火、行李舱起火、电路起火及乘客纵火。通过对历年重特大客车火灾事故进行调研,结果表明乘客纵火这一事故类型危险性最大,因此对客车车厢火灾事故进行模拟。

瑞典 SP 技术研究院运用家具量热仪,对客车座椅开展全尺寸火灾燃烧试验,使用 50kW 热源引燃客车座椅,对其燃烧热释放速率进行研究。获得的座椅热释放速率如图6-25所示,假设车厢内火源为纵火点燃的座椅,座椅燃烧过程和热释放速率均与试验一致。

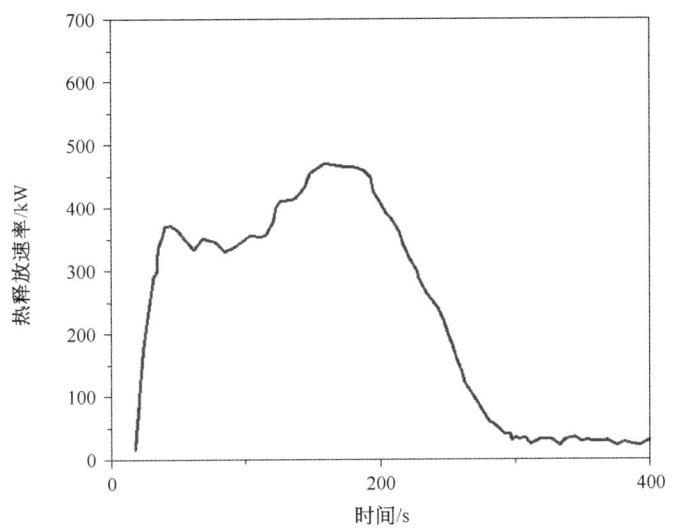

图6-25 SP技术研究所座椅燃烧试验热释放速率曲线

6) 网格划分

在进行数值模拟时,网格的大小和计算区域会影响模拟结果。因为客车车厢开口处延伸区域的大小会影响烟气和空气流动,所以在设置计算区域时,除了客车内区域,还需要增加一些外流场。在参考前人研究的基础上,确定客车上方增加2.2 m、前后各增加1.2 m、左右各增加1.2 m计算空间。综上,模型计算区域为(-3.0,12.0,-3.0,3.0,-0.4,5.0)。

FDS计算时需要进行网格划分,为了尽可能保证计算精度,需要将网格划分得较小,但考虑计算机硬件计算速度,网格太小会导致计算时间过长。FDS用户手册推荐用以下公式作为网格划分的依据:

$$D = \left(\frac{\dot{Q}}{\rho_\infty C_p T_\infty \sqrt{g}}\right)^{\frac{2}{5}} \quad (6-28)$$

式中 $\dot{Q}$——火源总热释放速率;

ρ_∞——环境空气密度;

C_p——环境空气比热容;

T_∞——环境空气温度;

g——重力加速度。

客车座椅的火源功率峰值为 270 kW/m²,因此建议使用 0.1~0.2 m 的网格尺寸,综合考虑计算机耗时,选用 0.1 m×0.1 m×0.1 m 的网格。

6.3.3 数值模拟结果和分析

1) 数值模拟的验证

客车燃烧热释放速率曲线与 Ingason 隧道客车燃烧试验得到的热释放速率曲线对比如图 6-26 所示。从对比试验和仿真结果可以看到,仿真结果热释放速率曲线与客车隧道火灾试验结果的曲线到达热释放速率的峰值相同,说明模型与试验数据贴合度良好,但衰减较快,这主要是因为燃烧模型仅考虑了车厢内的燃烧情况,对于客车发动机舱和行李舱部分难以较好地模拟。由于火灾初期危险性较大,因此通常仅研究客车火灾事故的开始阶段和完全燃烧阶段,所以本模型可以较准确地反映客车火灾发生时的事故场景。

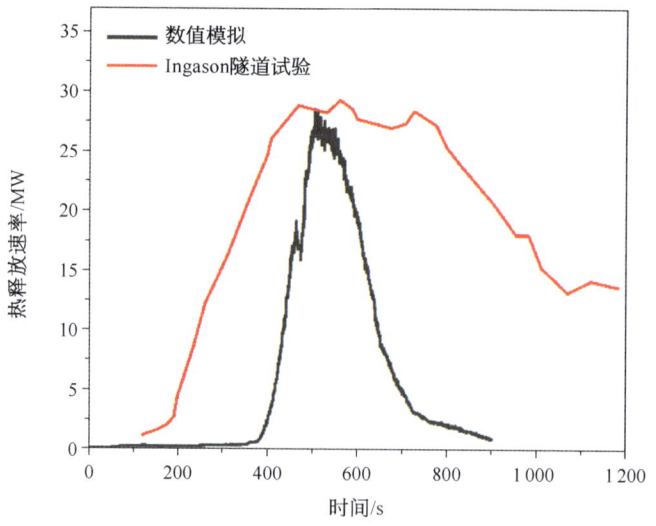

图 6-26 客车火灾数值模拟与 Ingason 隧道试验热释放速率曲线对比

2) 不同开口条件对客车火灾热释放速率的影响

不同开口条件对客车火灾事故的发展过程有着重要的影响,因此需要对不同开口条件下的客车火灾事故进行研究。由于热释放速率与通风条件关系较大,有必要研究不同开口条件对热释放速率的影响。

不同开口状况条件下热释放速率曲线如图 6-27 所示。由图可见,不同开口状态对于客车发生火灾时的热释放速率有显著影响:

(1) 在门窗完全开启、安全窗打开的工况下,客车座椅被 50 kW 热源点燃后,由于门窗开启,通风开口面积增大,车内燃烧时氧气充足,燃烧更为充分,促进车内可燃物的燃烧,并缩短了燃烧时间,燃烧时的峰值热释放速率较高,达到 28 552 kW。

(2) 对于仅开启车门的情况,由于通风较差,燃烧发生时氧气相对稀少,导致燃烧不充分,车内燃烧时的峰值热释放速率相对较低。

(3) 门窗完全关闭的情况,通风条件最差,其热释放速率峰值也最低。

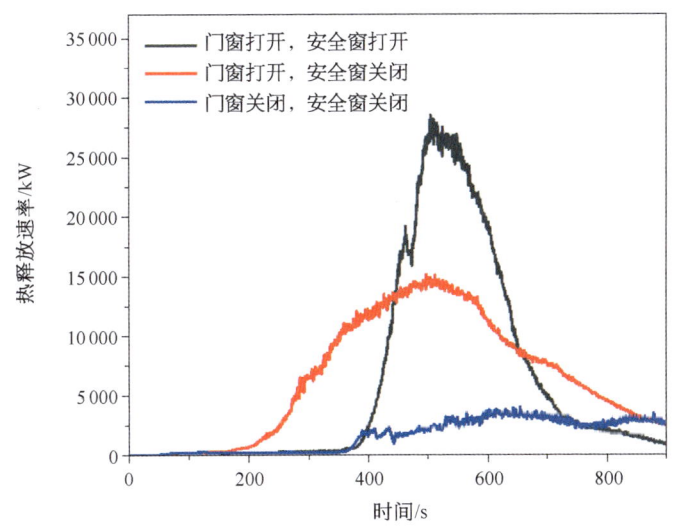

图 6-27 各工况下火灾热释放速率曲线

3) 不同开口条件下的客车火灾烟雾蔓延规律

客车发生火灾时,客车内饰材料燃烧会产生大量烟雾和有毒气体。一方面,车厢内的烟雾会显著降低可见度,导致乘客移动速度下降,制约乘客逃生效率,增大客车火灾事故的伤亡;另一方面,乘客吸入有毒气体可能会引起窒息。因此,研究客车燃烧时烟气蔓延规律具有重要意义。客车门窗全开、安全顶窗开启工况和门窗全开、安全顶窗关闭两种工况下车内烟雾蔓延过程如图 6-28、图 6-29 所示。

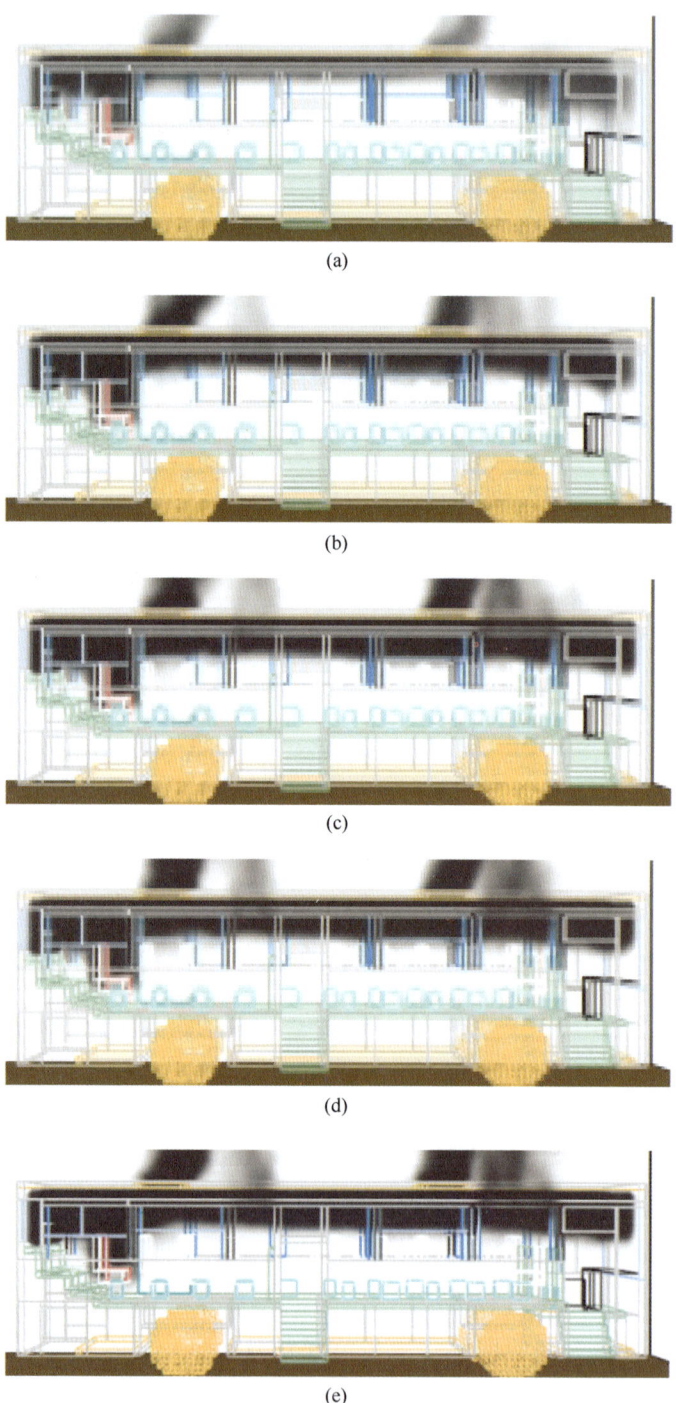

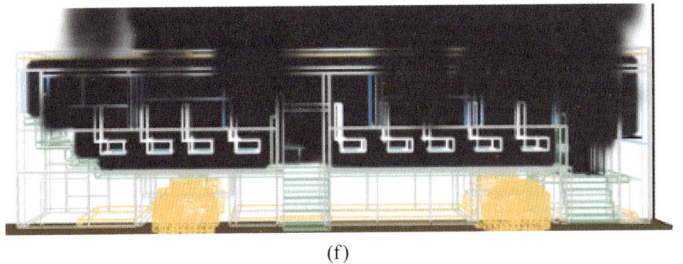

(f)

图 6-28　门窗全开、安全顶窗开启工况车内烟雾蔓延过程
(a) 30 s;(b) 60 s;(c) 120 s;(d) 180 s;(e) 300 s;(f) 600 s

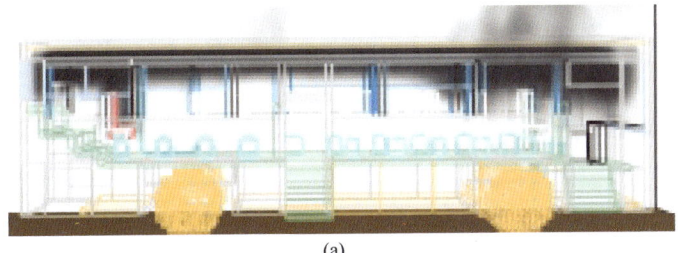

(a)

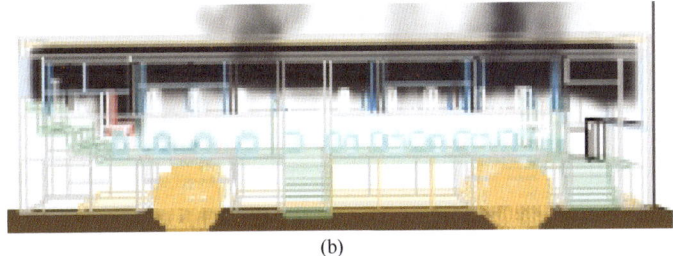

(b)

(c)

(d)

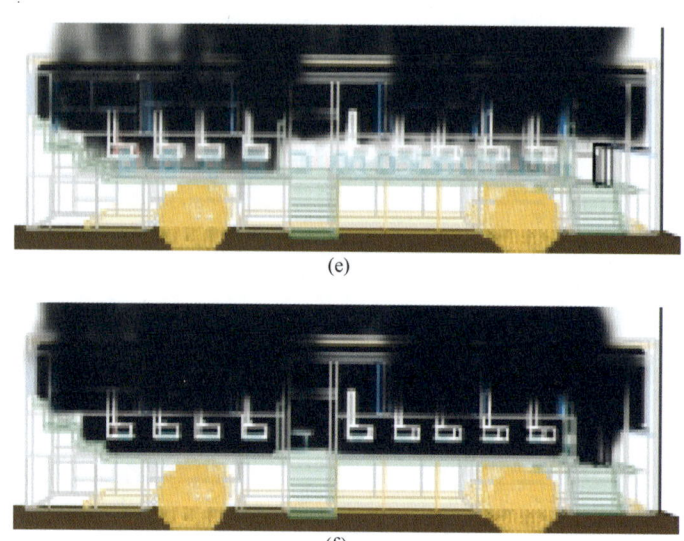

图 6-29 门窗全开、安全顶窗关闭工况车内烟雾蔓延过程
(a) 30 s;(b) 60 s;(c) 120 s;(d) 180 s;(e) 300 s;(f) 600 s

对比门窗全开、安全顶窗开启或关闭两种工况,容易看出,若安全顶窗开启,烟气可以从安全顶窗逸出,车厢内烟气层厚度下降,车内可见度增加,车内乘客烟雾吸入量减少,有利于乘客逃生;而对于门窗全开、安全顶窗关闭工况,可以看出车内烟气层厚度要远高于安全顶窗开启工况。因此,建议在车内安装自动开启的安全顶窗,在客车起火后自动打开,帮助排出车内烟气。

4)客车火灾事故可见度分析

侧窗关闭、仅车门开启工况下车顶的可见度变化情况如图 6-30 所示。可以看出,客车起火后,车顶可见度迅速降低,30 s 内降到 3 m 以下。车厢人眼高度可见度变化情况如图 6-31 所示,可见度在 30 s 内降低到 4 m 以下。研究表明,可见度低于 5 m 是小空间火场中的危险评价限值。可见度低于 5 m,会严重导致乘客恐慌,并降低乘客逃生速度,制约乘客逃生效率。

5)客车火灾的温度分析

客车发生火灾时,车内温度对于车内人员的安全也有着极大影响,考虑客车发生火灾后,乘客通常会击碎安全窗逃生,因此选择客车车窗全开、安全顶窗关闭工况进行分析。图 6-32 为门窗全开、安全顶窗关闭工况火灾温度上升过程。

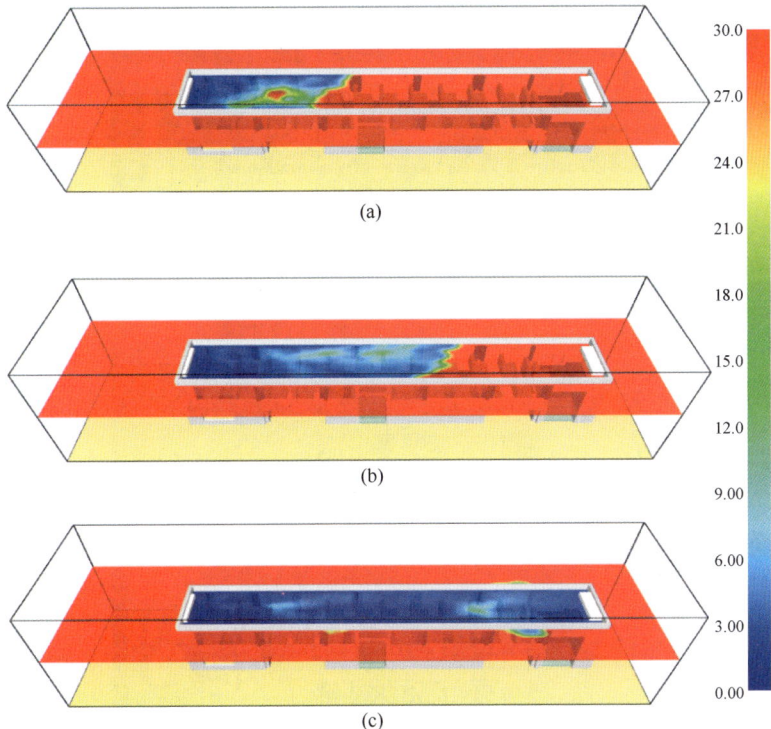

图 6-30 车厢顶部可见度随时间变化情况

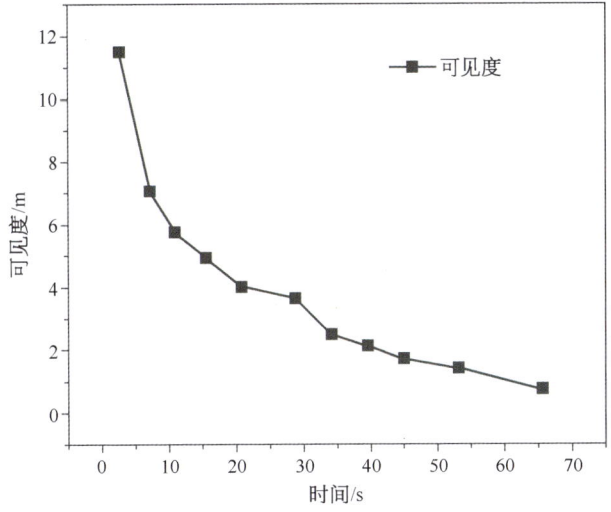

图 6-31 车厢人眼高度可见度随时间变化情况

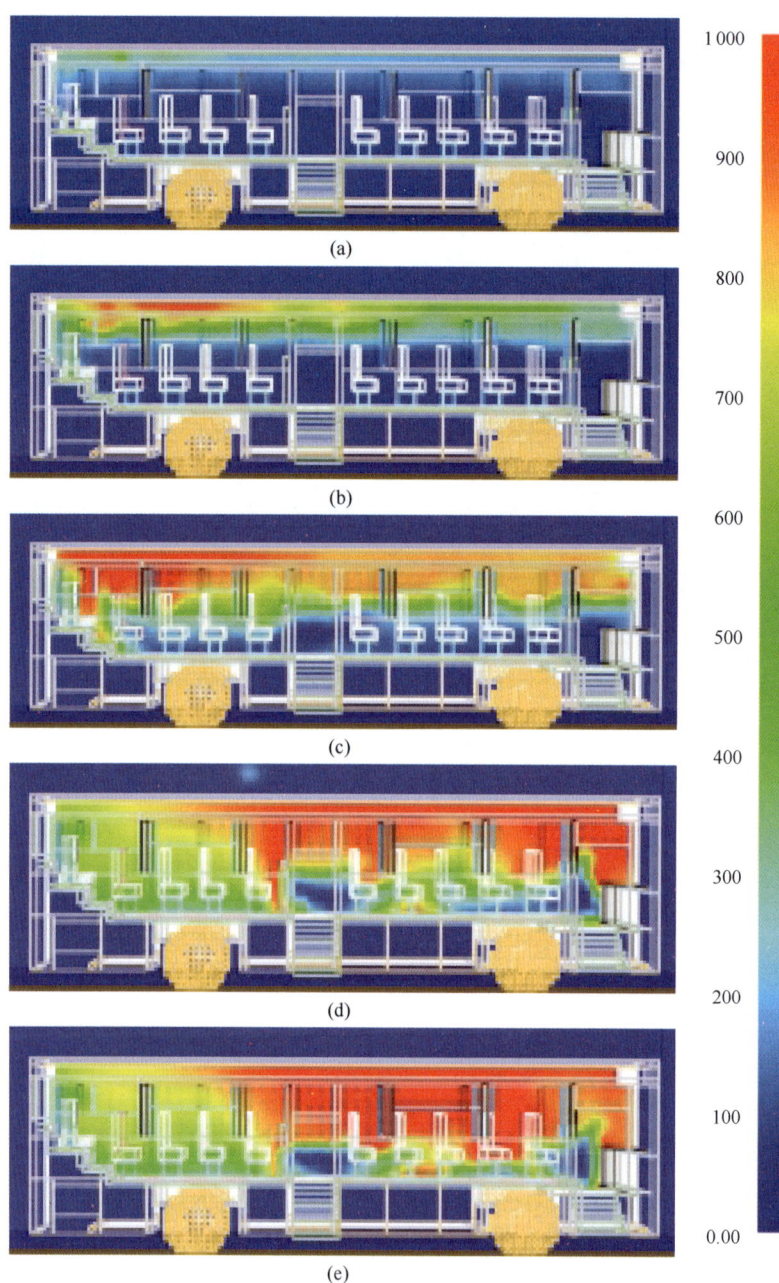

图 6-32 门窗全开、安全顶窗关闭工况火灾温度上升过程
(a) 120 s;(b) 240 s;(c) 360 s;(d) 480 s;(e) 600 s

由图可见,客车发生火灾后,温度最高可达到 1 000℃,起火 360 s 后,车内大部分温度已经超过 700℃,该温度极高,人体难以承受,会造成严重伤亡。结合车内温度上升和客车发生轰燃情况进行分析,建议客车火灾的黄金逃生时间是火灾发生后的 4min 以内。

6.3.4 生存环境分析

为研究客车客舱火灾时的生存环境,本节引入了可用安全疏散时间(ASET)指标。可用安全疏散时间是指从火灾发生时刻起到对人员生命构成威胁的时间,其大小可以表征火灾疏散过程中的紧急程度。通常 ASET 越大,则疏散时间越充裕。ASET 评价标准众多,主要包括可见度、温度、窒息性气体浓度和轰燃情况等。

1) 可见度

研究资料表明,对于小型空间可见度低于 5 m 会制约人员安全逃生。Babrauskas 将 2m 可见度设为小型房间火灾逃生的耐受极限。考虑《汽车、挂车及汽车列车外廓尺寸、轴荷及质量限值》(GB 1589—2016)规定客车宽度不得超过 2.5 m,而可见度低于 5 m 时仍可以通过侧向开口逃生。因此本书将人眼特征高度(距地板约 1.5 m)可见度低于 2 m 作为 ASET 评价标准。

2) 温度

大型客车客舱内火灾载荷众多,发生火灾时火势会迅速蔓延,导致车内温度迅速升高,对人体造成伤害。研究资料表明,人体在 120℃ 环境温度下忍受时间不超过 7 min,在 180℃ 环境温度下忍受时间不超过 1 min。综合考虑,本书采用人颈部高度(距地板约 1.4 m)到达 180℃ 作为 ASET 评价标准。

3) 窒息性气体

火场中产生的一氧化碳、二氧化碳和氰化氢等窒息性气体可能会导致人员失能和死亡。表 6-10 给出了人体暴露在火场中 5 min 所能耐受的气体浓度限值。本书将一氧化碳、二氧化碳和低浓度氧气的耐受限值分别设为大于 0.8%、大于 8% 和小于 10%。

4) 轰燃

轰燃是指空间内局部燃烧向全室性燃烧过渡的现象。客车发生轰燃代表火灾进入最危险的阶段,此时火场内各指标均超过人体耐受极限,被困人

表6-10 人体暴露在常见窒息性气体中 5 min 耐受限值　　　　单位：%

窒息性气体	耐 受 限 值	
	失 能	死 亡
一氧化碳	0.6~0.8	1.2~1.6
二氧化碳	7~8	>10
氰化氢	0.015~0.02	0.025~0.04
低浓度氧气	10~13	<5

员生存可能性几乎为零。通常使用以下三个条件来判断轰燃是否发生：

（1）有火焰从空间开口窜出。

（2）地板受到的热辐射通量达到 20 kW/m²。

（3）车厢顶部烟气层平均温度达到 600℃。

由于火焰从空间开口窜出指标比较主观，因此本书使用地板热辐射通量或车厢顶部平均温度到达条件作为轰燃判定依据。

基于以上评价标准，本书首次将 Schröder 等提出的 ASET 评估模型应用到交通运输领域，研究不同火灾场景的危险程度，具体流程如下：

（1）数值模拟。基于 FDS 开展火灾数值模拟，得到任意时刻人眼或人颈部特征高度平面上，点 P 的可见度、温度、窒息性气体浓度等危险评价指标参数值。

（2）危险评价。若 P 点的危险评价指标参数值达到前文定义的人体耐受限值，即可判断该点转变为不适宜生存点。从火灾开始时刻到该点不适宜生存的时间，即为该点的 ASET。

（3）制作 ASET 图。将场景中各点对应的 ASET 制成 ASET 图，对场景内危险区域进行评估。

对于客舱火灾，火源附近区域可见度会迅速下降，温度会迅速升高，并分别到达人体耐受限值，因此 ASET 大小主要受火源影响，难以反映客舱内的生存状况。为更准确地评价客车火灾安全性和客舱安全疏散环境，本书提出了到达全客舱 25% 面积、50% 面积和 75% 面积不适宜生存的时间（$T_{25\%}$、$T_{50\%}$、$T_{75\%}$）评价指标。这些时间越短，则意味着车内乘员有更大的可能性出现伤亡，火灾风险性越高。

到达全车 $x\%$ 面积不适宜生存时间计算方法如下：

（1）对 t 时刻车内全部点的危险评价参数情况进行评估，若某点超过人体耐受限值，则认为该点不适宜生存，并记录不适宜生存点的个数。

（2）计算不适宜生存点占车内全部点的比例，判断该比例是否到达 $x\%$，若满足，返回 t，若不满足，跳回（1），对 $t+1$ 时刻车内各点的生存情况进行评估。

当客舱发生火灾时，对乘员造成的伤害一方面来自火源自身，另一方面来自内饰材料燃烧。当火源功率达到一定程度，即使内饰材料难燃或完全不燃，也无法避免车内乘员出现伤亡。为单独考察火源功率峰值大小对客舱内生存环境的影响，本节移除客车内饰材料的燃烧特性，并将 ASET 生存环境评估模型用于客舱火灾数值模拟结果。

图 6-33(a)给出了以某客车为研究对象，不同火源功率峰值超快速 t^2 火、仅车门开启工况下，将人眼高度可见度低至 2 m 作为耐受限值计算得到的 ASET、$T_{25\%}$、$T_{50\%}$、$T_{75\%}$ 随火源功率峰值变化的关系。可以看出，ASET、$T_{25\%}$、$T_{50\%}$、$T_{75\%}$ 等生存环境指标与火源功率峰值无关。这是因为较低火源功率已经足以导致烟气层迅速充满客舱上部，降低客舱内可见度。对于 125 kW 火源，其功率到达峰值的时间约为 25 s，而烟气层在 31 s 左右已经导致 75% 的客舱内区域可见度低于 2 m。由于不同火源的火灾增长系数一致，因此不同火源增长初期对可见度影响也相同，导致 ASET、$T_{25\%}$、$T_{50\%}$、$T_{75\%}$ 与火源功率峰值无关。

考虑窒息性气体和轰燃指标难以用于本节模拟结果评价，因此本书以人颈部高度温度到达 180℃作为耐受极限对生存环境进行评估。图 6-33(b)给出了不同火源功率峰值下得到的 ASET、$T_{25\%}$、$T_{50\%}$、$T_{75\%}$。可以看出，ASET 受火源功率峰值影响不大。这是因为即使在较低火源功率峰值下，火源附近的温度也会迅速升高，到达耐受限值。而对于 $T_{25\%}$、$T_{50\%}$、$T_{75\%}$ 三个指标，在 125~750 kW 范围内随火源功率峰值增大逐渐减小，当火源功率峰值超过约 750 kW 后，$T_{25\%}$、$T_{50\%}$、$T_{75\%}$ 不再发生变化。这可以用火源释放的热量大小解释，假设导致客舱内 75% 区域不适宜生存所需热量为 Q，在 125~750 kW 范围内，随着火源功率峰值增大，火源释热量到达 Q 需要的时间变短，因此在该阶段各生存环境指标均会下降。当火源功率峰值为 750 kW 时，火源功率增长到峰值的时间约为 64 s，与出现 75% 区域不适宜生存的时间大致相等。当火源功率峰值大于 750 kW 时,火源增长阶段的放热量已经足以使 75% 区域不适宜生存,导致 $T_{25\%}$、$T_{50\%}$、$T_{75\%}$ 与火源功率峰值无关。

由此可以推断,忽略内饰材料的燃烧特性时,对于火灾增长系数相同的超快速 t^2 火,一定存在一个功率峰值阈值 P_{cr}。火源功率峰值低于该阈值时,功率峰值越大,则车内越容易出现伤亡。高于该阈值时,火源增长阶段已经导致巨大的火灾风险,此时增大火源功率峰值不会对客舱火灾生存环境造成影响。

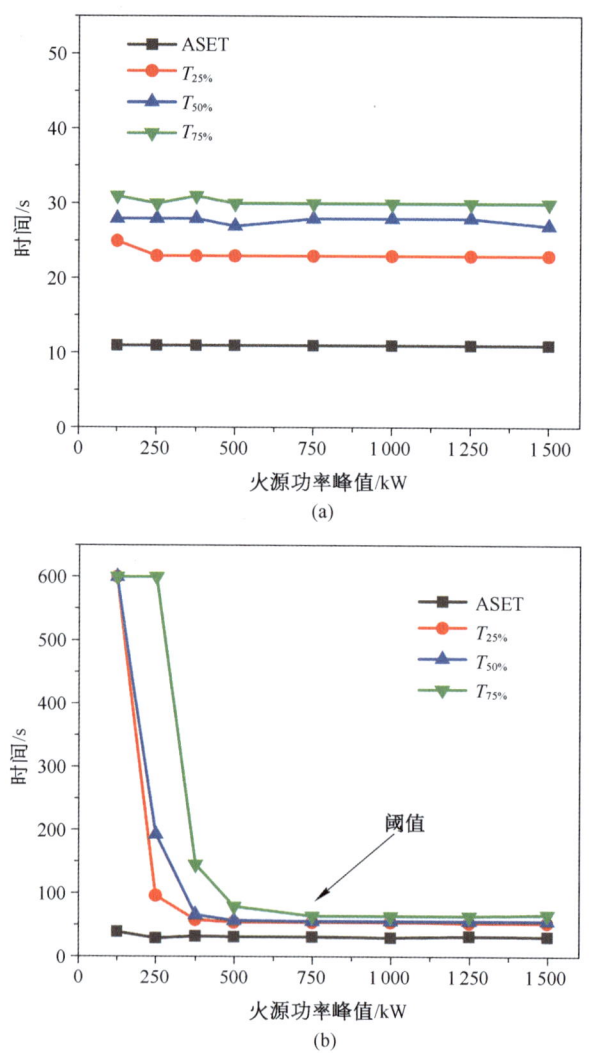

图 6-33 不同火源功率峰值对 ASET 和出现 25%、50%、75% 不适宜生存区域所需时间的影响
(a) 2 m 可见度为耐受极限;(b) 180℃为耐受极限

在本书中，基于 180℃ 人体耐受限值得到的火源功率峰值阈值约为 750 kW，但是在现实中，人体可以耐受更高的温度。现有文献记录的极限情况为人体在 205℃ 下，可以耐受 4 min。为对更极限的情况进行评估，图 6-34 给出了以 240℃ 和 300℃ 作为人体耐受限值得到的 $T_{25\%}$、$T_{50\%}$、$T_{75\%}$ 随火源功率峰值变化情况，这两个温度已经远远超过人体耐受限值。

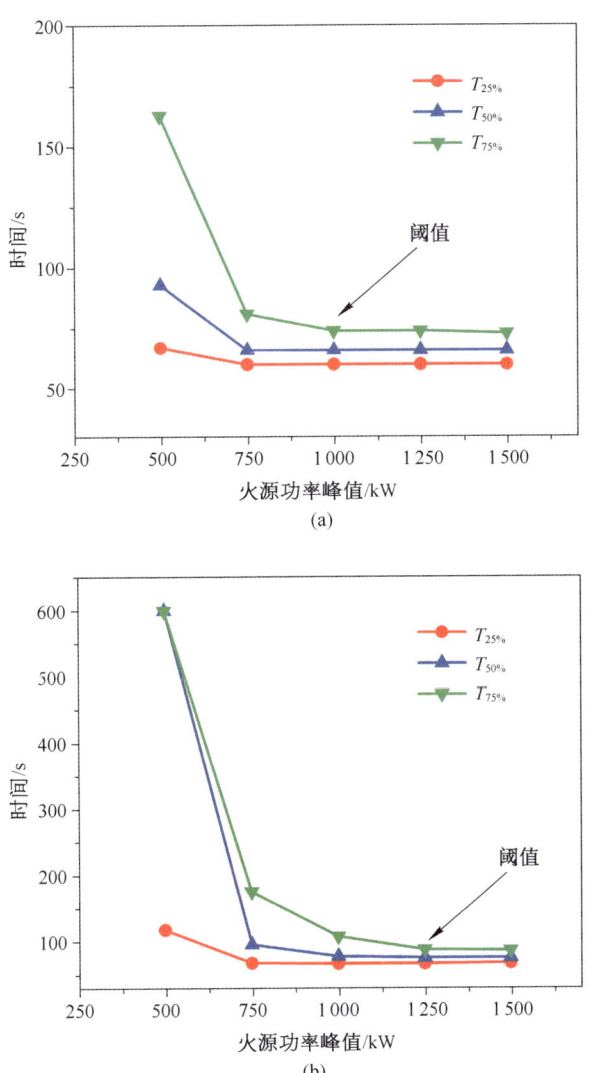

图 6-34　不同火源功率峰值对出现 25%、50%、75% 不适宜生存区域所需时间的影响
(a) 240℃ 为耐受极限；(b) 300℃ 为耐受极限

由图 6-34 可以看出,若使用 240℃ 作为人体耐受限值评价标准,当火源功率峰值增大到 1 MW,生存环境指标便不再变化,即基于 240℃ 人体耐受限值得到的 P_{cr} 约为 1 MW,此时 $T_{25\%}$ 和 $T_{75\%}$ 分别为 60 s 和 74 s。若使用 300℃ 作为人体耐受限值评价标准,当火源功率峰值增大到 1.25 MW,生存环境指标便不再变化,即基于 300℃ 人体耐受限值得到的 P_{cr} 约为 1.25 MW,此时 $T_{25\%}$ 和 $T_{75\%}$ 分别为 67 s 和 88 s。由于 240℃ 和 300℃ 两个温度已经远远超过人体耐受限值,但 $T_{25\%}$ 和 $T_{75\%}$ 等生存环境指标并未显著增大,因此若火源功率峰值较高达到 1 MW 或 1.25 MW,若不及时逃离则一定会造成重大伤亡。并且在这种情况下,即使内饰材料完全不燃也不能减少火源对乘客的伤害。这表明此时减少乘客伤亡的最佳方式是增加出口数量,减少乘客疏散时间。

综上,对于超快速火,火源功率峰值存在阈值。当客舱火源功率峰值低于该阈值时,火源功率越大,客舱内乘客越容易出现伤亡,当火源功率峰值高于该阈值时,客舱内生存环境已不受火源功率峰值影响,仅和该阈值有关。其次,当火源功率峰值较高时,客舱内生存环境较为恶劣,提高内饰材料阻燃性能不会显著改善客舱火灾生存环境。

6.4 客车火灾烟气开口流动规律

6.4.1 烟气开口流动特性分析

由于客车客舱中火灾产生烟气温度较高,密度低于外界环境空气,因此受到浮力推动向上运动,并在客舱顶部形成烟气层。随着火灾发展,烟气层厚度增加,会发生沉降。当客舱为侧向开口时,随烟气层厚度增加,烟气层底部越过侧向开口上边界,受到浮力作用会从开口上部逸出,同时新鲜空气会从开口中性面下方流入。当客舱为水平开口时,开口处烟气层受到浮力作用产生压差。根据压差的大小,水平开口流动分为向上单向流和双向流两种情况。由于客舱火灾水平开口双向流出现时间极短,因此本书主要对向上单向流进行介绍。

图 6-35 给出了客舱火灾中开启侧向开口和开启水平开口的烟气流动示

意。图中 H_c 为地板到内顶的高度，H_s 为内顶到中性面的高度，通常可认为是烟气层厚度，H_0 为侧向开口高度，H_n 为中性面距离地板高度，H_h 为侧向开口下边界距地板平面高度。安全顶窗排出的烟气质量流量为 $\dot{m}_{\text{out,roof}}$，从侧向开口中性面上方逸出烟气质量流量为 $\dot{m}_{\text{out,side opening}}$，从中性面下方流入的空气流量为 $\dot{m}_{\text{in,side opening}}$。

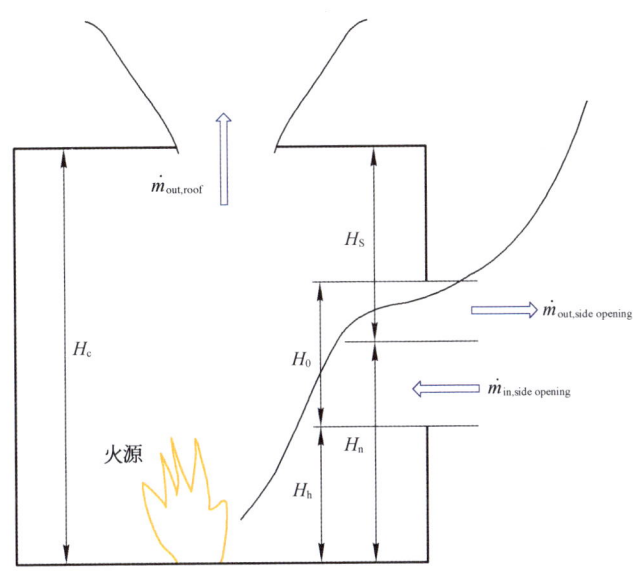

图 6-35　客舱火灾烟气流动示意

若将客舱视为控制体，根据流入流出的质量守恒，可以得到

$$\dot{m}_{\text{out,roof}} + \dot{m}_{\text{out,side opening}} = \dot{m}_{\text{in,side opening}} + \dot{m}_f \tag{6-29}$$

式中　$\dot{m}_f$——火源燃料的质量损失速率，通常假设该流量较小，即 $\dot{m}_f = 0$。

1）车门兼侧向开口开启的烟气流动

当安全顶窗关闭时，可以将 $\dot{m}_{\text{out,roof}}$ 视为 0，此时，

$$\dot{m}_{\text{out,side opening}} = \dot{m}_{\text{in,side opening}} \tag{6-30}$$

根据伯努利定律，侧向开口处烟气流速 v_s 和空气流速 v_0 受浮力产生的压差控制，可用下式表示：

$$v_s = \sqrt{2gz\left(\frac{\rho_0}{\rho_s} - 1\right)} \tag{6-31}$$

$$v_0 = \sqrt{2gz\left(\frac{\rho_s}{\rho_0} - 1\right)} \qquad (6-32)$$

式中 z——距离中性面的高度;

ρ_0、ρ_s——环境空气和烟气的密度。

基于上式可以得到侧向开口的质量流率:

$$\dot{m}_{\text{out, side opening}} = \frac{2}{3}C_d W \rho_s \sqrt{2g\left(\frac{\rho_0}{\rho_s} - 1\right)} (H_0 - H_n)^{3/2} \qquad (6-33)$$

$$\dot{m}_{\text{in, side opening}} = \frac{2}{3}C_d W \rho_0 \sqrt{2g\left(1 - \frac{\rho_s}{\rho_0}\right)} (H_n - H_h)^{3/2} \qquad (6-34)$$

式中 C_d——流通系数,通常取 0.6~0.8;

W——开口宽度。

根据理想气体假设,烟气层密度可用下式进行计算:

$$\rho_s = \rho_0 T_0 / T_s \qquad (6-35)$$

式中 T_0——外界空气温度;

T_s——烟气层温度。

将式(6-33)~式(6-35)代入式(6-30),根据烟气层温度和其他条件,在 Python 中调用 Scipy.optimize 模块中的 brentq 方法可以计算出中性面高度,进而可以求出侧向开口流入流出的质量流率。

由式(6-33)和式(6-34)可以看出,侧向开口流入流出的质量流率与烟气层温度、开口宽度和中性面高度有关。根据侧向开口流出的质量流率可以计算侧向开口排出的热流量:

$$\dot{Q}_{\text{out, side opening}} = C_p \dot{m}_{\text{out, side opening}} (T_s - T_0) \qquad (6-36)$$

式中 C_p——烟气的比热容。

通常假设烟气层比热容 C_p 与空气比热容相等,因此侧向开口排热量的大小也与烟气层温度、开口宽度和中性面高度有关。

根据推导的理论模型可以分析侧向开口条件对烟气层厚度的影响:对于仅车门开启工况,当烟气层沉降到车门开口上边界高度,才能从开口逸出,因此客舱内烟气层较厚。而对于应急侧窗或应急门开启工况,开口高度抬升会导致中性面高度抬升,因此可以减少烟气层厚度。在侧向开口开启工况下,若假设客舱内火灾质量交换和热量交换处于动态平衡,此时烟气层卷吸的空气质量流量等于侧向开口排出的烟气质量流量。根据式(6-33)可知,在烟气层温度和开口流量不变的情况下,增大侧向开口宽度可以减少烟气层厚度。

2) 车门兼安全顶窗开启或全部开口开启的烟气流动

对于安全顶窗开启工况,$\dot{m}_{\text{out,roof}} > 0$,此时式(6-29)变成

$$\dot{m}_{\text{out,roof}} + \dot{m}_{\text{out,side opening}} = \dot{m}_{\text{in,side opening}} \quad (6-37)$$

假设客舱内底层空气和车外空气温度相差不大,此时安全顶窗开口处的压差 ΔP 如下:

$$\Delta P = P_0 - P_s = (\rho_0 - \rho_s)gH_s \quad (6-38)$$

根据伯努利定律,安全顶窗开口处的流速为

$$v_s = \sqrt{\frac{2(P_0 - P_s)}{\rho_s}} \quad (6-39)$$

则通过开口的质量流率可表示为

$$\dot{m}_{\text{out,roof}} = C_{\text{d,roof}} \rho_s A_{\text{roof}} \sqrt{2g\left(\frac{\rho_0}{\rho_s} - 1\right)} H_s^{1/2} \quad (6-40)$$

式中 $C_{\text{d,roof}}$——水平开口的流通系数,可取 0.6。

可以看出,水平开口排出的质量流率受烟气层温度、水平开口面积和烟气层厚度影响。由于安全顶窗开启时,式(6-33)、式(6-34)仍成立,将式(6-33)、式(6-34)和式(6-40)代入式(6-37),根据烟气层温度和其他条件,可以得到侧向开口中性面高度。若已知烟气层温度和中性面高度,可以直接求出安全顶窗水平开口的质量流率,进一步还可以求出水平开口的排热流量:

$$\dot{Q}_{\text{roof}} = C_p \dot{m}_{\text{out,roof}}(T_s - T_0) = C_p \dot{m}_{\text{out,roof}} \Delta T_s \quad (6-41)$$

式中 ΔT_s——烟气层的温升。

彭敏和 Li 等均发现顶棚下方最大温升 ΔT_{max} 与 $\dot{Q}^{2/3}/H^{5/3}$ 呈线性关系。

而 Heskestad 提出,羽流中心线距离地面 z 的温度 T_c 可用下式估计:

$$T_c = 0.08T_0\dot{Q}_c^{2/3}z^{-5/3} + T_0 \qquad (6-42)$$

式中　$\dot{Q}_c$——对流热释放速率,通常为火源热释放速率 $\dot{Q}$ 的 0.65 倍,即 $\dot{Q}_c = 0.65\dot{Q}$。

因此羽流中心线温升与 $\dot{Q}^{2/3}/z^{5/3}$ 呈线性关系。综合以上分析,若假设烟气层温度均匀并处于稳态,可以推断烟气层平均温升与 $\dot{Q}^{2/3}/(H_c - H_s)^{5/3}$ 呈比例关系,即

$$\Delta T_s \propto \dot{Q}^{2/3}/(H_c - H_s)^{5/3} \qquad (6-43)$$

将式(6-35)、式(6-40)、式(6-43)代入式(6-41)可以看出,若烟气层厚度和安全顶窗面积不变,安全顶窗排热量随火源功率增大逐渐升高,但增大速度放缓。若安全顶窗面积和火源功率不变,烟气层厚度越大,则安全顶窗排出的热流越大。对比车门兼安全顶窗开启和全部开口开启工况,由于侧向开口会抬升中性面高度,导致烟气层厚度减少,因此车门兼安全顶窗开启工况下安全顶窗开口排热量更大。

需要注意的是,前文针对水平开口流量分析仅适用于压差控制的分析。当火源位于安全顶窗开口正下方时,火羽流和烟气羽流会直接从水平开口逸出,增大开口流量,会导致分析结果出现误差。

接下来分析安全顶窗开启对侧向开口流量和烟气层厚度的影响。在安全顶窗开启前,假设火源和烟气层处于稳态,此时侧向开口流出的烟气质量应该与卷吸进烟气层的空气质量相等。开启安全顶窗后,一部分烟气从安全顶窗逸出,必然会导致侧向开口流出的烟气量减少,根据式(6-33)可以进一步推断出烟气层厚度减少。

3) 安全顶窗开口的单向流情况分析

前文分析了开口条件对安全顶窗水平开口对向上单向流流量的影响规律,然而根据开口处压差的不同,可以有单向流和双向流两种状态。显然,向上单向流可以促进热烟气的排出,而双向流会削弱这种效果,因此需要对安全顶窗开口处的流动情况进行分析。

Cooper 提出了区分单向流和双向流临界值的计算公式:

$$\Delta P_{cr} = 0.2427[4g(\rho_0 - \rho_s)D](1 + \varepsilon'/2)\exp(1.1072\varepsilon') \qquad (6-44)$$

其中，$\varepsilon' = -2(T_s/T_o - 1)/(T_s/T_o + 1)$。

式中　T_s、T_o——烟气层的温度和外界环境的温度；

　　　D——水平开口的等效直径。

开口处的压差 $\Delta P > \Delta P_{cr}$ 时，开口流动为单向流，反之开口流动为双向流。

客舱距地板高度为 1.8 m，安全顶窗开口面积为 0.5 m×0.7 m=0.35 m²，可以得到等效直径为 0.66 m。设烟气层温度为 400 K，车外温度为 300 K，并设烟气层厚度即为中性面到内顶的距离，此时可计算得到单向流的烟气层临界厚度约为 0.4 m。对客车火灾事故进行分析，结果表明烟气会迅速填充客舱上部，烟气层厚度普遍大于单向流的烟气层临界厚度。事实上，客舱发生火灾时，烟气层温度通常高于 400 K，烟气层厚度通常在 30 s 内即可增大到 0.8 m。因此，客舱火灾事故开启安全顶窗时，双向流的时间极短，其余时间均为向上的单向流，安全顶窗可以起到排热排烟的作用。

综合以上分析可以看出，在客舱发生火灾时，增大侧向开口面积和开启安全顶窗可以减少烟气层厚度。由于烟气层内温度较高，氧气含量较低，并含有大量有毒气体，因此减少烟气层厚度有利于改善客舱内生存环境。另外，增大侧向开口面积和开启安全顶窗可以减少客舱内的热量积聚，从而减缓客舱内温度上升速度，同样有利于改善客舱内生存环境。

6.4.2　烟气扩散试验

为研究安全顶窗开口对客车火灾烟气蔓延规律的影响，在某客车中开展客舱烟气扩散试验，使用客车如图 6-36 所示。将乙醇倒入油盘点燃作为模拟池火火源，为避免火源引燃客车内饰，需要将火源功率控制在较低水平。池火的功率 $\dot{Q}$ 可通过下式得到：

$$\dot{Q} = \chi \dot{m} \Delta H_c \qquad (6-45)$$

式中　χ——乙醇燃烧效率，本书取 1；

　　　$\dot{m}$——燃料质量损失速率，可通过电子天平测量得到；

　　　ΔH_c——燃烧热，对于乙醇，$\Delta H_c = 29.64$ kJ/g。

将无水乙醇倒入直径 9 cm 圆形油盘并点燃，发现火焰高度约为 0.3 m，使用电子秤测量得到乙醇燃烧质量损失速率 $\dot{m}$ 为 0.118 g/s，计算得到火源热

图 6-36 试验使用客车

释放速率为 3.5 kW,火源威胁较小。为进一步避免火源对客车造成损害,将油盘放入 40 cm 高的铁桶内,油盘下方垫有隔热棉。由于乙醇燃烧产生烟气较少,使用烟饼在铁桶内点燃,以产生示踪烟气便于观察。乙醇池火燃烧测试和使用的烟饼如图 6-37 所示。

图 6-37 乙醇池火燃烧测试(左)和试验使用烟饼(右)

试验选择天气晴朗的无风环境,试验设备包括 485 烟雾报警器、485 数据采集系统、Osmo pocket 摄像机、排风扇和灭火器等。其中 485 烟雾报警器用于检测车内烟雾浓度,响应阈值为 0.1%,量程为 0.2%,数据采样间隔为 0.5 s,使用前进行标定。两台 Osmo 摄像机用于记录车内烟雾扩散过程,分别安装在车内前后风窗玻璃处。每组试验结束后,立即盖上桶盖将火熄灭,使用排风扇吹走车内烟气。烟雾报警器参考上一节仿真结果,从距离车尾 1 m 处开始,沿内顶中心线下方间隔 1.4 m 布置,共布置 8 个。为观察车内可见度变化情况,在距地板 1.5 m 人眼高度间隔 1 m 设置标记,如图 6-38 所示。485 烟雾报警器和 Osmo 摄像机安装位置如图 6-39 所示。

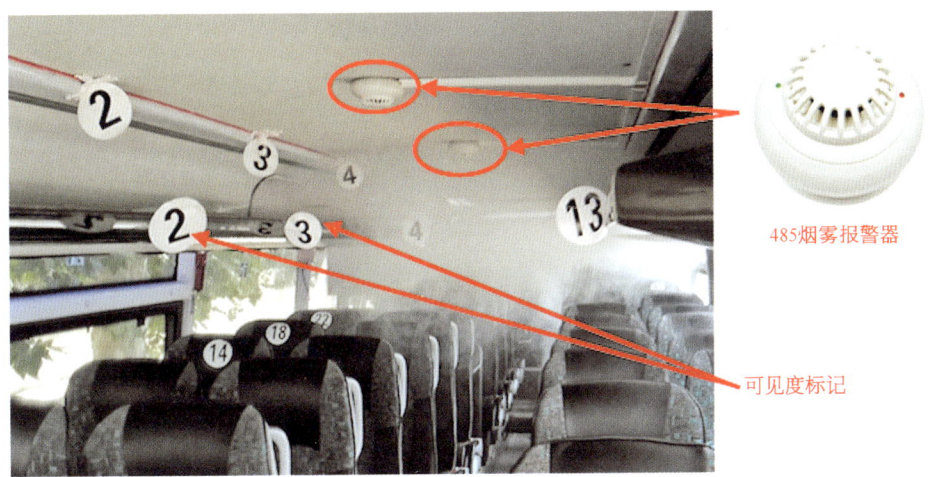

图 6-38 车内设置的烟雾报警器和可见度标记

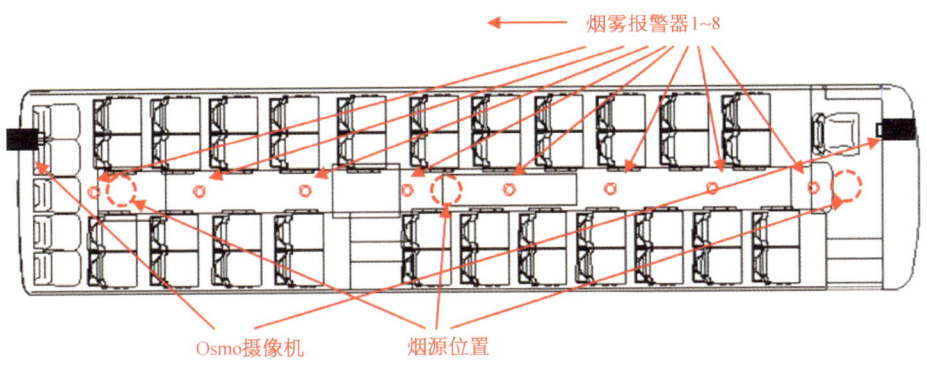

图 6-39 烟雾报警器、Osmo 摄像机和烟源位置

试验设置前、中、后三个烟源位置,如图6-39所示。每个烟源位置对应五组车身开口工况,各工况下的车身开口情况及烟源设置位置见表6-11。

表6-11 各工况下车身开口情况和烟源位置

工况	烟饼放置位置	车身开口情况
1	发动机检修盖上方	车门全关,侧窗全关,安全顶窗全关
2	发动机检修盖上方	车门全关,侧窗全关,前安全顶窗开启
3	发动机检修盖上方	车门全关,侧窗全关,后安全顶窗开启
4	发动机检修盖上方	车门全关,侧窗全关,安全顶窗全开
5	发动机检修盖上方	车门全开,侧窗全关,安全顶窗全关
6	客舱中部过道中央	车门全关,侧窗全关,安全顶窗全关
7	客舱中部过道中央	车门全关,侧窗全关,前安全顶窗开启
8	客舱中部过道中央	车门全关,侧窗全关,后安全顶窗开启
9	客舱中部过道中央	车门全关,侧窗全关,安全顶窗全开
10	客舱中部过道中央	车门全开,侧窗全关,安全顶窗全关
11	客舱前部	车门全关,侧窗全关,安全顶窗全关
12	客舱前部	车门全关,侧窗全关,前安全顶窗开启
13	客舱前部	车门全关,侧窗全关,后安全顶窗开启
14	客舱前部	车门全关,侧窗全关,安全顶窗全开
15	客舱前部	车门全开,侧窗全关,安全顶窗全关

6.4.3 烟气流动试验结果分析

工况1~15得到的不同烟雾报警器报警时间见表6-12,NA代表未发生报警。可以看出,随着烟雾报警器与烟源距离增大,报警时间增加。距离烟源最近的烟雾报警器报警时间在32~37 s浮动,并且不受开口条件影响。对比工况1~4、6~9和11~14,可以看出安全顶窗开启后,由于烟气从开口逸出,会显著增大开口另一侧烟雾报警器的报警时间。但由于该车安全顶窗位置靠后,因此开启安全顶窗主要对客舱后部烟雾报警器的报警时间产生影响。对比工况 1、5、6、10、11 和 15 可以看出，车门开启状况对于车内烟雾报警器响应时间影响不大，工况 6~10 中报警时间总体小于工况 1~5 和工况 11~15，这是因为烟源在客舱中部时，烟气同时向车头车尾蔓延速度较快。注意 4 号烟雾报警器在工况 1~5 未发生报警，在工况 6~15 报警时间较长并且存在漏报的情况，这是因为 4 号报警器安装在空调进风口内，烟气难以进入。

表 6-12 工况 1~15 烟雾报警器报警时间

工况	烟雾报警器报警时间/s							
	报警器 1	报警器 2	报警器 3	报警器 4	报警器 5	报警器 6	报警器 7	报警器 8
1	NA	NA	128	NA	89	68	47	34
2	NA	NA	NA	NA	NA	69	45	32
3	NA	NA	NA	NA	NA	98	69	34
4	NA	NA	NA	NA	NA	98	77	33
5	NA	NA	119	NA	83	65	42	33
6	64	51	43	42	35	41	47	NA
7	65	52	45	41	37	50	NA	NA
8	66	52	43	40	34	42	49	NA
9	66	51	40	43	34	49	NA	NA
10	65	53	41	43	33	40	51	NA
11	35	49	71	NA	91	130	NA	NA
12	36	48	73	NA	92	NA	NA	NA
13	37	52	70	90	94	131	NA	NA
14	36	49	71	NA	96	NA	NA	NA
15	34	51	69	89	91	126	NA	NA

图 6-40 对比了关闭安全顶窗和开启前后安全顶窗对车内烟雾浓度的影响。图 6-40(a) 和图 6-40(b) 给出了工况 1 和工况 4 不同测点的烟雾浓度。可以看出，开启前后安全顶窗减缓了 6、7 号测点烟雾浓度的上升速度，同时降低了 1~5 号测点的烟雾浓度。图 6-40(c)~图 6-40(f) 分别给出了工况 6、工况 9、工况 11 和工况 14 中不同测点的烟雾浓度。可以看出，开启前

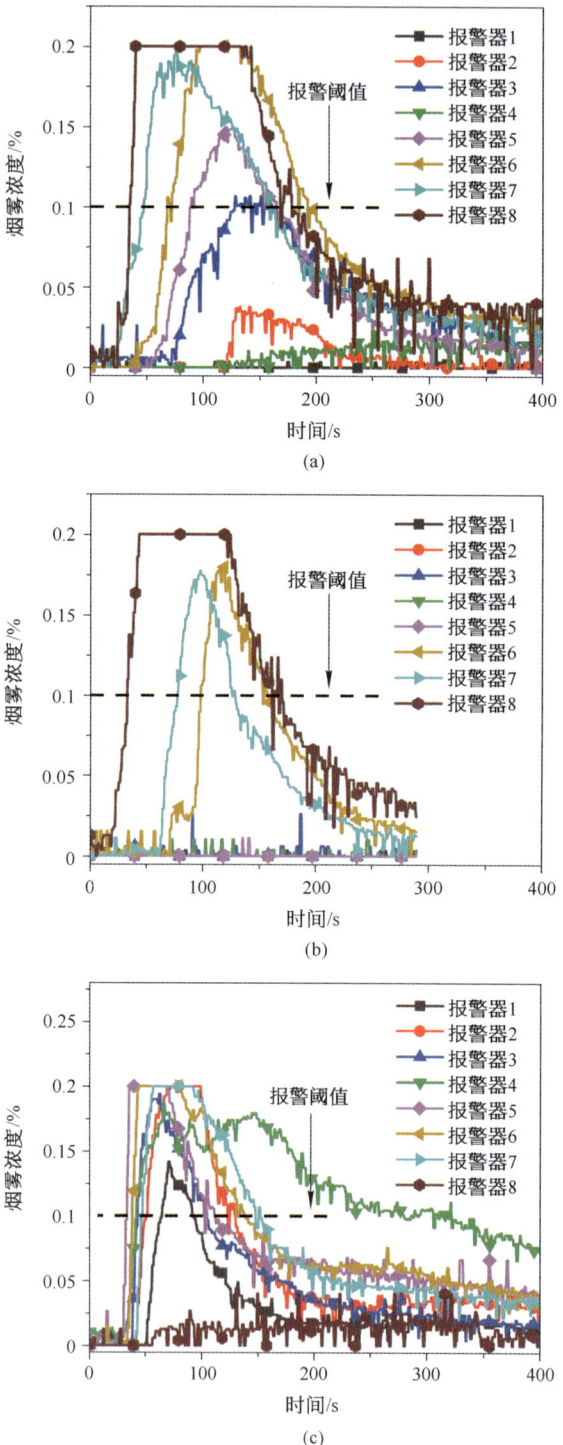

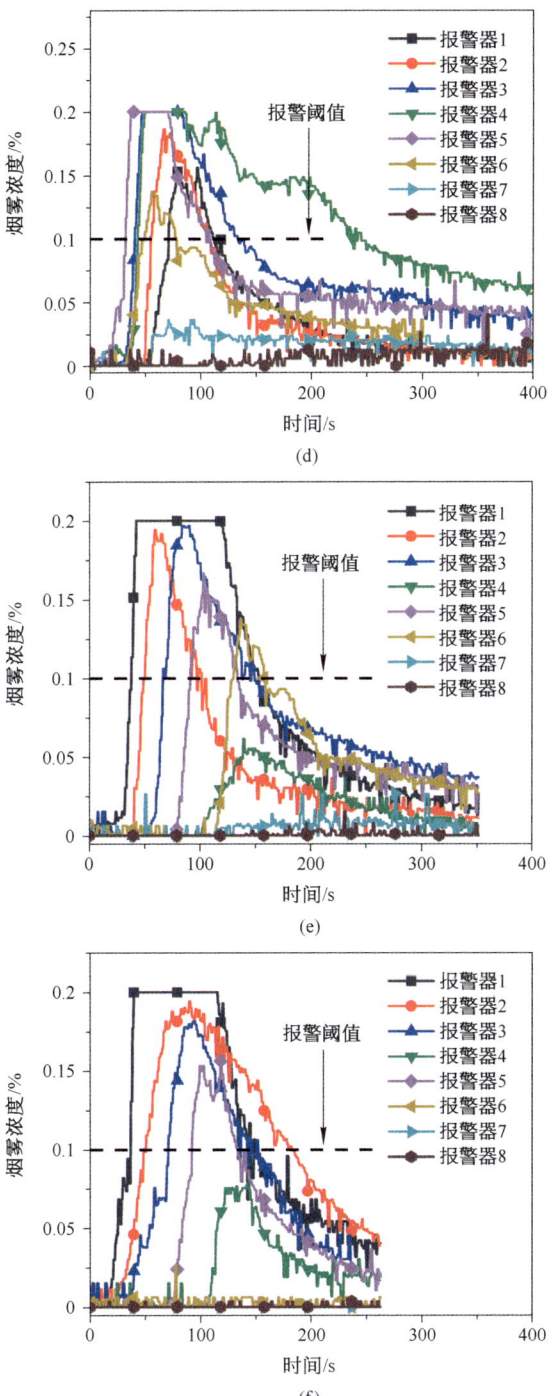

图 6-40 不同工况下各测点烟雾浓度随时间变化情况

(a) 工况 1; (b) 工况 4; (c) 工况 6; (d) 工况 9; (e) 工况 11; (f) 工况 14

后安全顶窗可以降低测点 6、7、8 的烟雾浓度，但对测点 1~5 影响较小。综合以上分析可以看出，开启安全顶窗有助于排出车内烟气，但安全顶窗布设位置会对排烟效果造成影响。

图 6-41 给出了不同工况下人眼高度可见度随时间变化情况。可以看出，烟源在客舱中部时，车内可见度下降最快，证明了火灾发生在客舱中部的危险性。此外，对于不同烟源位置，开启全部安全顶窗均可以减缓人眼高度可见度下降的速度，而开启车门对于可见度下降情况影响较小。当烟源在客舱后部[图 6-41(a)]，开启任意安全顶窗均可以改善车内可见度；当烟源在客舱中部[图 6-41(b)]和前部[图 6-41(c)]，由于后部安全顶窗接近车尾，开启后部安全顶窗对车内可见度影响较小。

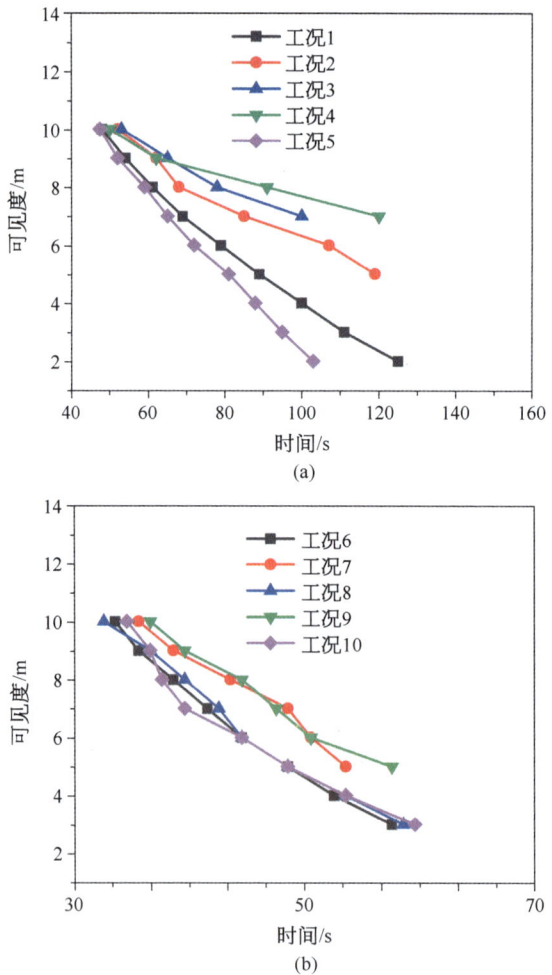

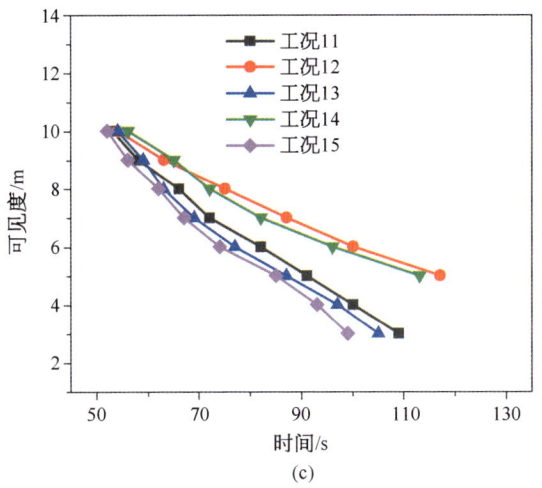

图 6-41 不同工况下人眼高度可见度随时间变化关系
(a) 烟源在客舱后部;(b) 烟源在客舱中部;(c) 烟源在客舱前部

综合以上分析,开启安全顶窗有助于排出车内烟气,减缓车内可见度下降速度,有助于提高乘客逃生效率。此外,安全顶窗布设位置会影响客舱内烟气排出的速率。

第 7 章
客车事故逃生制约因素及逃生需求目标体系

在车辆发生重大交通事故后,司乘人员逃生需求是车辆被动安全研究的重要内容。特别是车辆碰撞、自燃等交通事故发生后,会产生影响司乘人员逃生效率的众多制约因素,不同的制约因素是车辆安全性设计阶段需要重点考虑的关键产品指标。

本章在分析全国大量重大交通事故数据的基础上,明晰影响我国客运车辆交通事故逃生率的乘员、车辆主、客观制约因素。进而从当前目标体系的构建方法出发,介绍了体系研究主流的层次分析法及多级模糊评价法,将决策问题按总目标、各层子目标、评价准则等进行划分,求取判断矩阵的最大特征值及特征向量,进行权重计算。另外,对无法进行量化评价的逃生乘员个体因素,引入了基于机器学习的逃生行为动态人因分析法,对不同逃生环境下乘员逃生机理进行讲述。本章构建的重大交通事故下客运车辆应急逃生与自主救援目标需求体系,对合理评价车辆逃生环境、乘员逃生技能及逃生效率具有重要意义。

7.1 交通事故逃生制约因素

以 2 000 余份交通事故鉴定报告及交通事故资料为依据,结合前期建立的车辆碰撞事故仿真模型及燃烧事故仿真模型,应用数据挖掘的关联理论,研究不同交通事故致因因素和事故特点,分析车辆结构、逃生设施布设位置等对乘客逃生的影响,并从强化管理、优化车辆结构、改进车辆逃生设施布设方面给出了一系列建议。

通过对万余起事故数据(如事故现场照片、事故询问笔录、事故发生时的监控视频、事故伤亡认定和事故车检报告等)进行初步分析,根据道路信息、车辆类型、资料完整性、车内乘员伤亡程度确定研究价值,最终提取 200 余起典型客运交通事故案例。部分事故资料和资料筛选过程和结果如图 7-1 所示。

通过对事故数据间的关联关系进行分析,运用数据挖掘的关联规则理论,通过网络渠道,为典型事故案例寻找缺失数据,获得较全面的关联型事故数据后,针对典型事故特征形态,将客运事故分为碰撞、侧翻、坠车、着火和落水五种类型。各类型事故占比如图 7-2 所示。

针对部分事故案例中文字描述无法直观反映客运事故过程的问题,运用道路交通事故计算机辅助分析系统,对客运事故过程进行三维情景再现,完善事故信息。事故场景再现如图 7-3 所示。

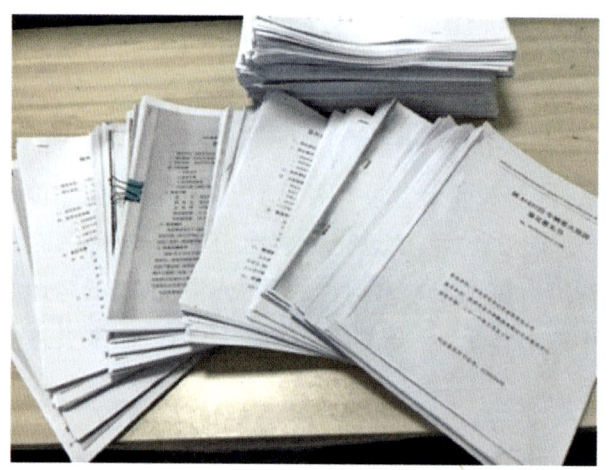

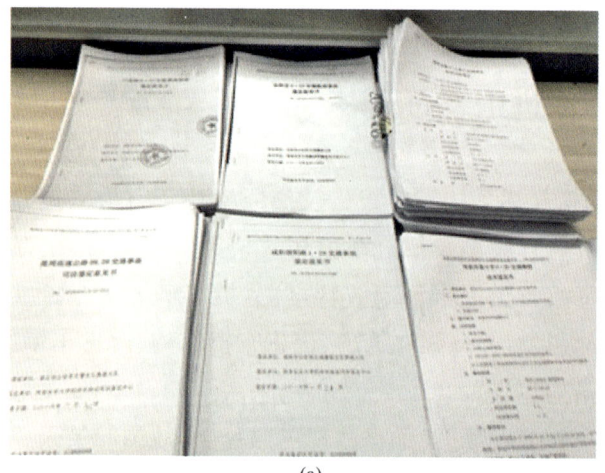

(a)

第7章 客车事故逃生制约因素及逃生需求目标体系

(b)

图 7-1 典型交通事故资料分析

(a) 典型道路交通事故资料；(b) 客运事故数据表

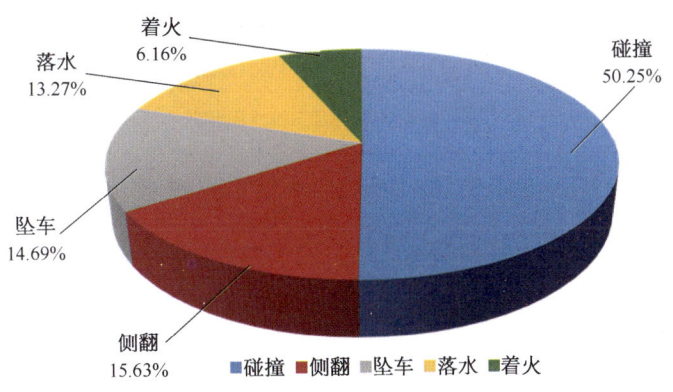

图 7-2 各类型事故占比

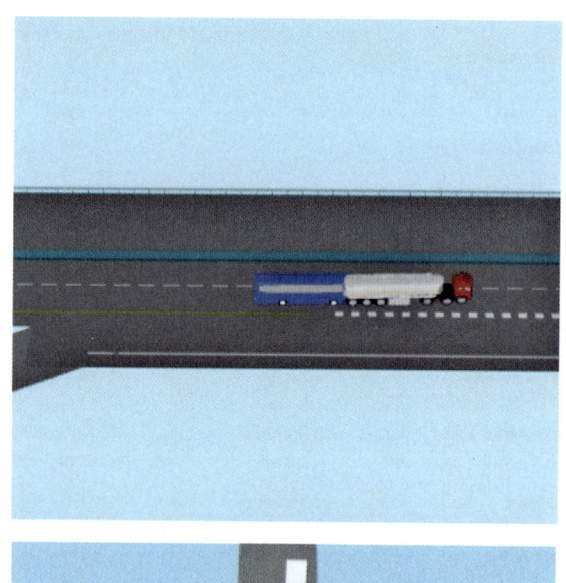

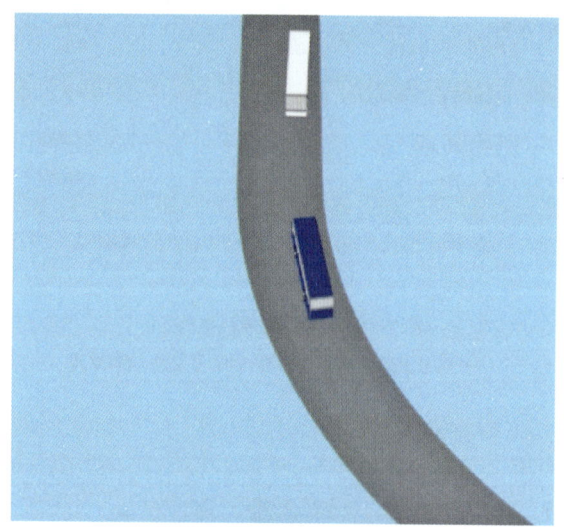

图 7-3 事故过程三维情景再现

  针对客运事故中的逃生制约因素和事故致因因素，从车辆结构、逃生装备布设、乘客伤亡、道路线形、车辆损毁情况等角度对事故进行分析，并撰写事故分析报告。

  通过对事故分析报告进行汇总和梳理，并结合当前客运行业发展现状，撰写典型事故分析的研究总结报告。根据客车坠车、落水、着火、侧翻等事故类型，报告对各个类型事故发生的比例、事故特点、致因因素及不同事故类型在各省份的分布规律进行了总结，分析各类型客运事故的逃生制约因素，并针对减少客运事故伤亡、减少事故财产损失、提高客车事故后人员逃生率,提出一系列建议。

通过对典型客运事故的事故特点和致因因素进行研究和分析发现,坠车事故的主要致因因素为超速行驶(58.62%)和驾驶人操作不当(55.17%);对于碰撞事故,主要致因因素为超速行驶(65.21%);超速行驶(62.96%)和驾驶人操作不当(62.96%)是客车侧翻事故的主要致因因素;落水事故中,主要致因因素为驾驶人操作不当(54.54%)和超速行驶(45.45%);而对于重特大客车燃烧事故,主要致因因素为人为纵火(46.15%)。

总结各类型客运事故的逃生制约因素可以发现,车辆结构、车辆自救逃生设施及车内设施会对逃生效率造成影响,部分设计不合理的车辆结构和车辆自救逃生设施严重制约事故中的乘客逃生,现举例说明:

(1) 客车车身结构强度不足,无法保护乘客,如 2009 年山西阳泉"10·30"坠车事故,客车顶围与车体完全分离,乘客被甩出车外,造成重大伤亡。

(2) 客车安全顶窗存在难以打开或无法打开的情况,制约乘客逃生效率,如 2016 年天津津蓟高速"7·1"落水事故中车顶刚好没入水中,由于安全顶窗无法及时打开,导致车内乘客无法逃生,造成重大伤亡。

(3) 客车车身与座椅连接件强度不足,发生事故时座椅脱落,无法起到保护作用,如 2016 年京昆高速成雅段"7·31"侧翻事故中,客车座椅脱落,安全带无法起到保护乘客的作用,导致乘客伤亡。

(4) 客车采用封闭式车窗,部分安全锤不符合安全标准,应急窗难以及时击碎,客车内座椅和内饰大量使用可燃材料,一旦车内发生燃烧,会产生大量浓烟和有毒气体,如 2015 年荣乌高速烟台莱州段"1·16"碰撞燃烧事故。

(5) 客车车身骨架强度偏低,骨架吸能设计不足,发生碰撞时车门变形无法打开,大大降低了乘客的逃生效率。

客车事故案例如图 7-4 所示。

针对客车各类型事故中逃生制约因素,提出相应的改进建议如下:

(1) 对客车车身结构进行优化,提高车身强度。

(2) 重新设计逃生天窗,提高逃生效率。

(3) 针对客车座椅脱落的问题,提高座椅连接强度,避免座椅脱落。

(4) 针对碰撞事故中车门变形问题,选用结构强度更高的材料并重新设计便于逃生的车门。

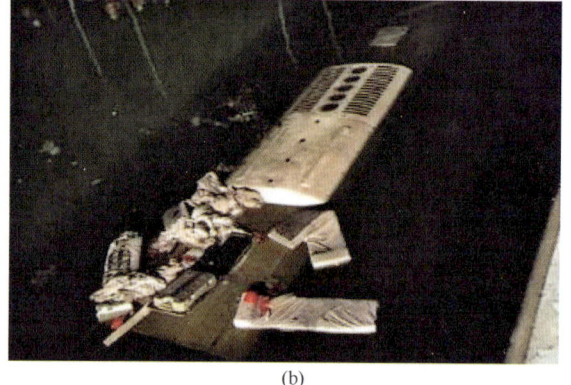

图 7-4 客车典型事故案例

（a）阳泉"10·30"坠车事故；(b) 津蓟高速"7·1"落水事故；
(c) 荣乌高速"1·16"燃烧事故；(d) 京昆高速"7·31"侧翻事故

（5）加强司乘人员培训和管理，避免超速和疲劳驾驶。

（6）各部门加强对危险化学品运输的监管，并加强对押运员资质的审查。

（7）对驾驶人、乘务员、乘客开展危险意识和安全知识的培训和教育工作，同时开展危险状态下紧急逃生和应急救援模拟演练。

7.2 层次分析法与逃生需求目标体系构建

逃生需求目标体系是建立在对客观历史逃生案例及数据上的定性判断，通过设计 AHP 权重判定矩阵专家调查问卷，对各逃生制约因素进行重要程度比较，运用层次分析法基本原理，构建客运车辆交通事故灾害逃生需求目标体系，是进行目标体系构建的重要研究方法。本节引入层次分析法，将逃生需求目标作为最终设计目标层，环境、车辆运行、逃生设施等要素共同构成双行准则层，能见度指数、车门刚度及座椅间距作为直接评价的指标层，对车辆逃生系统体系构建方法进行叙述。

7.2.1 层次分析法

层次分析法最早是由美国运筹学家匹茨堡大学教授 T. L. Saaty 于 20 世

纪70年代在与美国国防相关的研究课题中提出的,之后在相关文献中介绍了层次结构中优先级的缩放方法,并于1980年正式发表了关于层次分析法是一种多层次决策方法的论文,提出此方法是用于模仿人类大脑的思考方式并通过一定的量化计算而提供一种科学性选择的方法。在该方法提出之后,因其为复杂性的问题研究提供了一种新的解决方式而引起了强烈的社会反响,并在社会各行业得到了广泛应用。目前常用的领域包括风险评估方面,例如危险化学品评价研究和载荷侦察效能评估,层次分析法旨在为这类风险评估问题中涉及的相关风险因素进行权重的计算,并对这些影响因素进行风险排序。随着层次分析法的广泛推广和不断完善,该方法也逐步被运用到个人日常生活中,主要用于指导和解决个人生活中遇到的各类复杂性问题的研究,比如交通因素分析。在有多种选择的情况下,层次分析法的运用可以为目标问题的最优决策提供一种科学的分析方法和依据。同时,层次分析法也可广泛应用于企业的复杂性问题分析,例如企业绩效评价、项目的效果评价、管理水平的程度评价、质量相关性评价及风险评估。综上所述,人们可以通过建立相应的层次分析结构及针对每一层的组成因素所包含的所有相关衡量指标,来理清复杂问题的工作思路,并量化所有的组成因素与目标问题之间的重要程度关系。

7.2.2 逃生需求目标体系构建

层次分析法是将决策问题按总目标、各层子目标、评价准则直至具体备投方案的顺序分解为不同的层次结构,然后用求解判断矩阵特征向量的办法,求得每一层次的各元素对上一层次某元素的优先权重,最后再用加权和的方法对总目标的最终权重进行计算,此最终权重最大者即为最优方案。其主要步骤包括建立层次结构模型、构造判断矩阵、层次单排序及一致性检验,以及层次总排序等。本节针对重特大交通事故下逃生需求目标体系构建的详细步骤进行举例。

(1) 分别对一级准则层、二级准则层及指标层构建专家标度调查表,根据表7-1的赋值原则,建立各级判断矩阵。通过赋值,可以得到一级准则层、二级准则层判断矩阵如下:

$$A_i = \begin{bmatrix} 1 & a_{12} & a_{13} & a_{14} \\ 1/a_{12} & 1 & a_{23} & a_{24} \\ 1/a_{13} & 1/a_{23} & 1 & a_{34} \\ 1/a_{14} & 1/a_{24} & 1/a_{34} & 1 \end{bmatrix}, A_{ij} = \begin{bmatrix} 1 & \cdots & a_{ij} \\ & \ddots & \\ 1/a_{ij} & \cdots & 1 \end{bmatrix}$$

对于本体系，$1 \leqslant i \leqslant 4, 1 \leqslant j \leqslant 15$。

表 7-1 专家标度调查表

赋值(x_i/x_j)	含　义
1	x_i 与 x_j 具有同样重要性
3	x_i 比 x_j 稍重要
5	x_i 比 x_j 明显重要
7	x_i 比 x_j 强烈重要
9	x_i 比 x_j 极端重要
2,4,6,8	介于上述判断的中间值
倒数	x_i 与 x_j 比较得 a_{ij}，x_j 与 x_i 比较得 $a_{ji} = 1/a_{ij}$

（2）根据 $AW = \lambda_{\max} W$，求各判断矩阵的最大特征值及特征向量，计算一致性比例 $CR = \dfrac{\lambda_{\max} - m}{m - 1} \times \dfrac{1}{RI}$，并选取一致性指标 RI，其中 m 为判断矩阵的行数，进行一致性检验，满足一致性的判断矩阵最大特征值对应的向量即为权重向量。其最终权重系数直方图如图 7-5 所示。

通过对逃生需求目标体系及重要变量进行初步研究发现，在重大交通事故中，客运车辆的逃生成功率与车辆结构、逃生设施配置及乘员、驾驶员等多项因素有关，尤其新型逃生结构、装备对影响逃生成功率的贡献值最高，可以达到其他因素的 2 倍以上。另外，司乘人员的逃生决策对逃生成功率的提升也十分重要。而对于传统的车辆结构，如车辆加油口与四周部件的距离、车门布置的合理性等，由于车辆本身结构影响，可改进的空间已经非常小，因此基于目前客运车辆发展状况的前提下，其影响效果没有前者显著。

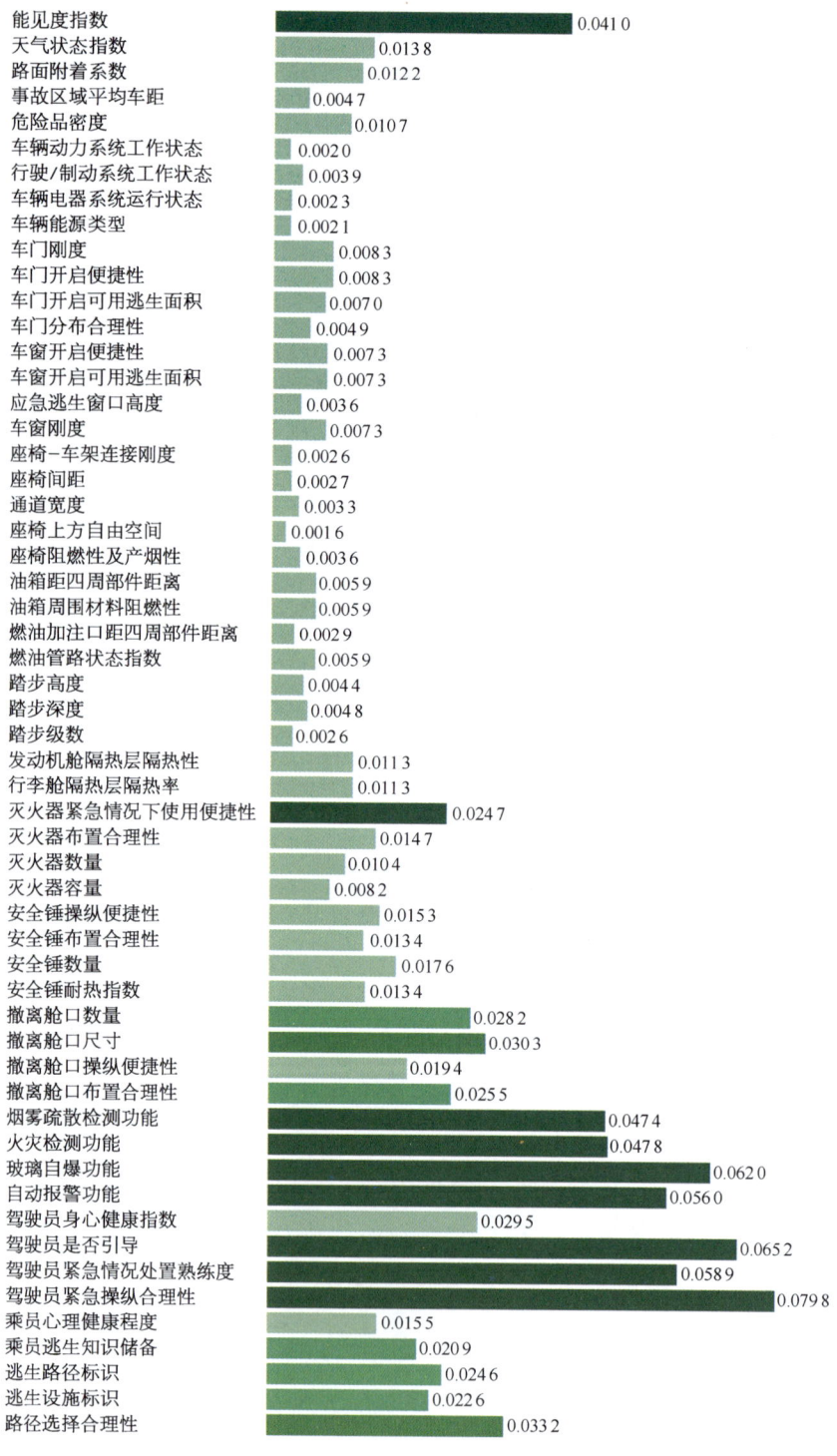

图7-5 客车火灾逃生需求目标体系参数权重系数直方图

7.3 乘员逃生人因分析

在逃生体系众多需求目标中，司乘人员逃生技能储备较为抽象，为了将此项指标量化，从而最终实现特定系统的模糊综合评价，需要合理的乘员动态参数采集设备与分析方法。本节介绍在进行研究试验中常用的试验设备与数据分析方法。

7.3.1 动态乘员数据采集设备

在进行逃生乘员动态研究过程中，主要采用的是人体动态捕捉设备，该类设备全称为全身惯性动作捕捉设备，是一种用于信息与系统科学相关工程与技术、计算机科学技术、航空航天科学技术领域的仪器。动作捕捉仪起源于物理治疗、康复领域，用来对伤残、截肢、脑瘫、帕金森症患者进行运动及行为学分析研究，诞生于斯坦福大学神经生物力学实验室，该实验室至今仍是该领域的权威机构。该技术于 20 世纪 70 年代开始应用于动画制作领域，迪士尼公司曾试图通过捕捉演员的动作以改进动画制作效果。

从技术的角度来说，运动捕捉的实质就是测量、跟踪、记录物体在三维空间中的运动轨迹。典型的运动捕捉设备一般由以下几个部分组成：传感器、信号捕捉设备、数据传输设备、数据处理设备等。所谓传感器是固定在运动物体特定部位的跟踪装置，它将向运动捕捉系统提供运动物体运动的位置信息，一般会随着捕捉的细致程度确定跟踪器的数目。信号捕捉设备会因运动捕捉系统的类型不同而有所区别，它们负责位置信号的捕捉。对于机械系统来说，其是一块捕捉电信号的线路板，对于光学运动捕捉系统则是高分辨率红外摄像机。数据传输设备需要实时效果，运动捕捉系统需要将大量的运动数据从信号捕捉设备快速准确地传输到计算机系统进行处理，而数据传输设备就是用来完成此项工作的。数据处理设备经过运动捕捉系统捕捉到的数据需要修正、处理后还要结合三维模型才能完成计算机动画制作的工作，这就需要应用数据处理软件或硬件来完成。

该类设备不受空间限制,室内可捕捉范围达到 50 m,室外达到 200 m,可延展 900 m(需延展模块);动作录制及回放系统能够实现人体动作的录制、编辑与回放等功能;可抵抗电磁干扰,根据不同的环境和动作进行参数设置。试验者全身穿戴传感器设备,可有效地对乘员全时间历程下逃生状态进行监测。通过该类设备对乘员逃生动作采集结果如图 7-6 所示。

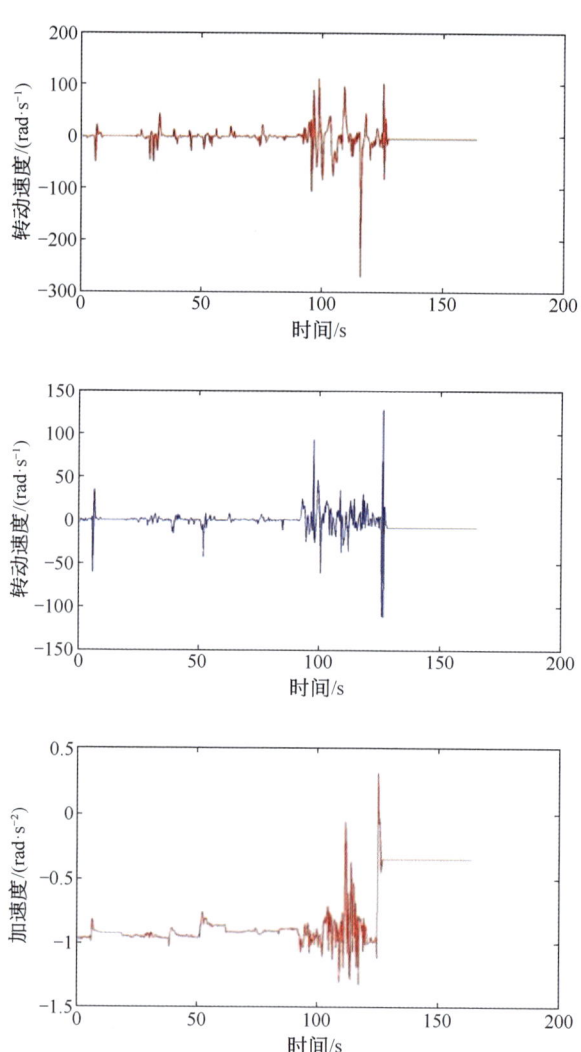

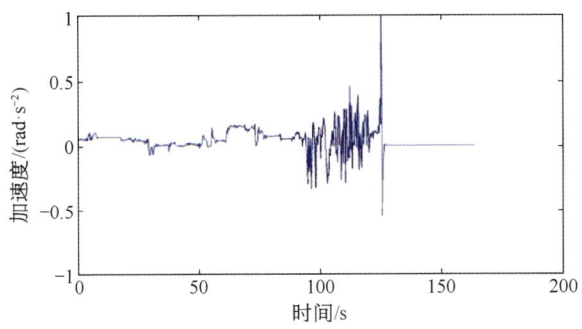

图 7-6 乘员逃生头部运动时间历程

7.3.2 动态乘员因素数据分析

动态乘员因素数据分析通常以数据为基础,采用机器学习方法,对整套动捕设备信号或单个信号进行处理、分析。目前常用的重特大交通事故下乘员逃生数据分析方法包括决策树、朴素贝叶斯、支持向量机等分类学习方法。

1) 决策树分类

决策树可以看作一个树状预测模型,它是由节点和有向边组成的层次结构。树中包含三种节点:根节点、内部节点、叶子节点。决策树只有一个根节点,是全体训练数据的集合。树中每个内部节点都是一个分裂问题:指定了对实例的某个属性的测试,它将到达该节点的样本按照某个特定的属性进行分割,并且该节点的每一个后继分支对应该属性的一个可能值。每个叶子节点是带有分类标签的数据集合,即为实例所属的分类。决策树算法很多,例如 ID3、C4.5、CART 等。这些算法均采用自上而下的贪婪算法,每个内部节点选择分类效果最好的属性来分裂节点,可以分成两个或者更多的子节点,继续此过程直到这棵决策树能够将全部的训练数据准确地分类,或所有属性都被用到为止。该算法的简化版本是在使用了全部样本假设的基础上来构建决策树的。

2) 朴素贝叶斯分类

朴素贝叶斯是基于贝叶斯定理与特征条件独立假设的分类方法。朴素贝叶斯分类器(naive Bayes classifier, NBC)发源于古典数学理论,有着坚实的数学基础及稳定的分类效率。同时,NBC 模型所需估计的参数很少,对缺失数据不太敏感,算法也比较简单。贝叶斯方法是以贝叶斯原理为基础,使用概率统计的知识对样本数据集进行分类。由于有着坚实的数学基础,贝叶斯分类算法的误判率是很低的。贝叶斯方法的特点是结合先验概率和后验概率,既避免了只使用先验概率的主观偏见,也避免了单独使用样本信息的过拟合现象。其核心计算方法如下:

$$P[Y(t) \mid \delta(t)] = \frac{P[\delta(t) \mid Y(t)]P[Y(t)]}{P[\delta(t)]}$$

对于重特大交通事故应急逃生乘员因素而言,结合数据采集方法,在车辆发生紧急情况需要乘员进行逃生时,所有逃生行为及技能的实现首先是通过头部的转动来进行逃生出口、安全锤、灭火器等逃生装备与方法的确认与搜索。对头部转动数据的挖掘与研究可以从数值的角度对乘员逃生过程进行模拟,因此要对不同的头部转动模式进行分类,最终为综合评价提供数值参考。

此处以决策树算法实现对不同头部转动模式的分类为例,该算法输入变量与输出变量都可以是标称型或数值型,采用 Gini 系数作为不纯度度量,而 C4.5 则只能是标称型变量。通过 10 折交叉验证,得到决策树模型如图 7-7 所示。图中 time 为转动速度峰值时刻,interval 为定睛时长,gyy 为头部转动峰值,所选方法绝对平均误差仅为 0.051 5。

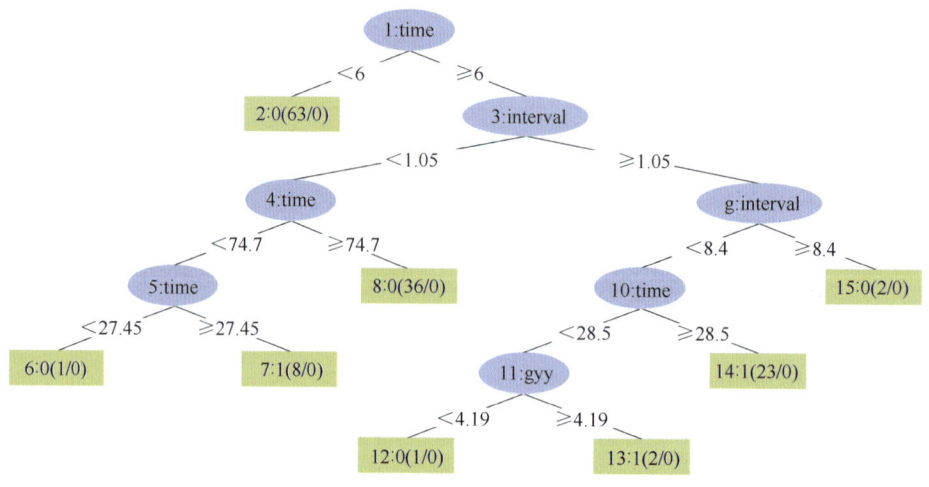

图 7-7 决策树算法树形结构

7.4 逃生需求目标综合模糊评价

采用客观、合理的评价手段,可以更加直观地对特定车辆的逃生需求体系进行评价。本书以层次分析法(AHP)为基础,采用多级模糊综合评价方法,运用模糊理论将评价边界定量化,更加科学地体现指标重要性程度及指标之间的差异性程度。为了实现特定逃生环境下客车逃生需求目标的评价,对可测量逃生需求参数直接根据尺寸设计范围构建模糊函数,而对其他主观评价逃生需求参数进行专家评分,并进行模糊化,最终通过模糊层次分析法实现对特定逃生系统(环境)进行评级,从而构建完整的逃生需求目标体系。

本例选取的 54 个指标层因素、15 个二级准则层因素、4 个一级准则层因素及 1 个目标层因素,经过 15 个二级模糊评价、4 个一级模糊评价,最终得到基于逃生需求目标的模糊综合评价结果,构建了完整的客运车辆逃生需求目标体系。采用某 12 m 客车为目标逃生系统,在特定条件下(乘员应急知识储备不足)对其进行体系模糊综合评价。其计算流程如图 7-8 所示,具体计算方法如下:

(1) 选取包含优(安全)、中(比较安全)、差(不安全)的三元评价集,对逃生需求目标体系中的任一节点,可以表示为 $N(i,j,k)$,其中 $1 \leqslant i \leqslant 4$、$1 \leqslant j \leqslant 15$、$1 \leqslant k \leqslant 56$,分别表示一级准则层、二级准则层及目标层因素的个数;另外,各节点的三元评价集可以表示为 $\{G(i,j,k), M(i,j,k), B(i,j,k)\}$,括号为节点标识。由 AHP 得到的各节点权重表示为 $w(i,j,k)$。至此,可以进行一级模糊评价计算,部分可测量隶属度函数如图 7-9 所示:

$$\{G(i,j), M(i,j), B(i,j)\}_{i=1\sim4, j=1\sim15} = \boldsymbol{w} \cdot \boldsymbol{G}$$

其中,

$$\boldsymbol{w} = \begin{bmatrix} w(i,j,1) & w(i,j,2) & \cdots & w(i,j,m) \end{bmatrix}$$

$$\boldsymbol{G} = \begin{bmatrix} G(i,j,1) & M(i,j,1) & B(i,j,1) \\ & \ddots & \\ G(i,j,m) & M(i,j,m) & B(i,j,m) \end{bmatrix}$$

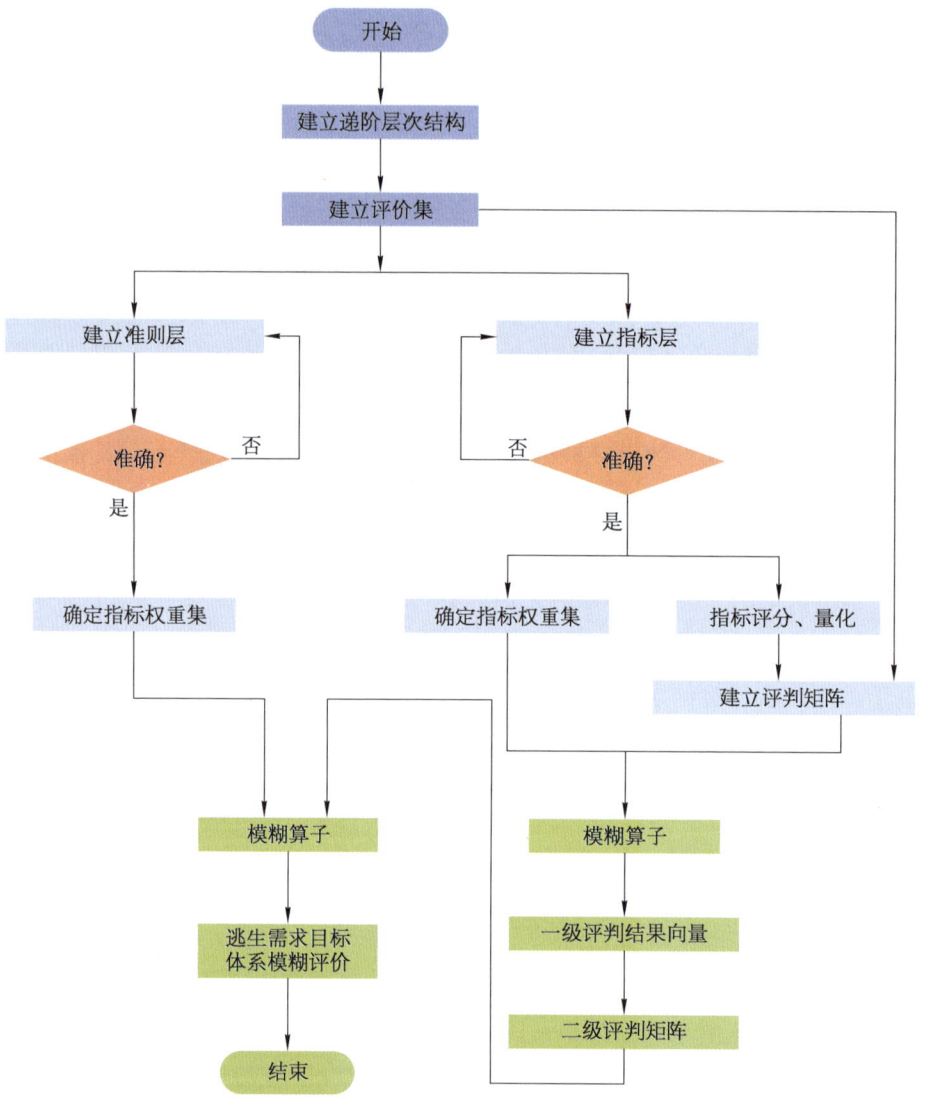

图 7-8 多层次模糊评价计算流程

式中 m——各二级准则层因素包含的指标层因素,且 $m \le k$,从而实现一级模糊评价。

(2) 在一级模糊评价的基础上,可以获得每个二级准则层的评价集隶属度 $\{G(i,j), M(i,j), B(i,j)\}_{i=1\sim4, j=1\sim15}$,据此进行二级模糊评价计算:

$$\{G(i), M(i), B(i)\}_{i=1\sim4} = \bm{w}' \cdot \bm{G}'$$

其中,

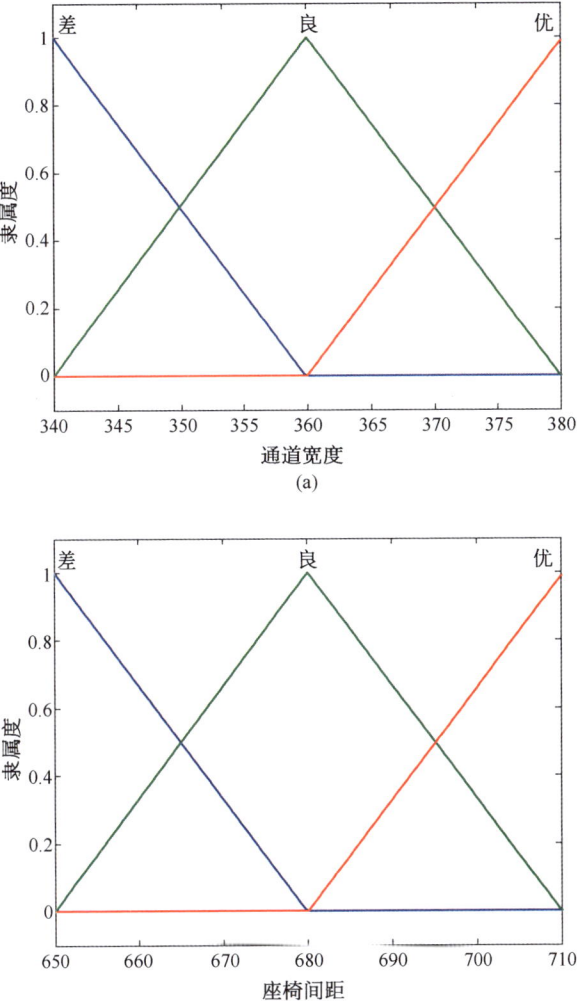

图 7-9 部分因素隶属度函数
(a) 通道宽度隶属度函数；(b) 座椅间距隶属度函数

$$\boldsymbol{w}' = \begin{bmatrix} w(i,1) & w(i,2) & \cdots & w(i,n) \end{bmatrix}$$

$$\boldsymbol{G}' = \begin{bmatrix} G(i,1) & M(i,1) & B(i,1) \\ & \ddots & \\ G(i,n) & M(i,n) & B(i,n) \end{bmatrix}$$

式中　n——各一级准则层因素包含的二级准则层因素，$n \leqslant j$，从而实现二级模糊评价。

（3）在二级模糊评价的基础上，计算逃生需求目标体系的最终评价：

$$\{G, M, B\} = \bm{w}'' \cdot \bm{G}''$$

其中，

$$\bm{w}'' = \begin{bmatrix} w(1) & w(2) & w(3) & w(4) \end{bmatrix}, \bm{G}'' = \begin{bmatrix} G(1) & M(1) & B(1) \end{bmatrix}^{\mathrm{T}}$$

通过对车辆结构进行测量及专家调查评估，可以得到本车辆逃生需求目标体系的评价集为$\{0.2938, 0.5490, 0.1572\}$，可以看出此特定逃生系统的评价为中等。

综上所述，可以看出在重大交通事故中，客运车辆的逃生成功率与车辆结构、逃生设施配置及乘员、驾驶员等多项因素有关。通过采用层次分析法、基于决策树的人因分析法及模糊综合评价法，可以以目标需求体系为前提，对车辆逃生与救援系统进行客观展现与评价。另外，乘客的疏散决策与运动行为、新型逃生结构、装备，在体系中对逃生成功率影响巨大，是提升逃生效率的重要手段与研究方向。

第 8 章

客车乘客疏散决策和运动行为研究

2017年,我国公路客运完成营业性客运量145.68亿人,占全社会总客运量的78.6%。当前,公路客运仍是我国主要的客运方式之一,但同时,公路客车交通事故频发,司乘人员在重特大交通事故下应急疏散率低,易发群死群伤。安全疏散已成为减轻事故伤害、减少事故死亡率的重要方式。大型客车具有承载人员数量多、单次连续行驶时间长、行驶车速高、结构封闭等特点,这些运营与结构特征严重阻碍事故后乘客的疏散,一旦发生交通事故将造成巨大的人员伤亡和财产损失。前述章节对碰撞、火灾事故中影响乘客自主救援的车身结构、事故灾害等外部因素进行了详细介绍,并据此构建了客车事故灾害逃生制约因素及需求目标体系,为客车结构设计、运营管理提供了指导。

此外,乘客的疏散行为也对疏散效率具有重要影响,事故发生后乘客的自主救援不及时、逃生路线选择不科学、逃生装置使用不合理等行为都会显著降低安全疏散概率。因此,本章将从乘客行为因素角度出发,讨论车内乘员的疏散决策及运动行为特征,详细介绍采取的试验方法,并对相关结果进行深入探讨。首先简要介绍了行人疏散动力学研究中的基本方法,然后分析影响乘客疏散行为的车辆结构参数、乘员心理与生理参数、环境参数,选取可能具有显著影响的潜在特征参数开展有控试验和问卷调查研究,基于试验数据分析影响乘员疏散行为和疏散效率的制约因素。本章研究内容可为大型客车疏散模型的构建和智能疏散装备的设计与开发提供数据与理论基础。

8.1 疏散行为研究基本方法

疏散行为的研究方法主要包括七种:① 动物试验;② 行人有控试验;③ 虚拟现实(VR)和假设选择(HC)试验;④ 疏散演习试验;⑤ 自然灾害分

析;⑥ 行人人群在自然环境中运动的视频分析;⑦ 对幸存者的灾后采访。

1) 动物试验

动物试验是研究人员分析紧急逃生环境下人运动行为的一种重要试验方法,其将动物视为人类"群体"行为的近似模型。它使研究无法对人类开展试验的一系列现象变得可能,这些现象通常被称为人群的"恐慌"状态。目前为止,蚂蚁和老鼠的试验是最常见的,尽管许多研究也开展了基于羊群运动的试验。为了使研究对象(即动物或昆虫)执行任务(通常是逃离试验者设计的物理装置)并进行运动,这些试验会使用某种类型的刺激性物质,包括侵入性化学物质、水等。这些物质的侵入性水平也作为动物疏散动机水平的量化指标。

2) 行人有控试验

近年来,行人有控试验已成为研究人群行为的重要方法,被广泛使用。其克服了动物试验的主要缺点,即缺乏行为现实主义。因为其发生在临时设置的试验场景中(尽管通常不是传统实验室),并且受到试验者对某些设计因素的控制的影响,这类研究具有实验室试验的主要元素。然而,与虚拟现实试验(也是实验室性质的)相比,受试者会做出实际的动作,并感受到其他人作为真实个体的存在及他们周围的物理环境。此外,随着图像处理和视频跟踪技术的提高,此类试验中受试者的行为可以被精确地跟踪和分析。从这个角度来看,这类试验可以看作是纯实验室和完全自然的观察之间的合理折中。

3) 虚拟现实(VR)和假设选择(HC)试验

虚拟现实技术的使用为在人群拥挤和疏散的情况下进行完全安全和非侵入性试验提供了另一种选择。该方法在试验场景的几何结构设置类型方面具有很大的灵活性。与实际的行人有控试验相比,在虚拟现实和假设选择试验中,试验者可以完全控制设计因素的变化和反应类型(例如受试者必须做什么、何时必须做出决定、可以做出什么样的决定等),这是该试验方法最大的优势之一。

4) 疏散演习试验

疏散演习是在真实场地和实际建筑物中进行的,不属于有控试验。然而演习试验也具有实验室试验的一些要素,因为受试者通常会提前意识到他们即将接受试验(至少在宣告的演习中)。因此,不能认为观察结果是完全自然的。该方法在控制和设计因素的操作方面局限性较大,特别是疏散环境的结构;此外,这类试验观察的重复性也是一个问题。由于在摄像机的布设位置等方面存在更多限制,在运动行为观测精度方面,这类试验通常比实验室试验低。

5) 自然灾害分析

除了前面讨论的试验方法外,还可以通过分析紧急情况下或事故灾难中人们的自然行为研究人群疏散运动规律。这种方法克服了试验观测结果可能缺乏可靠性的缺点。然而其在观测结果的可重复性、可用性和数据丰富性、测量的准确性等方面都存在不足。首先,真实紧急情况下的人群疏散数据十分匮乏。其次,这种观察或行为是一次性的,研究者无法确定这种行为是否存在随机性,这不利于研究者提取出关键的运动行为特征。此外,受到事故灾害的影响(如地震引起的摄像机抖动等),这些行为观察存在更大的测量误差。

6) 行人人群在自然环境中运动的视频分析

对行人在自然环境中行走的行为分析为研究者提供了人群动力学方面的大量经验。尽管此类数据的行为不一定代表紧急行为,但它们对于校验运动行为模型具有重要意义,这类模型可能适用于正常和紧急情况。这种方法的主要优点是其观测的行为是完全自然的,也为分析个体行为提供了可能,同时与其他试验方法相比,其成本更低,但仅适用于部分研究主题(例如碰撞避免、速度和加速度等)。

7) 对幸存者的灾后采访

除了使用试验或观察外,还可以通过采访从那些参与紧急情况下疏散(如恐怖袭击、火灾等)并有这方面个人经历的人中获得信息,进行相关研究。这种特殊的方法也是真实和实验室试验的某种特殊结合,因为人们一直处于真实世界的场景中,但信息的结构取决于研究者如何设计采访的问题结构、类型等。尽管通过这种方法可以获得一些无法从其他试验中得到的信息,但研究结果受受试者提供信息的可靠性影响。受试者对所经历事件的记忆程度、他们尝试或愿意提供准确信息的程度及他们的回答受措辞和问题结构影响的程度在很大程度上都是未知的。受试者是否试图弄清楚并为提问者提供其所寻求的答案类型也无法确定。其中一些缺点是这种方法所固有的,但有些可以通过精细的访谈设计来克服。在成本和实施难度方面,寻找和访问幸存者详细信息、联系他们并让他们接受提及过去不愉快经历的采访等也具有较大的挑战。

综上,本章将同时采用问卷调查[假设选择(HC)试验]和有控试验的方法对大型客车乘客疏散行为开展研究,以期揭示乘客在疏散决策和运动过程中的典型特征规律,为大型客车应急疏散管理和救援提供指导和理论依据。

8.2 客车乘客应急动态决策

大型客车具有承载人员数量多、单次连续行驶时间长、行驶车速高、结构封闭等特点,严重阻碍事故后人员的疏散。针对事故发生后人员自主救援不及时、逃生路线选择不科学、逃生装置使用不合理等问题,通过研究乘员在模拟客车事故试验中的逃生表现和分析乘员在调查问卷中体现的逃生决策思维建立乘员的逃生决策及行为模型。将事故后影响乘员的逃生决策因素分为个体因素和环境因素两个方面,设计调查问卷,将问卷内容进行简化分类后,得到逃生决策影响变量,见表8-1。

表8-1 逃生决策影响变量表

因素类型		问卷内容	因素类型		问卷内容
个体因素	X1	性别	个体因素	X17	救助他人意愿
	X2	年龄		X14 X18	出口拥堵选择
	X6	性格	环境因素	X9	留意逃生装置
	X3	学历		X10	留意逃生标识
	X4	驾龄		X13	疏散指挥
	X5	乘坐客车频率		X16	逃生装置破损
	X7	交通事故经历		X15	身体受伤
	X8	应急心态反应		X20	留意消防装置
	X11	首要考虑因素		X19	使用消防装置
	X12 X21	第一行动方案			

8.2.1 问卷设计与调查

设计包含被调研人员性别、年龄、性格属性、逃生装置布设、逃生装置可操作性等 20 项指标的调查问卷,并进行调查,回收有效调查问卷 110 份。性别方面,男性 57.8%,女性 42.2%;年龄方面,平均年龄 32 岁,最大年龄 68 岁,最小年龄 21 岁;学历方面,高中或中专 6.36%,本科 51.82%,硕士及以上 41.82%,人员文化程度主要集中在中等学历。利用 SPSS 统计学软件,使用系统聚类方法对乘员逃生决策行为分类,得到聚类谱系图片段,如图 8-1 所示。

为研究影响乘员逃生决策行为的个体因素,将 X1~X6 作为行变量,X12、X15、X16 作为列变量,构成 3×6 无序列联表。若第 i 行第 j 列的变量 M_{ij} 频数为 m_{ij},样本总量为 n,在所有变量相互独立的假设下,则有变量 M_{ij} 的理论频数期望:

$$E_{ij} = \frac{(\sum_{j=1}^{c} m_{ij})(\sum_{i=1}^{r} m_{ij})}{n} \tag{8-1}$$

$$x^2 = \frac{m_{ij} - E_{ij}}{E_{ij}} \tag{8-2}$$

x^2 值越大表示两个变量间的相关关系越显著,取置信度为 95%,即 $p < 0.05$ 时,被检验的变量之间的相关关系越显著。将影响因素中人的属性作为行变量,决策行为变量作为列变量,所得检验结果见表 8-2。

表 8-2 皮尔逊卡方检验 P 值

P 值	X12	X15	X16
性别 X1	0.251	0.001	0.343
年龄 X2	0.872	0.134	0.067
学历 X3	0.241	0.145	0.212
驾龄 X4	0.264	0.322	0.085
乘坐客车频率 X5	0.168	0.047	0.059
性格 X6	0.028	0.327	0.124
交通事故经历 X7	0.016	0.673	0.143

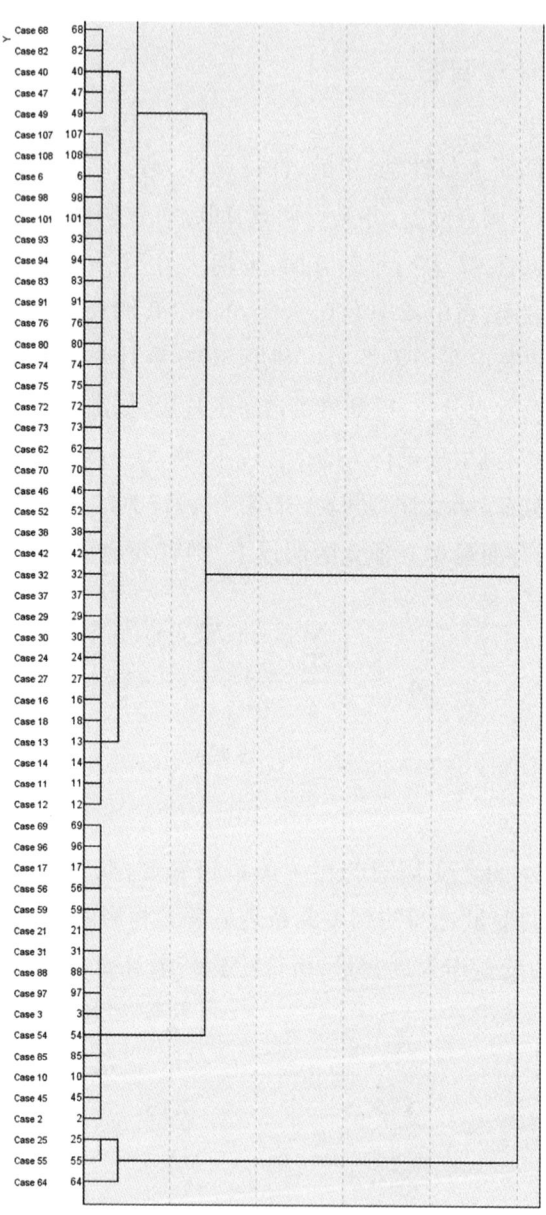

图 8-1　乘员逃生决策行为谱系图片段

从表 8-2 可以看出,性别因素对乘员第一逃生选择、发现逃生装置破损后的第二逃生选择,以及受伤后的逃生选择都有较大程度的影响;乘坐频率因素、人员性格因素、交通事故经历因素对乘员第一逃生选择及发现逃生装置破损后的第二逃生选择有较大程度的影响。所以建立的逃生模型选取性别、乘坐客车频率、性格、交通事故经历四项内容作为模型的输入变量。

为反映车内乘员的疏散心理及逃生行为,调查问卷共设置包含第一逃生选择、竞争意识及救助意愿的五种不同事故环境,得到客车事故后乘员应急疏散心理及行为特征的分析结果,见表 8-3。

表 8-3 逃生决策心理及行为特征频数表

问　　题	选　　项	频数	百分比
如果您乘坐的客车突发事故,暂时没有发现可见的出口,您在第一时间会选择	等待别人的救援 独自探索逃生出口 跟随他人一起逃生	2 37 71	1.8% 33.6% 64.6%
如果事故后,您有轻微受伤,此时仍没有可见出口,您会选择	等待别人的救援 独自探索逃生出口 跟随他人一起逃生	6 84 20	5.4% 76.4% 18.2%
如果您选择的逃生装置由于破损或其他原因,无法实现逃生功能,您会选择	等待别人的救援 独自探索逃生出口 跟随他人一起逃生	0 92 18	0% 83.6% 16.4%
如果堵在人多的出口时,您会选择	尽力挤出去 跟着人群走 另寻他路	8 38 64	7.2% 34.5% 58.3%
在拥挤的人群中当听到前方有人受伤或摔倒时,您是否会停止向前的动作	会停下,避免踩踏 无暇顾及 不会停下,但会告知后面的人不要拥挤	51 7 52	46.4% 6.3% 47.3%

8.2.2 模型构建

选取多起典型客运交通事故案例中的事故现场照片、事故询问笔录、事故发生时的监控视频、事故伤亡认定和事故车检报告等,获取真实事故场景下司乘人员的逃生决策行为,部分数据见表 8-4。

根据调查问卷及事故案例中乘员的自救行为,将客车事故后人员的决策类型划分为如下四种,其具体逃生行动方案即模型的输出变量,如图 8-2(四种具体描述)所示。

表 8-4　部分典型客运交通事故案例

事故名称	事故类型	安全门/安全顶窗布置	逃生设备布置情况	人员伤亡情况	逃 生 选 择
2009 年福建某高速公路特大交通事故	侧翻坠桥	无/车顶后部	安全锤及灭火器	18 人死亡、7 人受伤	未开启功能良好的安全顶窗,选择已破损的车窗进行逃生
2009 年广西某高速公路特大交通事故	正碰侧翻	无/车顶前部、后部各一个	安全锤及灭火器	12 人死亡、19 人受伤	车门严重变形无法开启,选择已破损的车窗进行逃生,后排受伤较轻的乘客逃生后,对留在客车内受伤行动不便的乘客进行救援
2012 年宁夏某高速公路重大交通事故	正碰坠桥	右侧中部一个安全门/无	不详	11 人死亡、6 人受伤	车门严重变形无法开启,选择开启安全顶窗逃生
2016 年广西某高速公路重大交通事故	正碰侧翻	右侧中部一个安全门/右侧后部一个安全顶窗	安全锤及灭火器	11 人死亡、31 人受伤	车门严重变形无法开启,使用安全锤破窗逃生

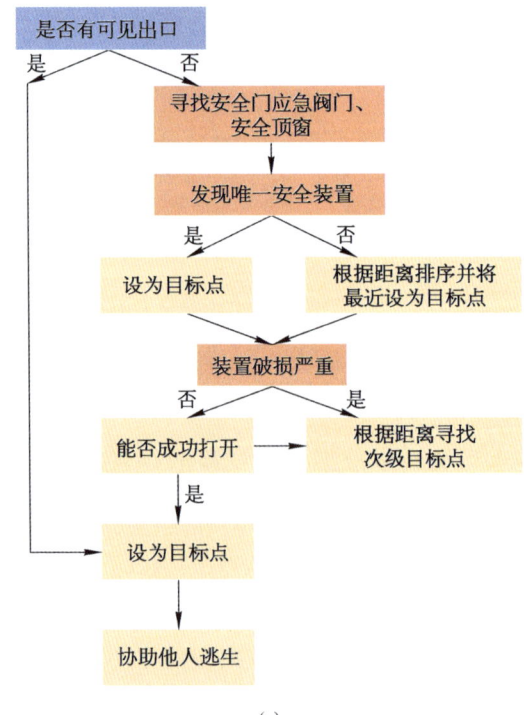

(a)

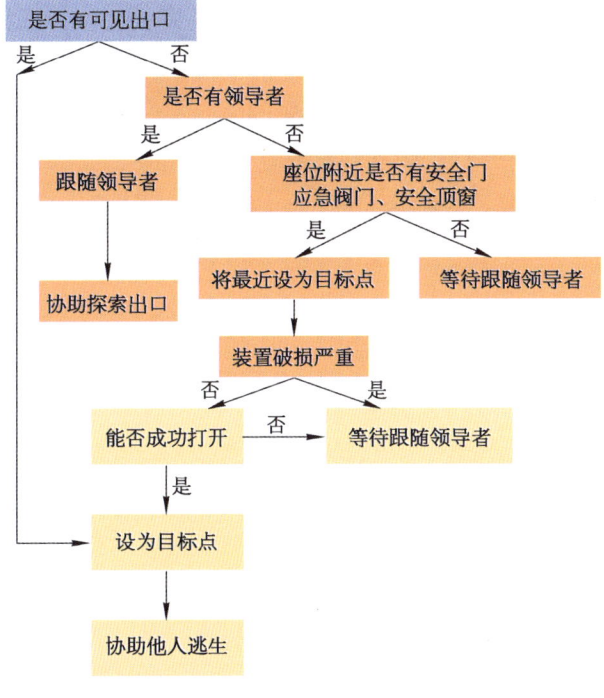

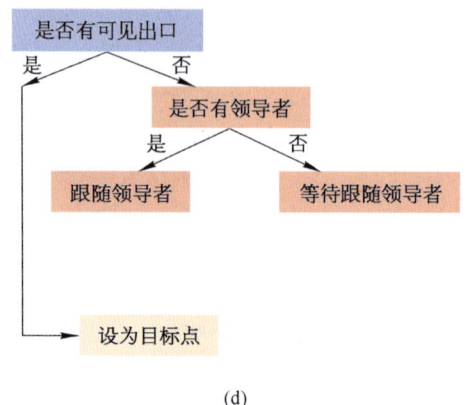

(d)

图 8-2 人员逃生行动方案

(a) 逃生方案 P_1'；(b) 逃生方案 P_2'；(c) 逃生方案 P_3'；(d) 逃生方案 P_4'

(1) 领导型 A_L。事故发生时，主动对逃生出口进行探索，随着逃生时间的增加，心理压力上升较缓慢。

(2) 跟随型 A_F。事故发生时，被动跟随他人逃生，随着逃生时间的增加，心理压力上升较迅速。

(3) 紧张型 A_S。随着被困时间的增加，由于人员心理压力较大，在发现出口时采取与他人激烈竞争的形式逃出。

(4) 原地等待型 A_W。由于自身身体素质或者心理压力原因，在事故发生后无法主动自发逃出车厢。

人员的潜意识会对其决策判断起到一定的引导作用，将人员逃生决策模型分为潜意识决策层和逃生思维层两部分，其中潜意识决策层主要受到人员个体特征影响，该层输出变量为领导型 A_L 决策和跟随型 A_F 决策。而逃生思维层除了受个体特征影响以外还会受到外界环境因素影响，该层输出变量为领导型 A_L 决策、跟随型 A_F 决策、原地等待型 A_W 决策及紧张型 A_S 决策四种变量。具体模型结构如图 8-3 所示。

由上述算法，构建乘客逃生决策模型。

8.2.3 行为分析与预测

通过统计分析可知客车事故发生后个体的逃生意愿非常强烈，主要表现

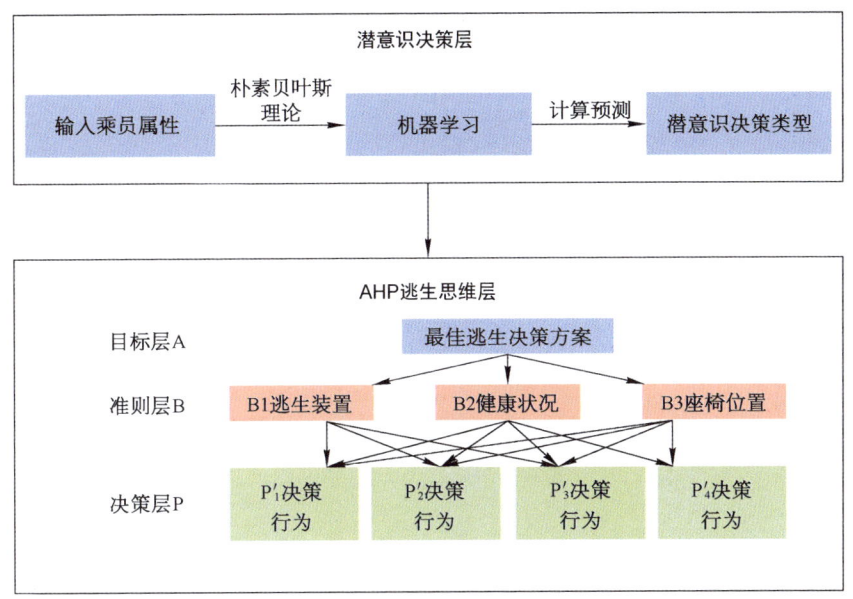

图 8-3 人员逃生决策模型结构图

在以自我为中心的行动上,大部分试验乘员的逃生决策类型都是主动型,少部分是被动型。经过列联表研究,反映显著影响乘员逃生行为的个人因素主要有乘员的性别、乘员的性格及乘员乘坐客车出行的频率和是否有事故经历。不同性别在疏散行为及心理特征上的差异比较明显,男性往往情绪较稳定,能够正确使用逃生装置的比例也更高。但是在实车试验逃生过程中,女性更乐于协助他人进行逃生。

结合实车试验,对影响乘员逃生决策的因素进行再次分析,对人员逃生决策行为进行分析,得到不同决策类型人员的各项特征比例,如图 8-4 所示。领导型决策人员中男性所占比例 66% 要远远高于女性所占比例 34%,跟随型决策人员中男性所占比例 53% 与女性所占比例 47% 相差不大;性格因素中,黏液质在跟随型决策人员中所占比例最大,为 43%,其次是抑郁质 26%,而多血质与胆汁质人员在领导型决策人员中所占比例较大,各占 30%;乘坐客车的频率越高及有事故经验的人员,其决策类型大多反映为领导型,分别占总领导型决策人员的 54% 和 86%。

最后,对模型所得预测结果进行验证,验证结果如图 8-5 所示。结果表明,构建的模型与试验结果具有良好的一致性。

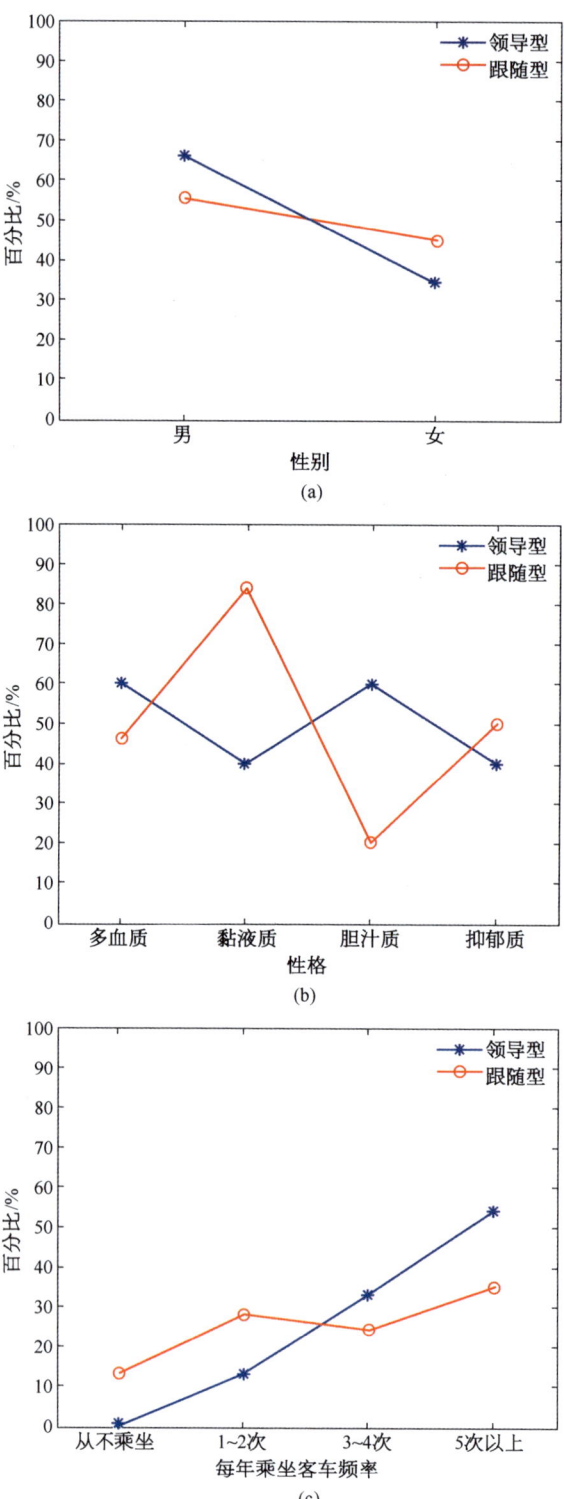

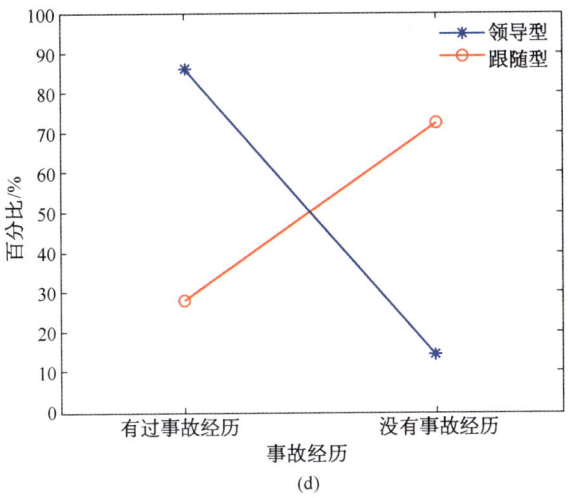

图 8-4 不同决策类型人员的各项特征所占比例

(a) 性别与决策类型的关系;(b) 性格与决策类型的关系;(c) 乘车频率与决策类型的关系;(d) 事故经历与决策类型的关系

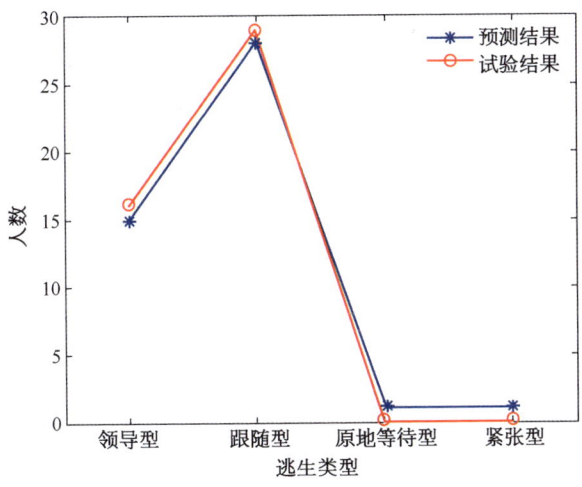

图 8-5 模型预测结果与试验结果拟合图

8.3 基于有控试验的乘客疏散行为

重大客运交通事故下司乘人员存在逃生意识薄弱、逃生路径选择不合理、逃生设施与装备使用不当等问题,严重影响司乘人员的应急自救逃生成功率,是引发重大客运交通事故群死群伤现象的主要原因。分析影响司乘人员逃生选择、逃生思维、逃生行为、逃生效率的车辆结构参数,司乘人员心理与生理参数,环境参数,选取可能对司乘人员逃生思维与行为、逃生效率具有显著影响的潜在特征参数,进行模拟事故场景下乘客疏散的有控试验。基于试验数据分析影响司乘人员逃生思维与行为、逃生效率的制约因素。

8.3.1 乘客疏散行为试验设计与人员选择

以核载 44 人的大型长途客车为试验车,共招募 45 名乘客作为试验对象,进行典型人群逃生试验 1,其中男性 28 人(61.36%)、女性 17 人(38.64%),年龄分布在 20~68 岁,如图 8-6 所示。问卷调查结果显示,58% 的乘客平均

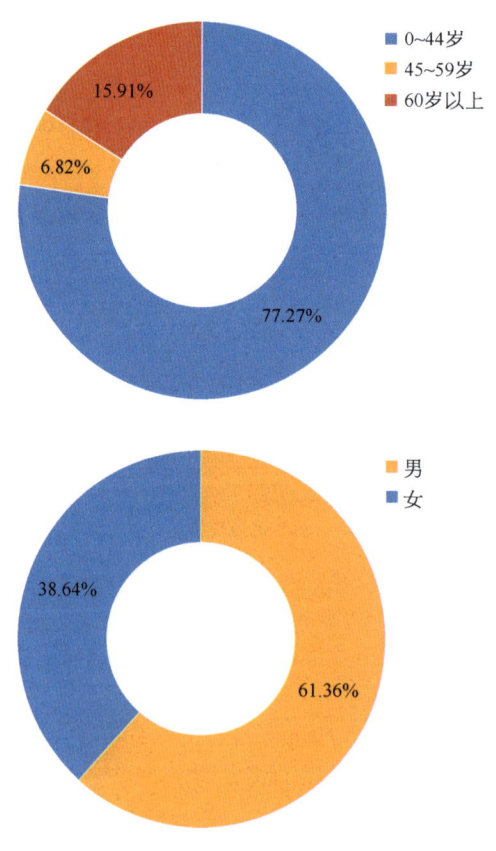

图 8-6 试验人员年龄、性别分布比例

每年乘坐客车 5 次以上，42% 的乘客平均每年乘坐客车 1~3 次；没有试验者接受或参加过相关培训。因此，试验对象可近似为较典型的客车乘客群体。

为研究事故中部分车门受损、驾驶员受伤、不同载客量及疏散演习对乘客应急疏散效率的影响，本节以可用疏散出口、载客量、驾驶员疏导、疏散演习、车门开度为自变量，疏散人流量为因变量。以 45 名乘客为一组，按表 8-5 的随机顺序完成试验 1；分别以 48 名学生乘客及老乘客 6 人为一组，按表 8-5 的随机顺序完成试验 2。

表 8-5 疏散试验方案

试验顺序	可用疏散出口	疏散演习	载客量	驾驶员疏导	车门开度
1	前门及后门	无	满载	无	正常
2	前门及后门	有	满载	无	正常
3	前门及后门	有	满载	无	正常
4	前门及后门	有	满载	无	正常
5	前门及后门	有	半载	无	正常
6	后门	有	满载	无	正常
7	前门	有	满载	无	正常
8	前门及后门	有	满载	有	正常
9	前门及后门	有	满载	无	减少 1/2
10	前门及后门	有	满载	无	正常

以录像方式记录试验过程中司乘人员的逃生行为、路径选择、逃生时间等参数，试验数据采集系统由车内数据采集系统及车外数据采集系统构成，如图 8-7 所示。

试验车为 11 m 长途客车，其座椅布局及编号如图 8-8 所示。其中 28 号座椅放置录像设备，不参与试验。由于行人在楼梯中的运动速度低于在通道中的运动速度，因此踏步是决定乘客疏散效率的关键区域。选择踏步及其前方通道为测量区域，研究乘客疏散过程中的相互作用与疏散特性，如图 8-9 所示。

根据视频观察，大部分乘客以通道旁扶手为支点做 1/4 圆周运动到达踏

图 8-7 试验数据采集系统构成

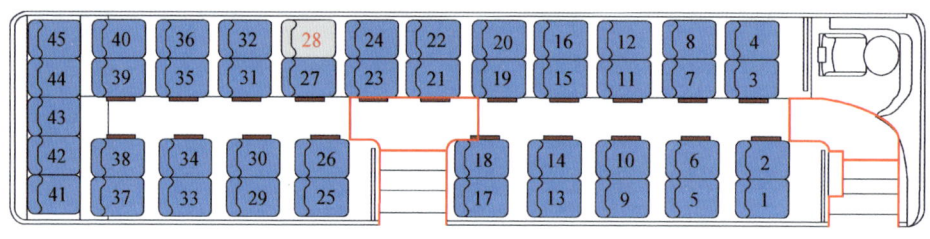

图 8-8 客车座椅布局及编号

步中部,参考行人在楼梯平台转换处近似做半径为 50 cm 的 1/4 圆周运动,假设乘客做 1/4 圆周运动,简化乘客运动轨迹,在测量区域设置摄像头以采集乘客运动数据,如图 8-9 所示。其中图 8-9 中 O 点为扶手,蓝色轨迹线为简化后乘客的运动轨迹。试验车踏步尺寸见表 8-6。

表 8-6 踏步尺寸　　　　　　　　　　　　　单位:cm

车门	踏步							
	一级踏步		二级踏步		三级踏步		四级踏步	
	高	深	高	深	高	深	高	深
前门	40	31	26	23.5	26	23.5	20	
后门	40	25	32	25	32	21	32	

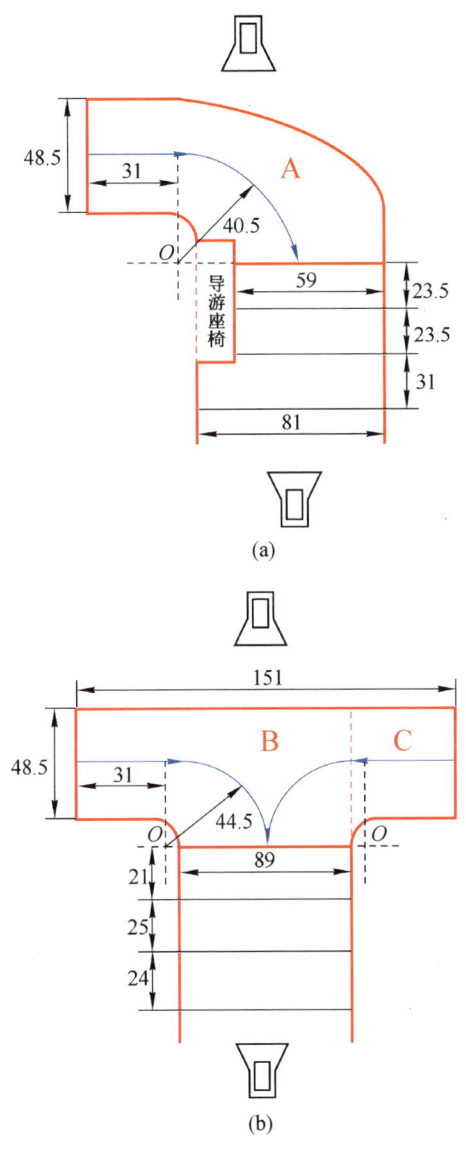

图 8-9　测量区域(单位:cm)
(a) 前门;(b) 后门

踏步前测量区域面积与路径长度见表 8-7。

在试验车内搭建车载录像系统同步采集所有乘客的运动数据,录像视频帧率为 25 帧/s,通过视频逐帧分析,获取乘客疏散时间、流量、速度、密度等数据。

表 8-7 通道区域的面积与路径长度

区　　域	面积/m²	长度/m
A	0.6	0.95
B	0.72	1.01
C	0.15	

踏步长度通过下式进行简化计算：

$$L_\mathrm{s} = \sum_{i=1}^{n} \sqrt{t_i^2 + r_i^2} \tag{8-3}$$

式中　n——踏步级数；

　　　t_i、r_i——第 i 级踏步的深度、高度。

获得乘客通过每个测量区域所消耗的时间 ΔT，并通过下式计算乘客在每个测量区域的平均速度：

$$V = \frac{\Delta D}{\Delta T} \tag{8-4}$$

式中　ΔD——乘客行走的路径长度。

密度定义为每平方米的乘客数，可通过下式计算：

$$d = \frac{N}{S} \tag{8-5}$$

式中　N——在测量区域内的乘客数；

　　　S——测量区域面积。

其中与每个速度 V 相对应的密度是在 ΔT 时间内的平均密度。

8.3.2　乘客个体疏散时间分布规律

疏散时间是评价公共交通工具紧急疏散系统效率的重要指标。统计试验 1 中每次试验的乘客疏散时间及出口选择，获得客车内不同位置乘客的疏散时间与出口选择分布规律，如图 8-10 所示。

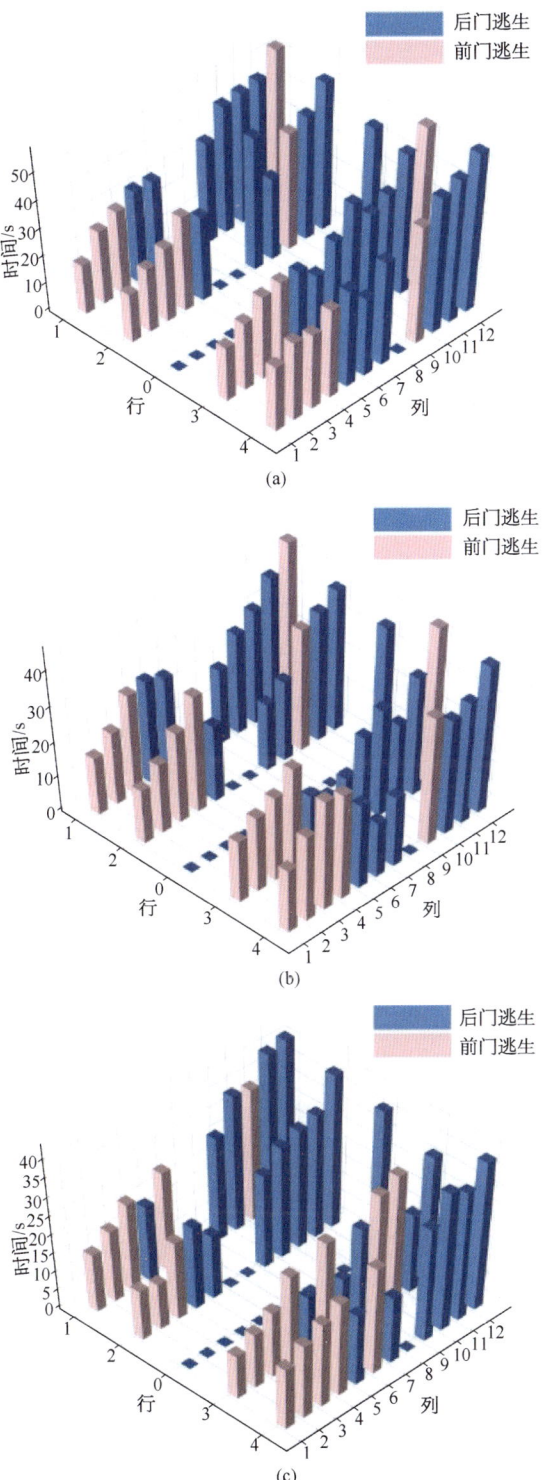

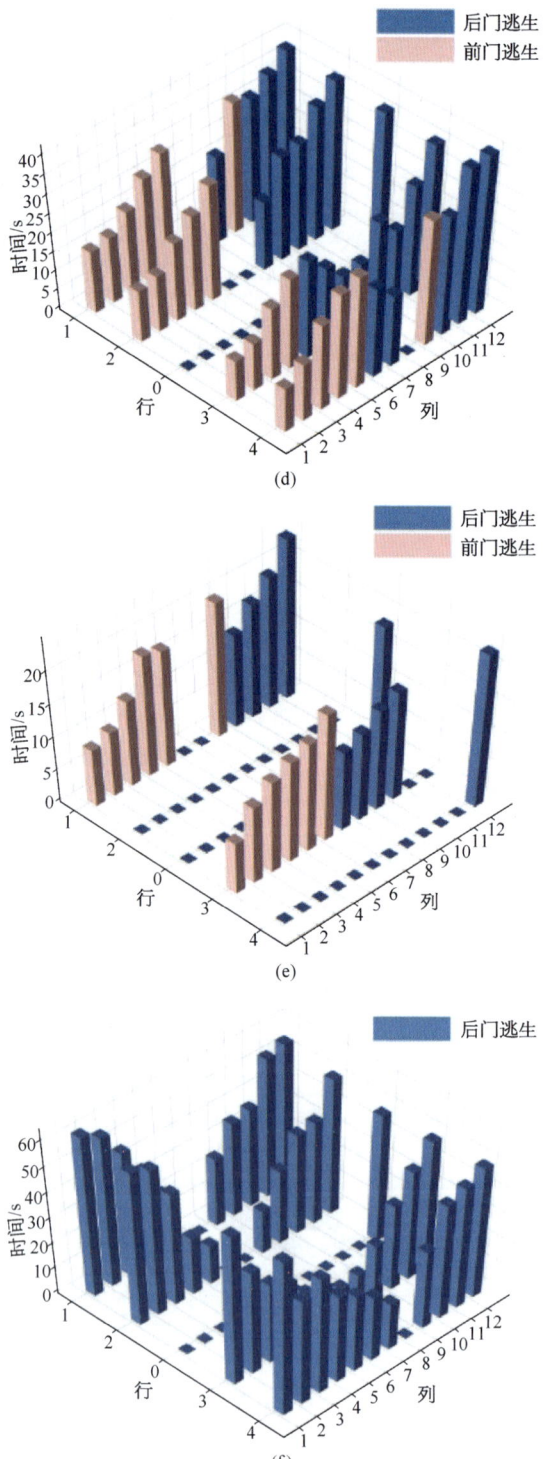

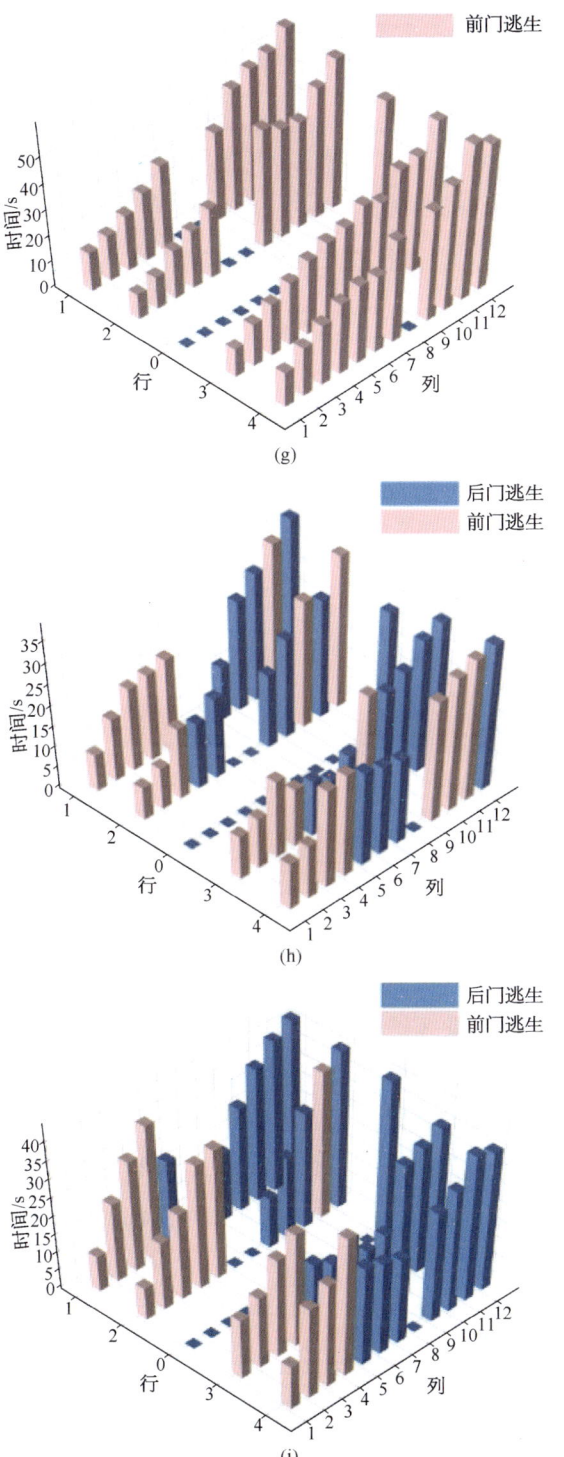

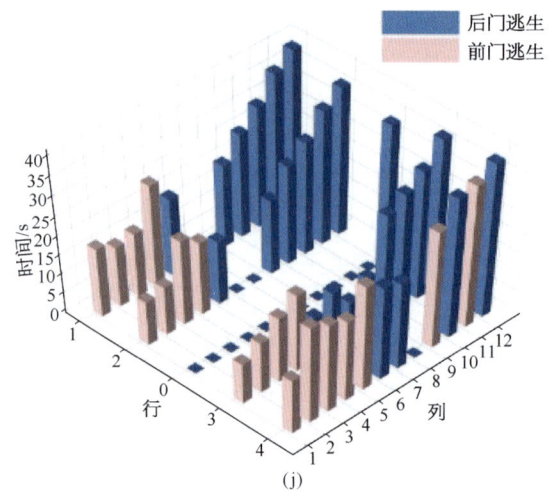

图 8-10 客车内不同位置乘客的疏散时间与出口选择
(a) 试验 1;(b) 试验 2;(c) 试验 3;(d) 试验 4;(e) 试验 5;(f) 试验 6;(g) 试验 7;(h) 试验 8;(i) 试验 9;(j) 试验 10

图 8-10 中,"行"代表客车座位行数(0 代表过道),"列"代表客车座位列数,如(1,1)表示 1 号座位。

从乘客疏散安全的角度出发,不同场景、不同位置处乘客的疏散风险不同,疏散时间越长,则疏散风险越大。由图 8-10 可知,客车内靠通道侧乘客的疏散风险小于靠窗侧乘客的疏散风险;在仅有一个车门可用时(试验 6、7),乘客疏散风险随座位距出口距离的增加而增加,所有场景中试验 6 的总疏散时间最长,为 63 s,表明大角度汇流下,乘客间的摩擦、竞争等相互作用会显著降低乘客疏散效率;在前、后门均可用的试验中(试验 1、2、3、4、5、10),疏散初始阶段,距离是乘客选择出口的主要依据,相同距离半径内的乘客会争先涌向同一出口产生快即是慢效应,这种现象在具有乘客汇流的后门更明显,使后门出口附近乘客的疏散时间明显高于前门出口附近乘客的疏散时间,并导致车厢后部乘客疏散时间明显高于其他乘客。为减少汇流对乘客疏散的影响,降低车厢后部乘客疏散风险,大型客车应在车厢后部增设应急逃生门。

8.3.3 乘客疏散行为速度-密度关系

速度-密度关系是描述行人在不同密度下运动效率的基本关系。考虑后门存在乘客汇流,将后门疏散场景分为汇流阶段、单向流阶段,如图 8-11 所

第 8 章　客车乘客疏散决策和运动行为研究

(a)

(b)

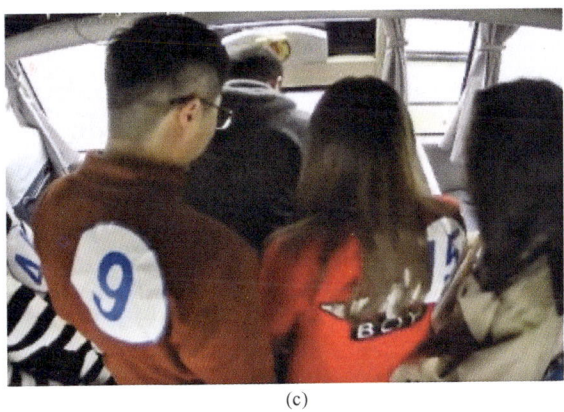

(c)

图 8-11　乘客疏散场景分类
(a) 前门单向流；(b) 后门单向流；(c) 后门汇流

示。后门两个阶段分别以通道区域 B+C、B 为测量区域，前门以 A 为测量区域，统计获得测量区域内乘客速度-密度关系图，如图 8-12 所示。

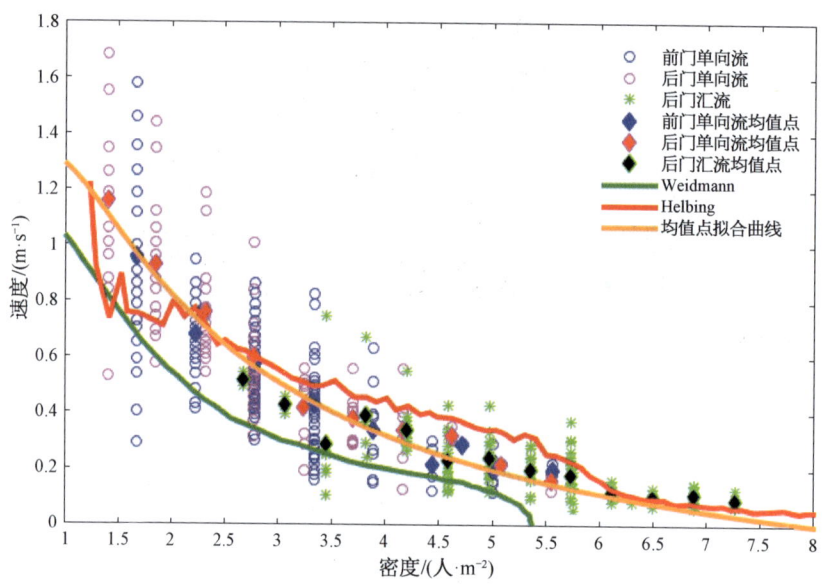

图 8-12　测量区域速度-密度关系

总体上，随密度增加，乘客运动速度降低。前、后门单向流场景的密度范围为 1.39~5.5 人/m^2；后门汇流阶段密度范围为 2.7~7.3 人/m^2。疏散过程中，乘客最大密度为 7.3 人/m^2，相对应的平均速度为 0.1 m/s。

将所得速度-密度关系与前人的研究结果进行对比，结果表明相同密度下本节的速度大于 Weidmann 的结果。值得注意的是，Armin Seyfried 等在正常、自然的行人运动试验中所获得的速度-密度关系与 Weidmann 的结果十分相近，而本次试验要求乘客以最快的速度逃出车外。本节结果与 Helbing 的相近，但在低密度 1.39~2.3 人/m^2 时，本节的速度更大，中高密度 3.3~5.5 人/m^2 时，则相反。经研究发现，低密度下乘客会借助扶手移动，以提高运动速度；而在中高密度时，由于通道外为踏步，且人群拥挤导致乘客无法观察到前方区域（图 8-11），这将导致乘客运动速度比 Helbing 所统计的朝圣人群在广场及街道的运动速度低。

后门汇流阶段乘客的密度高、变化范围大，且运动速度低，是客车疏散过程的瓶颈阶段，且现代大型长途客车为增加行李舱容量，多采用更高的地板设计,导致踏步高度增加,会进一步降低乘客疏散效率。

根据速度-密度关系经典拟合公式对试验观测密度范围内的速度-密度关系进行拟合,拟合结果如式(8-6)和图 8-12 所示。

$$y = v_{\text{free}} \cdot \left\{ 1 - \exp\left[-A\left(\frac{1}{\rho - B} - \frac{1}{\rho_{\max} - B} \right) \right] \right\}, \ 1 \text{ m/s}^2 < \rho_{\max} < 8 \text{ m/s}^2 \tag{8-6}$$

其中,$v_{\text{free}} = 1.34 \text{ m/s}$,参考文献得到 $A = 1.81$,$B = 0.476$,$\rho_{\max} = 8 \text{ m/s}^2$,根据试验中过道内乘客最大密度取得 $R^2 = 0.96$。

8.4 基于问卷调查的乘客疏散行为

考虑实车试验的成本较高、潜在风险较大,采用图形问卷的形式研究紧急逃生情况下乘客的出口选择行为。分析亲情行为、队列人员组成、驾驶员引导、障碍物、位置、拥堵、危险、年龄、性别对乘客出口选择行为的影响,并进一步分析乘客的受教育程度对返回行为的影响。

通过对 200 多起事故案例分析,发现由于缺乏培训、恐慌等,逃生过程中客车内逃生锤的使用率十分低,大部分乘客都会选择从车门逃生,同时为了减少研究变量,本次问卷主要研究理想条件下乘客从车门逃生时的出口选择行为,不考虑乘客受伤和从侧窗、逃生天窗等其他出口逃生的行为。这种理想条件下的出口选择行为虽然与真实情况下的出口选择行为具有一定差异,但能在一定程度上反映乘客的出口选择特征,对客车结构设计和疏散方案的制定具有重要意义。

8.4.1 乘客疏散行为图形问卷设计

问卷的背景是一个具有两个车门的大型客车,布置有 49 个座椅,共 25 排,如图 8-13 所示。

为了保证试验群体能够充分理解问卷的内容,随机选择乘客进行了多次

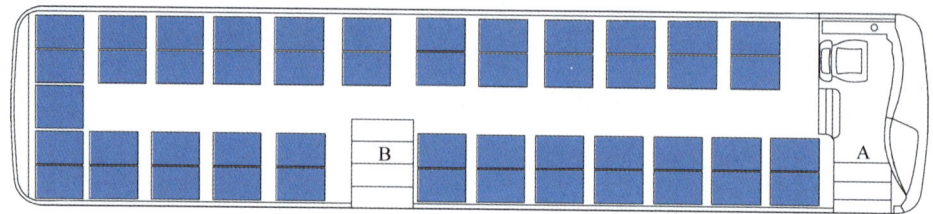

图 8-13 问卷中客车的布局

预试验。每次预试验分别在 20~30 岁、30~40 岁、40~50 岁、50~60 岁、60~70 岁五个年龄段随机选择一名乘客进行问卷调查,并根据被试提出的问题与意见修改问卷内容,多次重复以上过程,直到参与预试验的乘客可以完全理解问卷内容,并独立完成为止。最后形成的问卷一共包含 15 种场景,如图 8-14 所示,问卷内容见表 8-8。

表 8-8 问卷内容

1. 基本信息
姓名:_____ 性别:_____ 年龄:_____
您的受教育程度( )
A. 初中及以下　　B. 高中　　C. 专科　　D. 本科及以上

2. 问卷简介
本次问卷共有 15 张图,分别代表 15 种客车紧急逃生场景,图中内容的基本含义为:<u>您所在的客车发生了事故,您需从图中所描述的场景中尽快逃生。</u>
各图均为一个具有两个车门的客车(俯视),其中前门用 A 表示,后门用 B 表示;黄色与橙色的图形为简化的乘客(俯视),由红色圆环圈起来的个体代表您,其余个体代表车内的其他乘客;各个个体在图中的位置代表乘客在当前场景中的位置,不同的图代表不同的场景。

3. 您的任务
(1) 在 <u>1~14 号图中,选择您在这种真实场景下最可能或最想选择的逃生出口</u>,即 A 出口或 B 出口,并给出相应的理由(<u>如距离更近、A 或 B 更拥挤、希望和亲人一起逃生、A 或 B 更危险等</u>),将选择出口的字母(A 或 B)及选择理由写在对应的表格内对应的位置处。
(2) 在<u>第 15 号图中,您逃出客车后,突然发现您的一件十分贵重的物品落在了车内的座椅上</u>,此时您需根据图中场景<u>在以下选项中选择您在这种真实场景下最可能/最想的做法</u>,需要注意的是,在事故场景中,您的贵重物品随时都可能遭受损坏,且您等待的时间越长,贵重物品损坏的概率越大。
① 您是否会回去取贵重物品?(单选)
A. 会　　B. 不会
② 如果您在①中选择了答案 A,您会在什么时候返回车内取贵重物品?(如果在①中选择了答案 B 则不需要回答此问题)(单选)
A. 立刻返回车内,取落下的贵重物品
B. 在车内所有乘客离开后返回,取落下的贵重物品
C. 在救援活动结束后返回,取落下的贵重物品

续表

4. 问卷要求
（1）您需认真理解每个图中的场景，并独自完成本次问卷。
（2）您必须在每个图中选择出您最可能或最想的逃生出口，并给出相应的理由。
（3）您在对某一幅图做出选择时，只需考虑图中所表达的当前场景，以及您和其他乘客的当前位置，不考虑完成问卷的未来状态，即不考虑您做出某个选择后所发生的任何事情，其中包括场景及您和其他乘客位置的变化。
（4）您在完成问卷过程中，只能按顺序从前往后完成，中途不得翻阅前面已完成的问题，更不能对前面已完成的问题进行修改，请大家务必遵守本条要求，否则本次问卷将失去意义。

8.4.2 乘客疏散行为试验人员选择

大型客车运营范围广，其服务对象是典型的异质群体。为了获得更符合实际的结果，问卷调查必须考虑乘客群体的异质性。因此，邀请 150 名年龄在 20~70 岁，覆盖从小学到硕士及以上受教育程度的乘客参与问卷调查。所有被试均坐在与问卷背景布局相同的客车内完成问卷，最后获得了 134 份有效问卷。完成问卷的试验人员基本信息如图 8-15 所示。

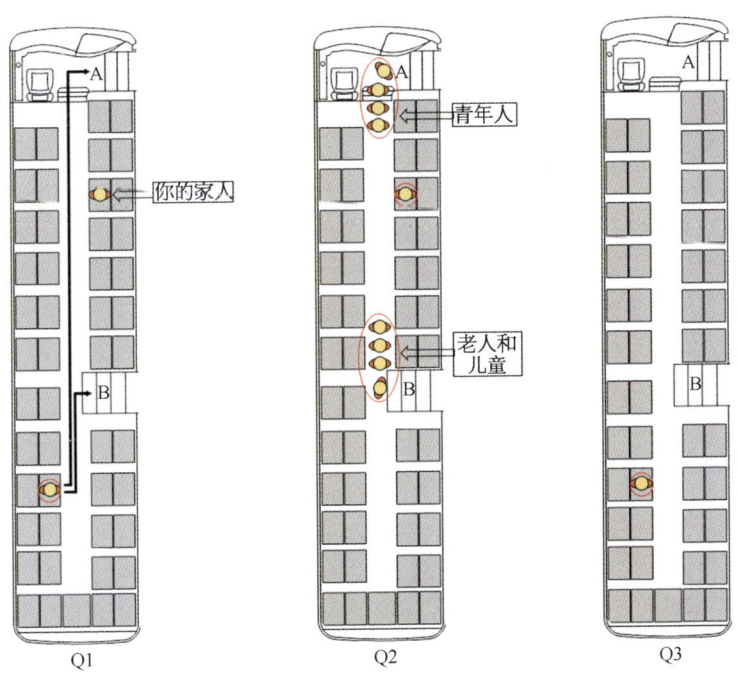

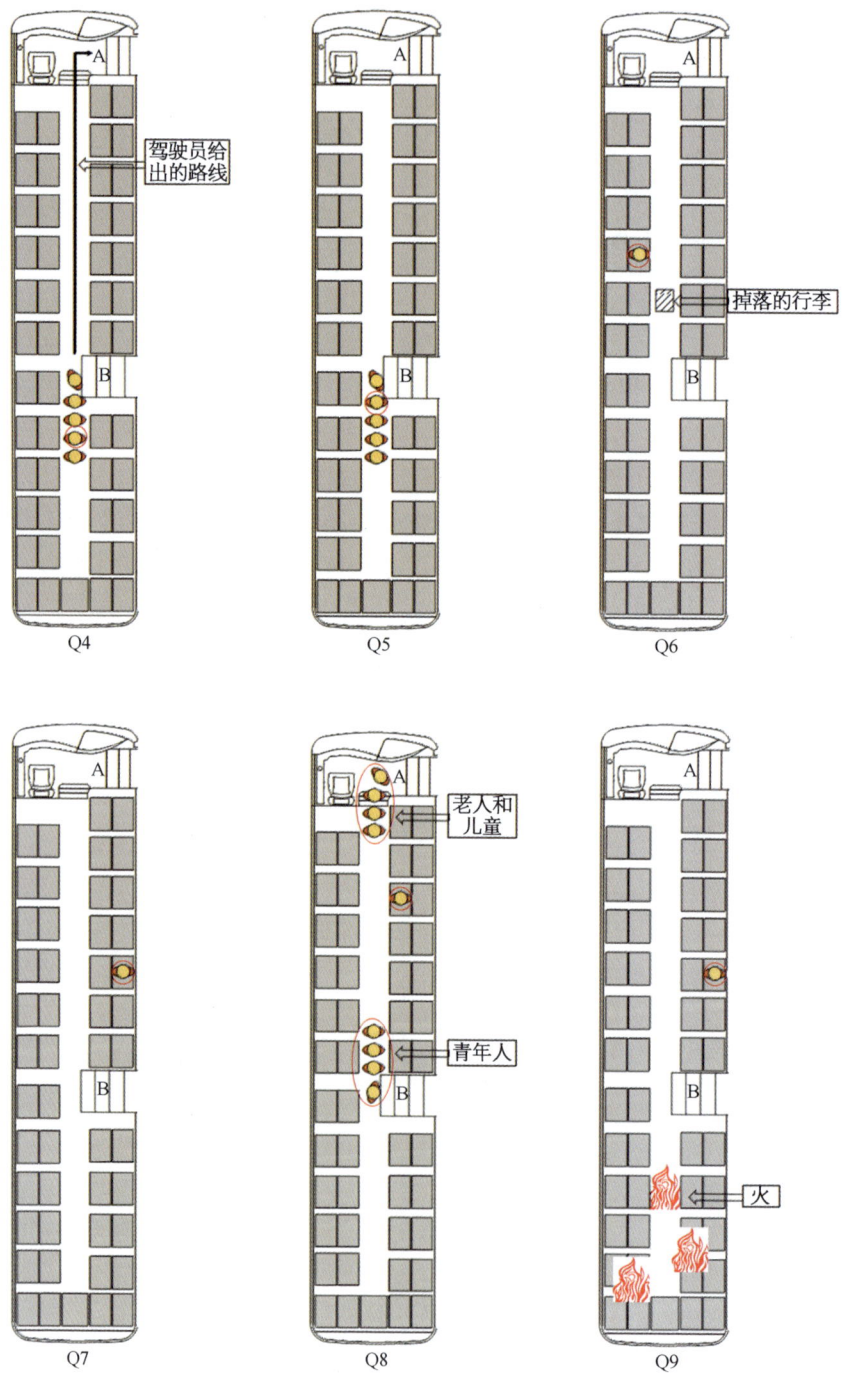

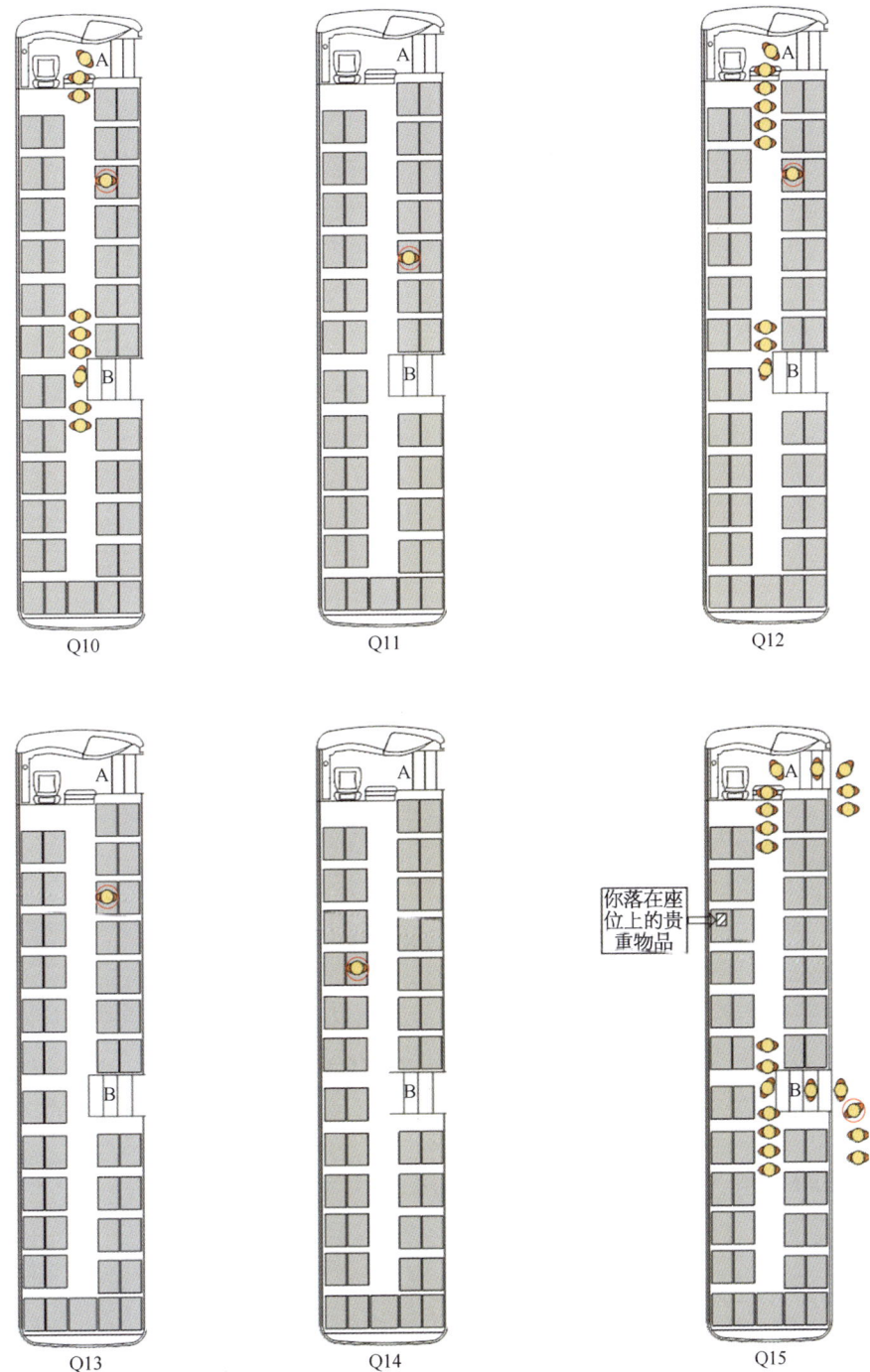

图 8-14 问卷中的 15 种场景

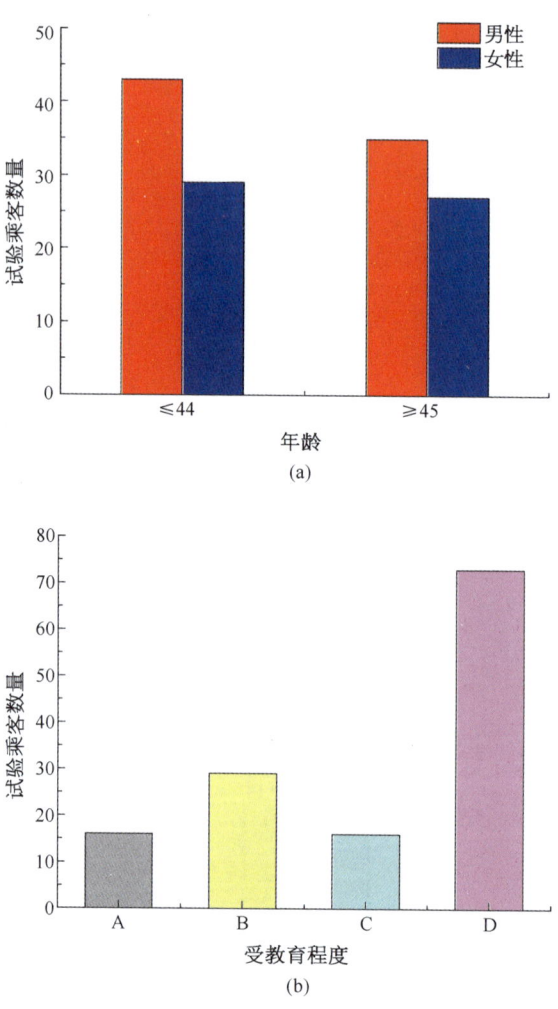

图 8-15 完成问卷的试验人员基本信息
(a) 试验人员年龄分布;(b) 试验人员受教育程度

8.4.3 乘客疏散行为数据处理与结果分析

为了分析亲情行为、队列人员组成、驾驶员引导、障碍物、位置、拥堵、危险、年龄、性别对乘客出口选择行为的影响和乘客的受教育程度对返回行为的影响,采用 SPSS 对问卷数据进行统计分析。

采用配对 t 检验分析亲情行为、队列人员组成、驾驶员引导、障碍物、位置、拥挤、危险对乘客出口选择行为的影响,原假设为亲情行为、队列人员组成、驾驶员引导、障碍物、位置、拥堵、危险对乘客出口选择行为无显著影响。结果见表8-9。

表8-9 统计结果

因 素	题目	出口A	出口B	均值	份数	SD	P值	是否接受原假设
驾驶员引导	Q4	53	79	1.60	131	0.491	<0.001	拒绝
	Q5	13	119	1.90	131	0.300		
亲情行为	Q1	78	56	1.42	133	0.496	<0.001	拒绝
	Q3	1	132	1.99	133	0.087		
队列人员组成	Q2	83	49	1.37	132	0.485	<0.001	拒绝
	Q8	48	86	1.65	132	0.478		
危险	Q7	34	97	1.74	131	0.440	<0.001	拒绝
	Q9	123	11	1.08	131	0.267		
拥堵	Q10	129	3	1.02	131	0.150	<0.001	拒绝
	Q12	0	132	2.00	131	0.000		
位置	Q11	25	108	1.81	132	0.393	<0.001	拒绝
	Q13	133	1	1.00	132	0.000		
障碍物	Q6	117	14	1.11	131	0.310	<0.001	拒绝
	Q14	26	108	1.80	131	0.400		

表8-9显示,在99.9%的置信水平下拒绝所有检验的原假设,这表明以上七个因素都对乘客的出口选择行为具有显著影响。

对于年龄、性别和受教育程度,分别采用独立样本t检验评价其显著性。分析前先对数据进行预处理,分别根据因素(即年龄、性别、受教育程度)将数据分成两组。根据性别将乘客分为两组,组1为女性,组2为男性;对于年龄因素,将18~44岁的乘客标识为组1,45~70岁的乘客标识为组2;对于受教育程度,将高中及以下文化水平的乘客划分为组1,其余乘客为组2。分析结果见表8-10。

表 8-10 年龄、性别和受教育程度的统计分析结果

题目	性别	均值	P 值	年龄	均值	P 值	受教育程度	均值	P 值
Q1	女性	1.39	0.621	18~44	1.46	0.31	高中及以下	1.36	0.297
	男性	1.44		≥45	1.37		高中以上	1.45	
Q2	女性	1.45	0.100	18~44	1.30	0.055	高中及以下	1.45	0.174
	男性	1.31		≥45	1.46		高中以上	1.33	
Q3	女性	1.98	0.322	18~44	2.00	0.321	高中及以下	1.98	0.323
	男性	2.00		≥45	1.98		高中以上	2.00	
Q4	女性	1.58	0.744	18~44	1.58	0.598	高中及以下	1.68	0.163
	男性	1.61		≥45	1.62		高中以上	1.56	
Q5	女性	1.94	0.144	18~44	1.90	0.958	高中及以下	1.88	0.637
	男性	1.87		≥45	1.90		高中以上	1.91	
Q6	女性	1.09	0.661	18~44	1.13	0.427	高中及以下	1.09	0.722
	男性	1.12		≥45	1.08		高中以上	1.11	
Q7	女性	1.72	0.693	18~44	1.68	0.064	高中及以下	1.86	0.016
	男性	1.75		≥45	1.82		高中以上	1.68	
Q8	女性	1.61	0.482	18~44	1.68	0.317	高中及以下	1.58	0.275
	男性	1.67		≥45	1.60		高中以上	1.67	
Q9	女性	1.04	0.074	18~44	1.08	0.955	高中及以下	1.11	0.388
	男性	1.12		≥45	1.08		高中以上	1.07	
Q10	女性	1.02	0.769	18~44	1.01	0.476	高中及以下	1.05	0.317
	男性	1.03		≥45	1.03		高中以上	1.01	
Q11	女性	1.84	0.496	18~44	1.77	0.236	高中及以下	1.91	0.018
	男性	1.79		≥45	1.85		高中以上	1.76	
Q12	女性	2.00		18~44	2.00		高中及以下	2.00	
	男性	2.00		≥45	2.00		高中以上	2.00	

续 表

题目	性别	均值	P值	年龄	均值	P值	受教育程度	均值	P值
Q13	女性	1.00		18~44	1.00		高中及以下	1.00	
	男性	1.00		≥45	1.00		高中以上	1.00	
Q14	女性	1.84	0.412	18~44	1.75	0.073	高中及以下	1.87	0.181
	男性	1.78		≥45	1.87		高中以上	1.78	
Q15	女性	1.50	0.467	18~44	1.54	0.049	高中及以下	1.27	0.001
	男性	1.44		≥45	1.37		高中以上	1.56	

表 8-10 显示,性别和年龄对乘客的出口选择和返回行为无显著影响,不同受教育程度的乘客在逃生时面对物品落在车内的突发情况的表现具有显著差异。统计分析表明,在这种情况下,受教育程度较低的乘客更倾向于返回事故客车取贵重物品,表现出明显的返回行为。这种行为可能会危害返回的乘客安全,并可能影响车内乘客的正常逃生。因此,客运企业应定期对乘客开展安全教育,减少这种行为。

本章通过问卷调查与实车疏散试验相结合的方式,对多种客车疏散场景下的乘客疏散决策与运动行为开展研究,采用统计学方法量化分析了相关车辆结构因素、乘客心理与生理因素、外部环境因素的影响,揭示了其中的关键制约因素及其影响机理,为后续客车安全窗、下翻式逃生窗、疏散引导系统等智能逃生辅助装备的设计与开发提供了试验数据支持和理论支撑,并进一步为客车一体化自主救援系统的搭建奠定基础。

第 9 章
面向司乘人员逃生需求的客车结构新技术

针对客运车辆碰撞交通事故中车身骨架在碰撞或侧翻后产生大变形,挤压原有车门立柱框架,导致车门无法正常开启,阻碍逃生空间的问题,围绕对应用于客车大开口部位立柱及前后保险杠的负泊松比材料的变形与抗冲击特性进行研究。

本章基于有限元分析与试验相结合的方法分别对双箭头结构、内凹六边形结构、星形结构及四手性结构负泊松比材料的变形模式及能量吸收能力进行研究。基于双箭头负泊松比结构,设计一种新型能量吸收装置,采用试验与有限元分析互为验证的方法研究新型吸能装置的耐撞性能,并对其结构进行优化设计。基于经典负泊松比结构,设计一种新的内凹-反手性负泊松比结构。基于一维冲击理论,研究动态冲击载荷下内凹-反手性负泊松比结构的变形模式及抗冲击性能。通过对星形-三角形结构的设计,将其作为填充材料填充至客车的吸能装置、立柱及安全门中,并对其耐撞性能进行分析。本章设计的新型负泊松比结构具有优异的抗冲击性能,可显著提高车身的碰撞安全性能,保护乘员的生命安全。

9.1 负泊松比结构定义及基本类型

9.1.1 负泊松比结构定义

泊松比的定义是在材料受到纵向拉压时,材料横向应变与其纵向应变比值的相反数。大多数材料的泊松比是正值,即材料在纵向受拉时其横向发生收缩[图9-1(a)],在纵向受压时其横向发生膨胀。如果材料的泊松比为负值,则意味着材料在纵向受拉时其横向发生膨胀[图9-1(b)],在纵向受压时其横向发生收缩。拥有这种受拉时横向膨胀（或受压时横向收缩）特性的材料（或结构）被称作负泊松比材料（或负泊松比结构）。

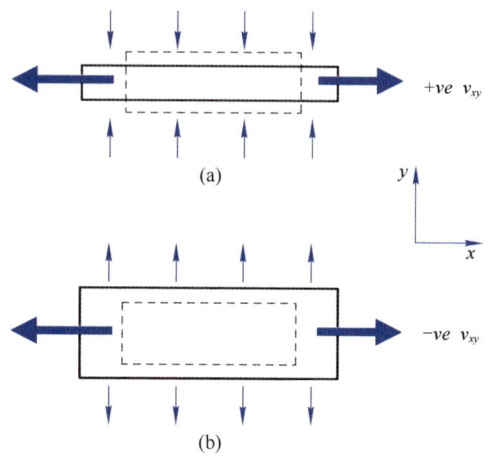

图9-1　正泊松比材料和负泊松比材料在拉伸载荷作用下的变形
（虚线表示变形前，实线表示变形后）
（a）正泊松比材料；（b）负泊松比材料

负泊松比材料具有很多新颖、独特的性质，例如孔隙率/通透性随应变可变性、同向弯曲特性等。另外，与普通材料相比，负泊松比材料的许多力学性能得到了增强，例如剪切模量、抗冲击性能、断裂韧性、吸能特性等。负泊松比还是一种与尺度无关的性质，即在宏观或者微观水平，甚至是介观（纳观）和分子水平都能获得负泊松比性质。负泊松比材料的优良特性和其涵盖的尺度决定了其具有广阔的应用前景。负泊松比材料潜在应用领域包括汽车工业（如车辆防爆、吸能盒、减振器、免充气轮胎、安全带等）、航空航天（如可变体机翼、太空可展开结构）、船舶海洋工业（如船舶减振降噪、舰艇防护）、生物医药、纺织服装、传感器及其他一些领域。

9.1.2　负泊松比结构基本类型

近几十年来，对负泊松比材料的研究日渐增强的原因有两个：其一是负泊松比材料在实际应用中的最终用途；其二是尝试发现导致负泊松比性能这一反常行为的根本机理，简单的理论模型能够帮助正确认识材料产生负泊松比性能的原理。许多学者为解释负泊松比材料产生负泊松比的机理，建立了一系列结构模型,这些结构包括负泊松比泡沫结构、内凹多边形结构、手性结构、旋转多边形结构、微观负泊松比结构、负泊松比复合材料结构等。

1) 负泊松比泡沫结构

Lakes 将普通泊松比为 0.4 的聚氨酯泡沫放入铝制模具中进行压缩,然后再对其进行加热、冷却和松弛处理,制成了泊松比为 -0.7 的聚氨酯泡沫。自此,负泊松比泡沫结构的研究开始活跃起来。此后,Martz 把低密度聚乙烯泡沫放入一个特定设计的圆筒形密闭室内,用烘箱辅助加热,同时加热和加压一定时间,之后抽真空保持一段时间,再引入空气使其变回常压(即大气压),可使聚乙烯泡沫产生负泊松比的凹形结构。通过研究发现这类结构呈现负泊松比性质均是因其具有特殊的内凹结构形式的特性。图 9-2 是正负

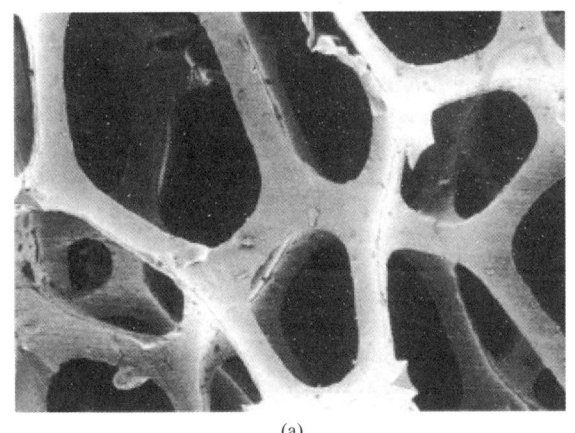

(a)

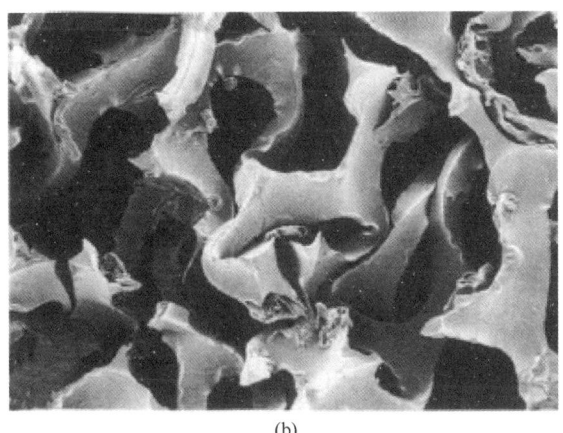

(b)

图 9-2 正负泊松比泡沫微观结构形式
(a)正泊松比泡沫微观结构形式;(b)负泊松比泡沫微观结构形式

泊松比泡沫结构的微观结构形式。

2）内凹多边形结构

内凹六边形结构源自常规六边形蜂窝结构，不同之处在于内凹六边形左右两侧呈内凹结构。早期的内凹六边形结构由多个刚性杆通过铰链连接而成，因此更确切地说是一种刚性杆组机构。随着对内凹结构认识的不断深入，人们通过改变多边形拓扑结构及内凹结构的数量，相继提出了双箭头内凹结构及星形内凹结构，如图9-3所示。在不改变多边形结构的前提下，还可以通过改变其胞壁形状得到一类曲线内凹多边形结构。三维内凹结构的提出则大多建立在二维内凹多边形结构的基础上，采用旋转、反转、阵列、栅格等方式将二维内凹结构映射至三维立体结构（四面体、六面体、八面体等）的方法可迸发出很多新奇的三维内凹结构。

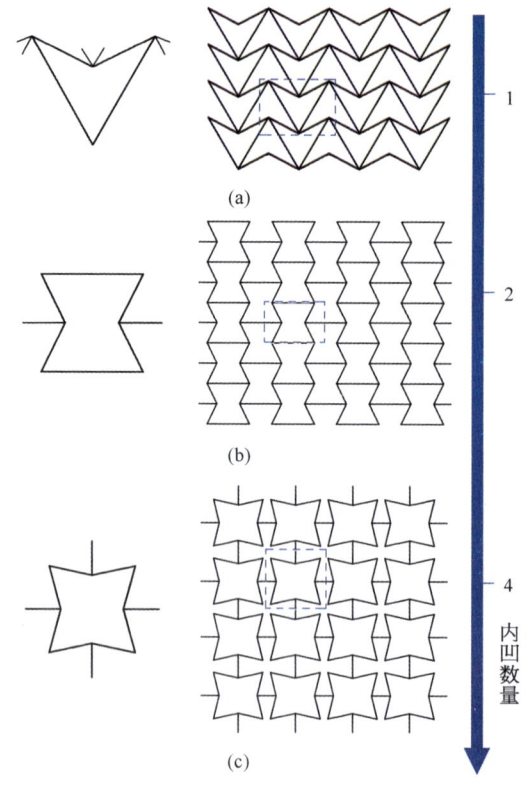

图9-3 内凹多边形结构

（a）双箭头内凹结构；（b）内凹六边形结构；（c）星形内凹结构

3）手性结构

手性结构是另一种被广泛研究的胞状负泊松比结构,Lakes 首次提出手性六角微观结构可具有负泊松比特性。"手性"这个词最初是指物体不能与本身的镜像重合,就像人的左右手,因此称为手性结构。基本手性单元是通过将直线链(杆)沿切线方向连接到中心刚性节点形成的。根据每个刚性节点连接的切线杆的数量,可将手性结构分为三切向杆手性结构、四切向杆手性结构和六切向杆手性结构等,通过手性单元的平移阵列可以得到手性结构,如图 9-4 所示。将手性单元通过镜像组合可形成反手性结构,如图 9-5 所示。其产生负泊松比效应的机理是:当结构横向受到压力时,刚性节点受力旋转,切向杆也随之旋转收缩产生负泊松比效应。此外,还有手性结构的变体——变换手性结构。变换手性结构是"手性"结构和"反手性"结构之间的过渡结构,如图 9-6 所示。系统中所有连杆以切线方式从圆上凸出连接到节点形成"手性"单元,但是这些切线杆并不是旋转对称的,其排列顺序与每个圆上附着的杆的数量有关。

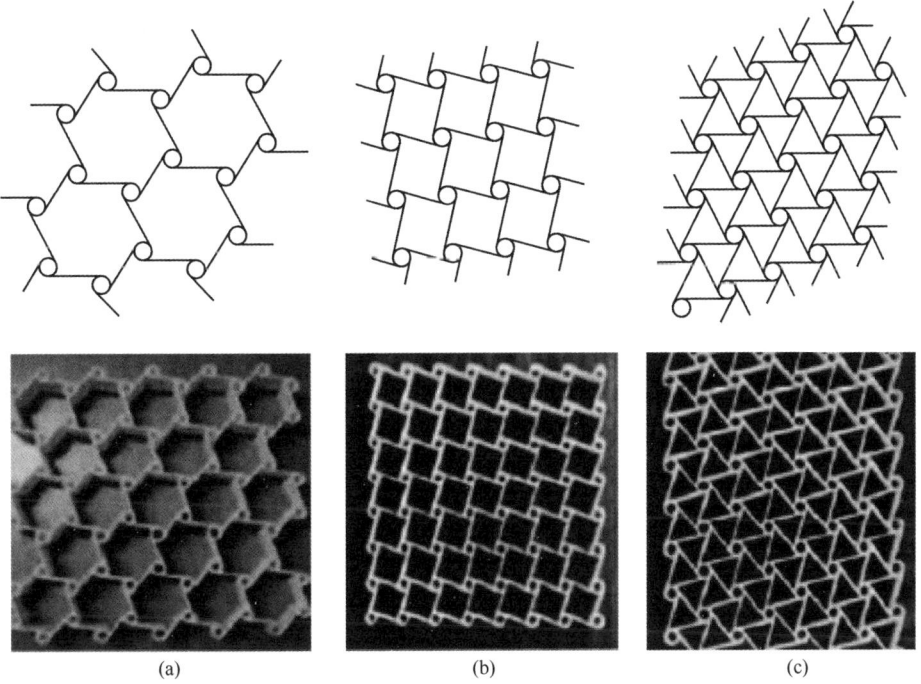

图 9-4 手性结构
(a) 三切向杆;(b) 四切向杆;(c) 六切向杆

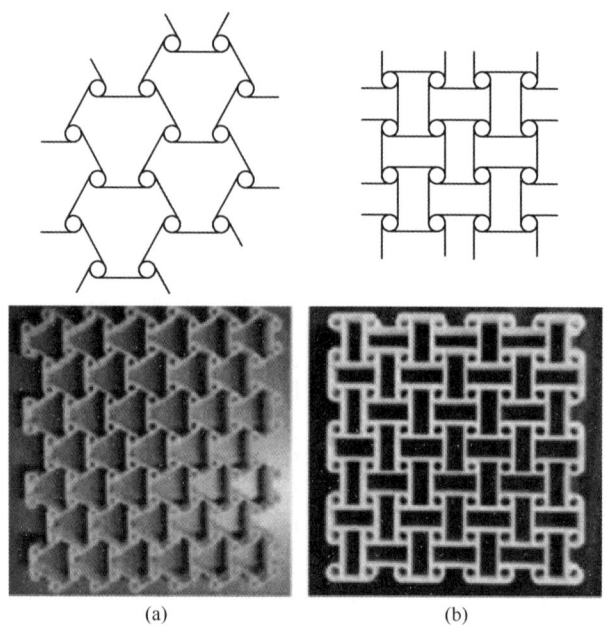

图 9-5 反手性结构
(a) 三切向杆；(b) 四切向杆

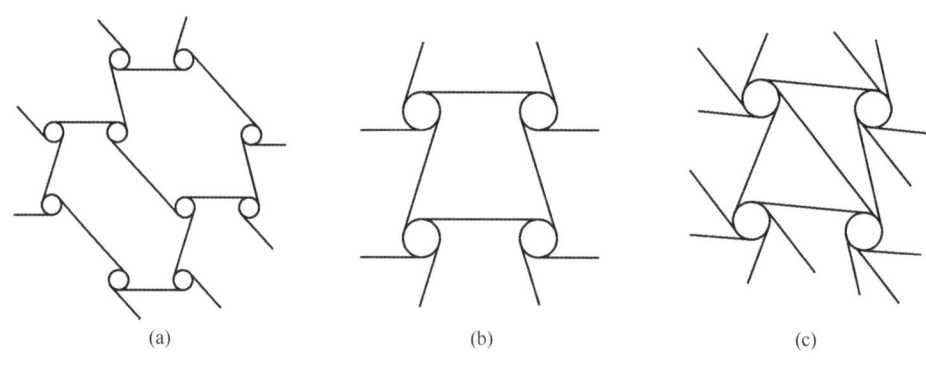

图 9-6 变换手性结构
(a) 三切向杆；(b) 四切向杆；(c) 六切向杆

4）旋转多边形结构

旋转多边形结构通过在特定的顶点连接刚性的或者半刚性的三角形、正方形、矩形和四面体以产生负泊松比行为，如图 9-7 所示。这些顶点可以铰接也可以用弹簧连接。负泊松比效应源自三角形、正方形、矩形和四面体在载荷作用下的旋转。

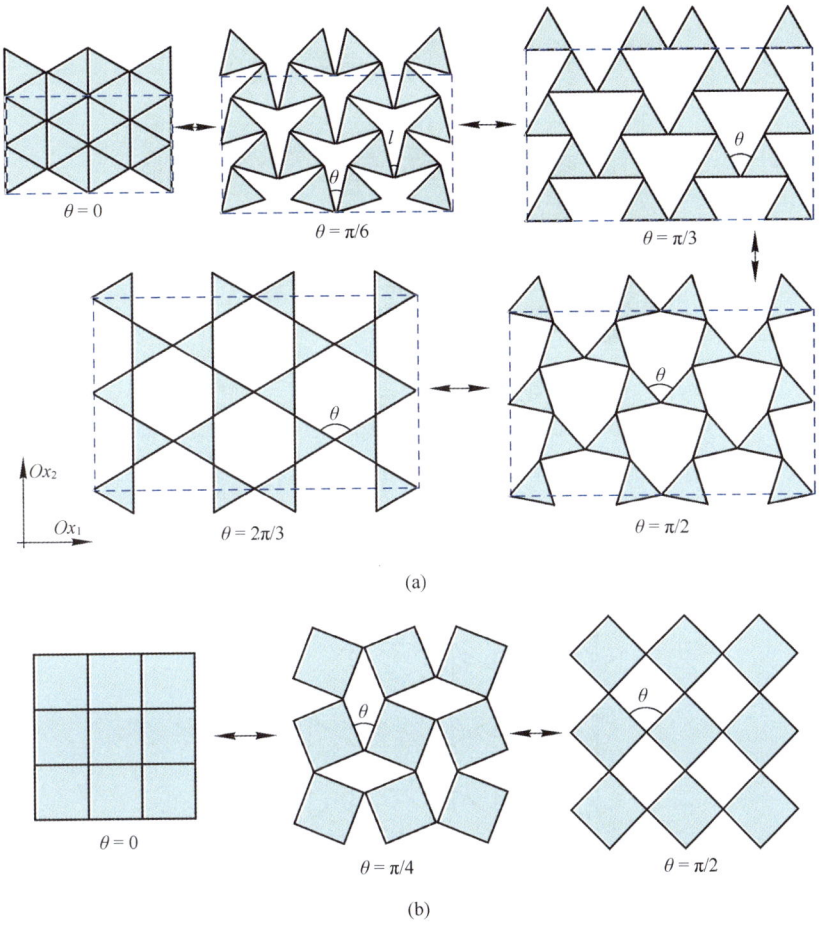

图9-7 旋转多边形结构

5) 微观负泊松比结构

1989年,Caddock和Evans发现一种展开式的微孔聚四氟乙烯(PTFE)表现出了负泊松比性质,形态学研究和分析模型表明微孔聚四氟乙烯的负泊松比特性源自微结构而不是聚四氟乙烯本身固有特性。该微结构是由通过纤维互相连接的三维颗粒阵列组成的,如图9-8(a)所示。Alderson等提出了一个简化模型用于分析负泊松比聚四氟乙烯,如图9-8(b)所示。在该模型中,在外加拉伸载荷的作用下,纤维在伸长的同时绕着其与节结相连的节点转动,从而引起结构的负泊松比性质。

分子水平上的负泊松比材料设计和合成是现在负泊松比材料研究中一个热门的研究方向。Evans等提出了基于内凹蜂窝几何形状的分子网状负泊松比结

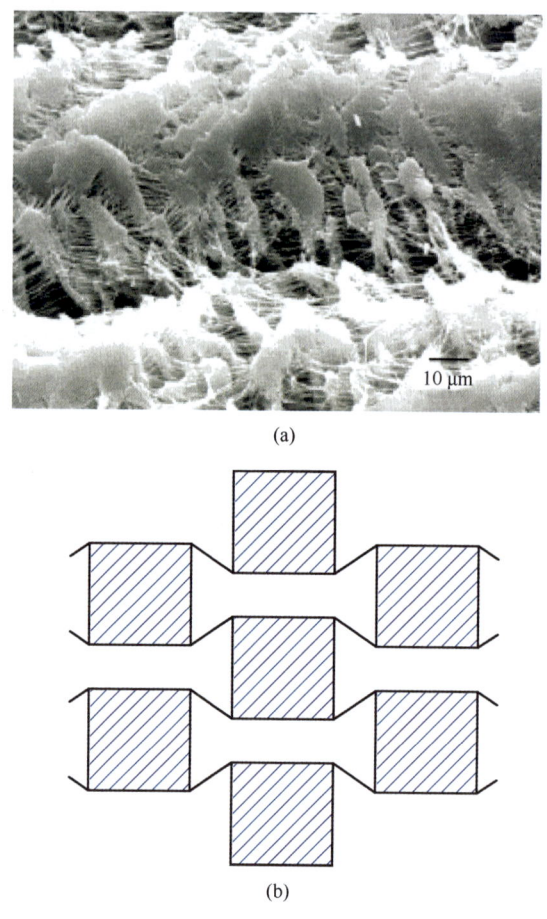

图 9-8 微孔聚四氟乙烯
（a）负泊松比聚四氟乙烯微结构扫描电镜照片；（b）节结-纤维模型

构。但是由于存在严重的交叉结合反应,这种分子水平的负泊松比结构很难合成。Griffin 课题组合成了一种新的分子负泊松比聚合物。在拉伸载荷作用下,主链中驱动杆方向的重新排列被认为是产生负泊松比的原因,如图 9-9 所示。

6）负泊松比复合材料结构

Miller 提出了一种新型的负泊松比螺旋纱线结构,这也是首次成功制备的负泊松比纤维复合材料。这种结构由不同粗细、不同刚度的两种纱线按照螺旋状缠绕在一起（图 9-10),初始时较粗的弹性内核平直,较细的高刚度包裹螺旋缠绕,此时结构的水平长度为弹性内核的长度,受到拉伸载荷时,较细的包裹和较粗的内核都伸长,但是高刚度的包裹沿侧向与内核的变形匹配,

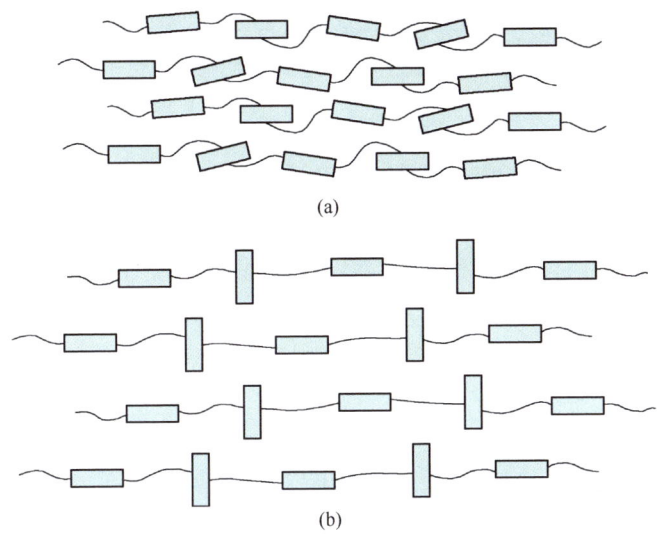

图 9-9 液晶聚合物分子模型
(a) 变形前；(b) 受横向拉伸变形后

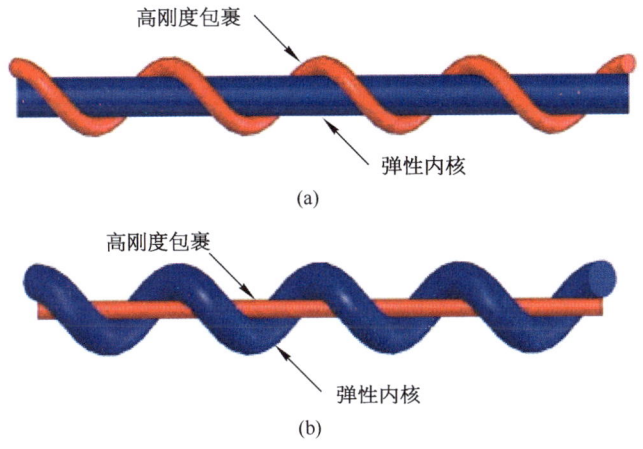

图 9-10 负泊松比双螺旋纱线结构
(a) 变形前；(b) 大变形后

此时结构的长度变长，结构的整体侧向直径膨胀至其最大宽度，因此结构呈现负泊松比效应。

7) 其他负泊松比结构

除了上述描述的典型负泊松比结构，还有一些其他具有负泊松比特性的结构，如多聚体分子结构和圆孔结构。多聚体分子结构模型如图 9-11 所示，

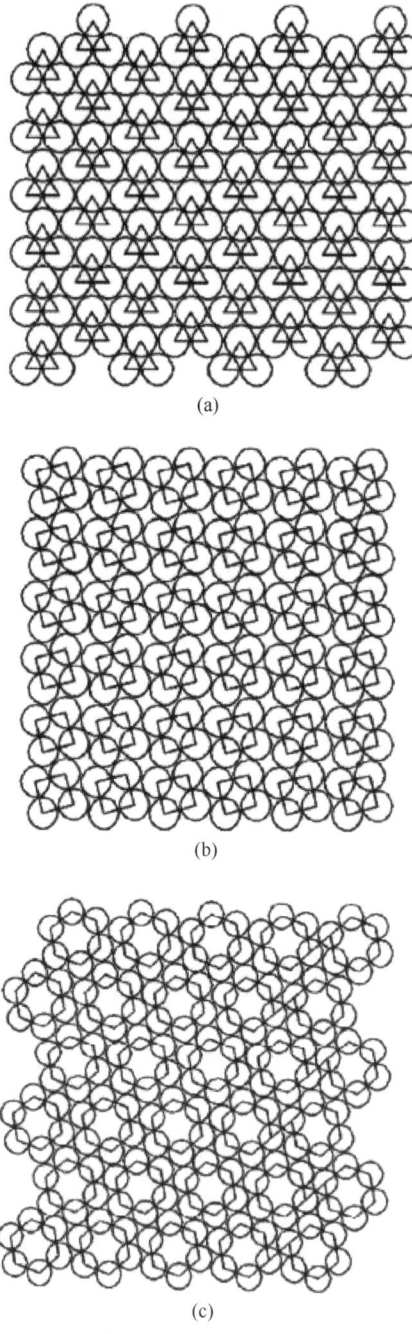

图 9-11 硬链多聚体分子模型
(a) 三聚体；(b) 四聚体；(c) 六聚体

包括三聚体、四聚体、六聚体等,紧密排列的单体在受拉伸时发生移动或转动,形成更为规整的内部结构,使部分单体之间的距离变大,从而增大分子内部的整体空间,获得负泊松比的效果。不同的聚体数量和单体大小均可使整体分子模型获得不同的负泊松比效果。圆孔结构的压缩变形则如图9-12所示,包括二维圆孔结构和三维圆孔结构,当内部具有圆孔结构的材料受到挤压时,内部的圆孔会发生一定规律的压缩变形,使圆孔内部的空间减小,材料整体结构也缩小,从而呈现出负泊松比的效果。

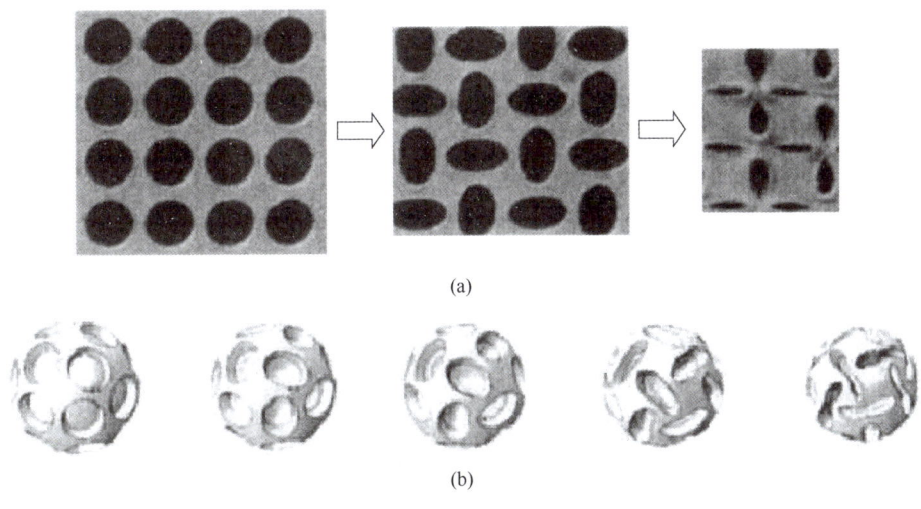

图 9-12　圆孔结构压缩变形
（a）二维结构;（b）三维结构

9.2　经典负泊松比结构及其在吸能构件中的应用

9.2.1　经典负泊松比结构力学性能

针对客车结构特点,分别对双箭头结构、内凹六边形结构、星形内凹结构及四手性结构负泊松比材料的结构特性进行研究,通过改变胞壁形状、胞壁间夹角及肋板长度等方法构建新型二维负泊松比结构材料。基于 ABS 塑料通过 3D 打印技术制备所构建的新型负泊松比结构材料。样件如图 9-13 所示。

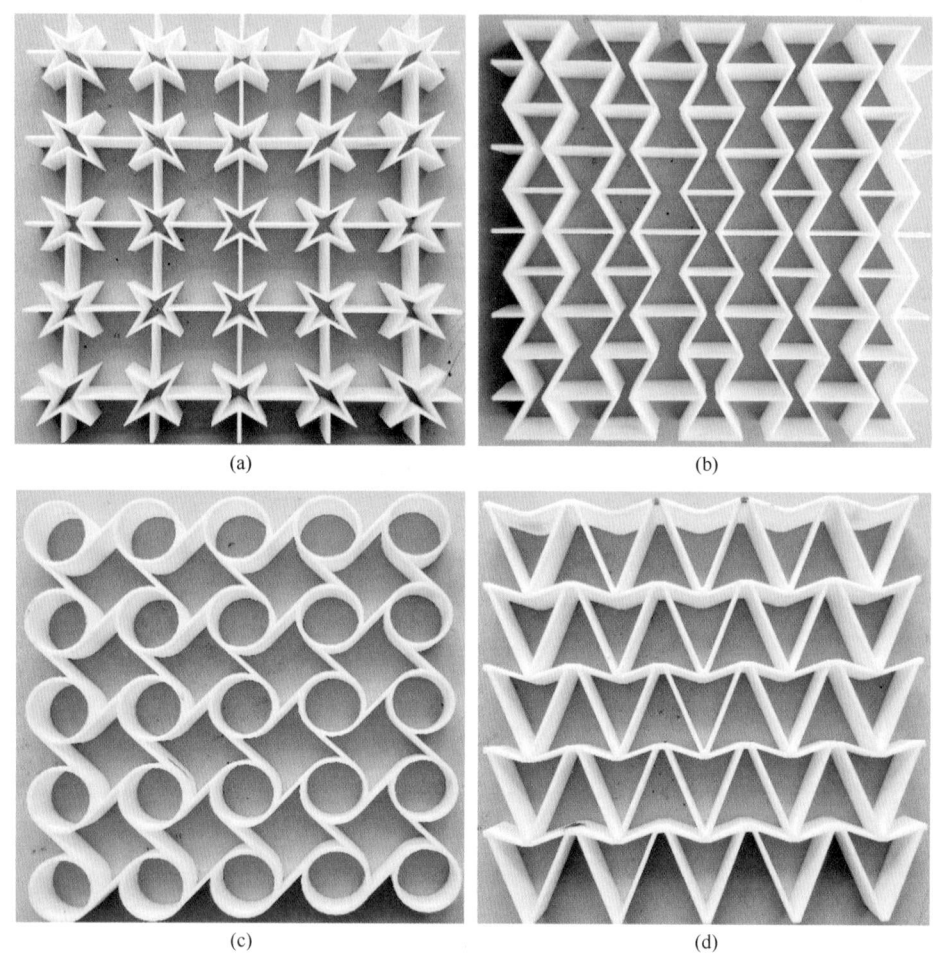

图 9-13 负泊松比材料样件
（a）星形内凹结构；（b）内凹六边形结构；（c）四手性结构；（d）双箭头结构

利用 WDW-50E 电子万能试验机分别对制备的四种负泊松比材料试件进行准静态加载试验，试验机下平板固定，上平板缓慢向下运动，速度控制在小于 6 mm/min 进行加载，上平板最大位移量为 80 mm。试件加载试验如图 9-14 所示。

从以上试验过程可以看出，在准静态加载过程中，星形内凹结构、内凹六边形结构及双箭头结构均呈现出明显的"缩颈"现象。其中四手性结构的变形呈现 I 形，星形内凹结构及内凹六边形结构为 Z 形变形，双箭头结构为一个渐进压溃的过程。由准静态加载试验可得四种结构的应力-应变曲线，如图 9-15 所示。从图中可以看出，双箭头结构、内凹六边形结构及星形内凹结构

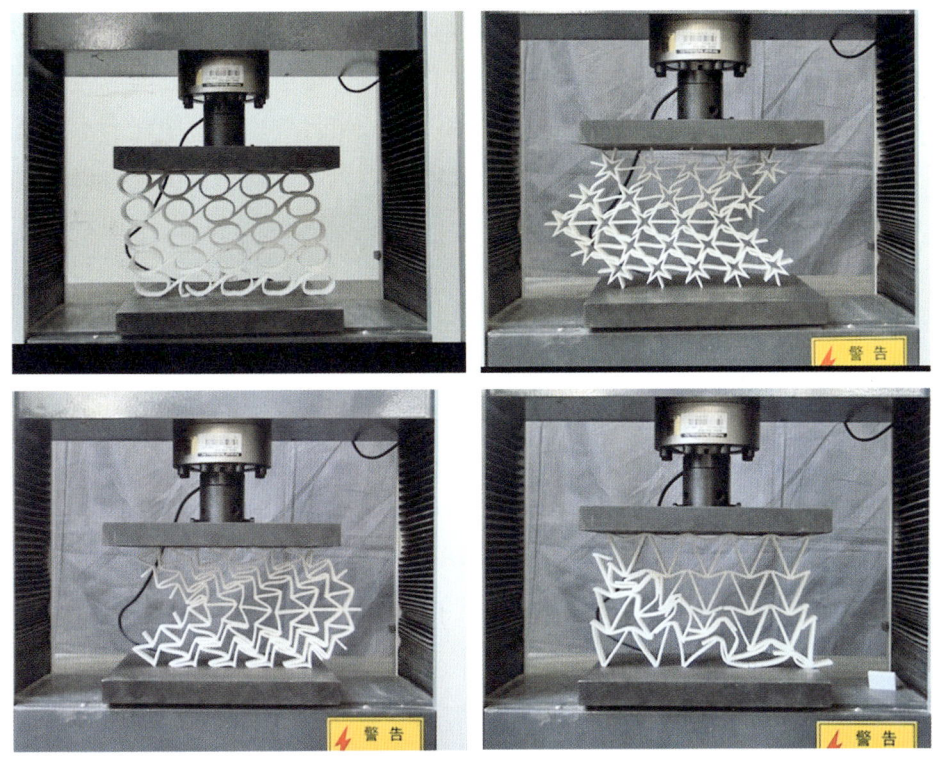

图9-14 负泊松比材料试件加载试验

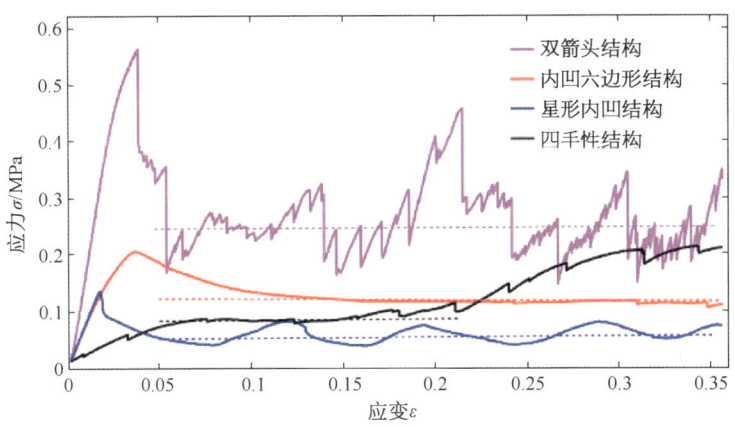

图9-15 准静态应力-应变曲线

均出现明显的弹性阶段及平台阶段;四手性结构未呈现出弹性阶段,由一个短暂的平台期后取而代之的是一段类似于逐渐硬化的阶段。试件在弹性压缩阶段未被破坏,应力呈线性增长,双箭头结构、内凹六边形结构及星形内凹结构的弹性峰值应力分别为 0.56 MPa、0.21 MPa、0.14 MPa,试件达到峰值应力后迅速下降,试件出现被压溃现象。试件应力在迅速下降后进入应力平台期,此时试件应力维持在一个恒定值上下波动,如图 9-15 中虚线所示。同时,由 σ-ε 曲线图可反映不同结构的能量吸收特性,从图中可明显看出双箭头结构负泊松比材料的能量吸收性能优于其他三种结构。据此,下面将针对双箭头负泊松比材料展开进一步研究。

9.2.2 双箭头结构的优化及吸能盒设计

采用理论预测和数值仿真的方法对双箭头负泊松比材料在面内冲击载荷下的变形模式、压缩强度等性能进行研究,如图 9-16 所示。分别研究了该结构在不同加载速率和加载方向下的变形模式及冲击强度,沿 Z 方向和 X 方向的变形模式见表 9-1 和表 9-2。通过结构变形模式的分析,得出其变形模式与相对密度及加载速度之间的关系,如图 9-17 所示。另外,通过对结构变形模式的理论推导,最终得出结构压缩强度的理论预测公式[式(9-1)],并用有限元的方法进行验证,如图 9-18 所示。结果表明,所建立理论预测公

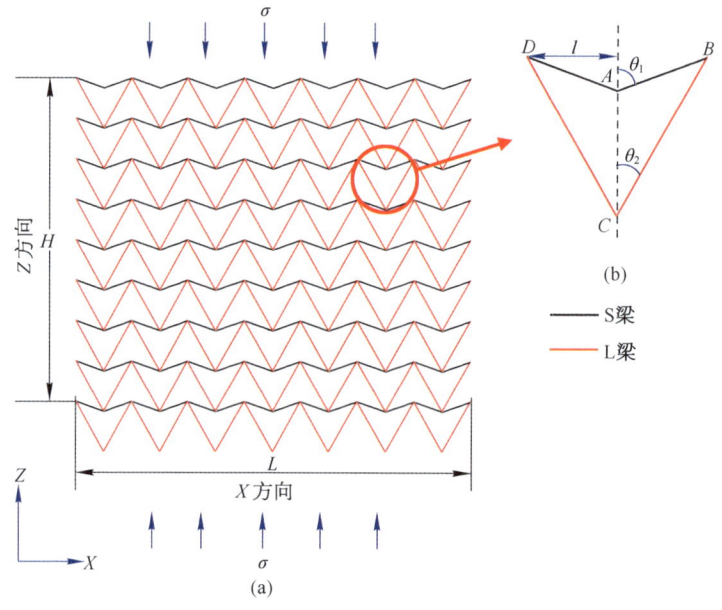

图 9-16 二维双箭头负泊松比材料示意图

式具有较高的精度。

$$\bar{\sigma}_H = \sigma_0 + \frac{\rho_s t(\sin\theta_1 + \sin\theta_2)}{l\sin(\theta_1 - \theta_2)}V^2 \qquad (9-1)$$

式中 σ_0——双箭头结构的准静态平台应力；

ρ_s——基体材料的密度。

表 9-1 结构在不同大小的 Z 方向动态载荷工况下的变形模式

ε	v =50 m/s(V 模式)	v =100 m/s(P 模式)
0.125		
0.25		
0.375		
0.5		
0.625		
0.75		

表 9-2 结构在不同大小的 X 方向动态载荷工况下的变形模式

ε	$v=5$ m/s（V 模式）	$v=50$ m/s（P 模式）
0.2		
0.4		
0.6		
0.8		

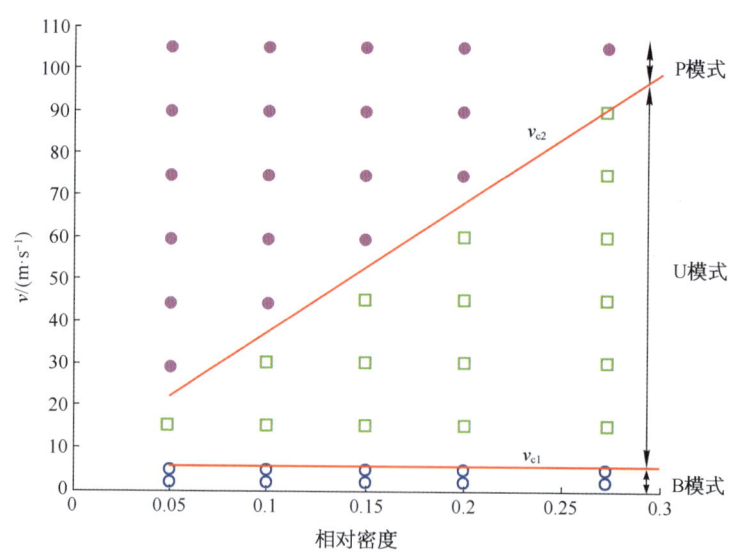

图 9-17 结构变形模式与加载速度和相对比密度间的关系

基于对负泊松比材料力学性能的研究，提出了一种具有负泊松比效应的新型能量吸收装置，如图 9-19 所示。为了对该能量吸收装置的吸能特性进

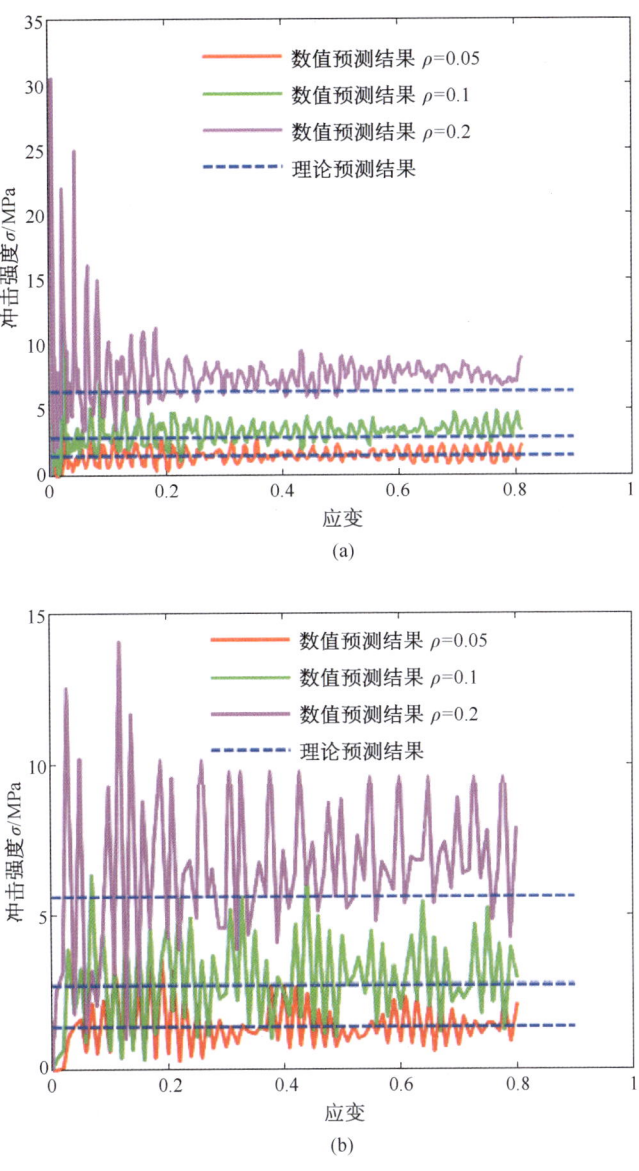

图 9-18 理论公式预测结果与有限元结果对比
(a) 沿 Z 向加载；(b) 沿 X 向加载

行研究，建立了有限元模型，并采用试验的方法对建立的有限元模型进行验证，如图 9-20 所示。采用试验验证的高精度模型，对该结构在轴向动态载荷下的耐撞性能进行仿真研究。

从新型吸能装置动态压溃性能的仿真结果可以发现，吸能装置的微结构

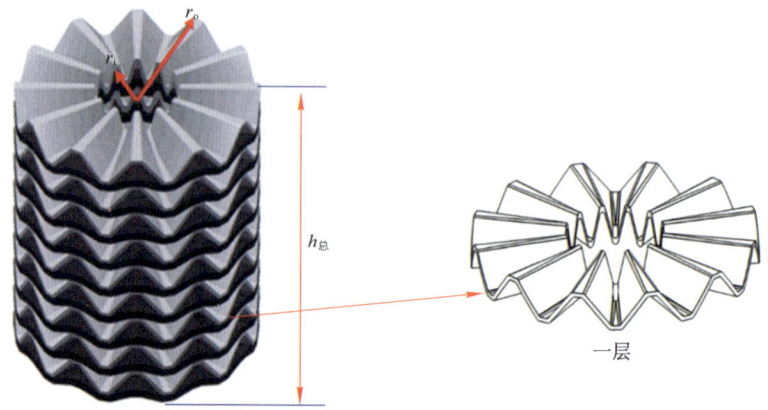

图 9-19 具有负泊松比效应的能量吸收装置

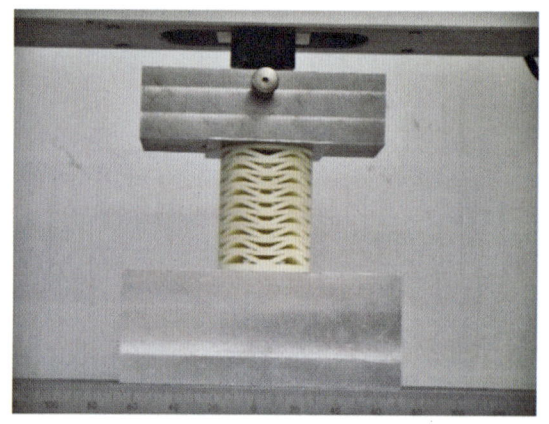

(a)

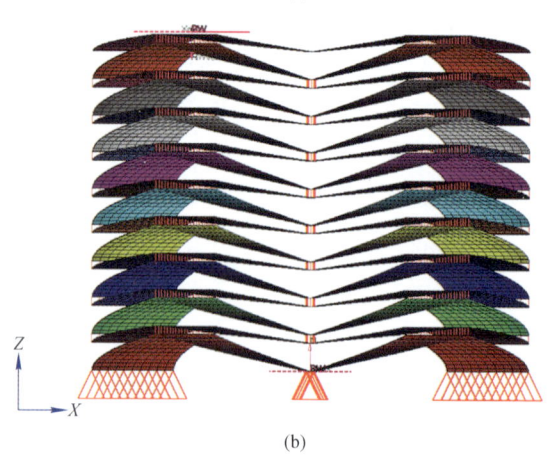

(b)

图 9-20 有限元模型及其验证试验

(a) 验证试验;(b) 有限元模型

尺寸大小(h_s, T_l, T_s)、层数(n_l)及胞数(n_c)对其能量吸收性能影响较大,其微结构示意图如图9-21所示。为了进一步提升该装置的吸能效果,将微结构尺寸作为设计变量,以层数和胞数为约束条件,将比吸能最大和峰值力最小作为目标,开展多目标优化设计。此外,为了提升优化设计的效率,采用代理模型的方法建立了设计变量与优化目标的响应关系,并根据该变量与目标的响应关系进行优化设计。最终优化结果如图9-22所示,可以看出优化后的吸能结构具有更好的能量吸收特性。

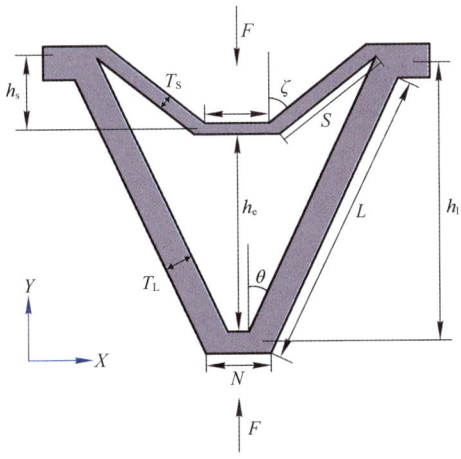

图9-21 微结构尺寸示意图

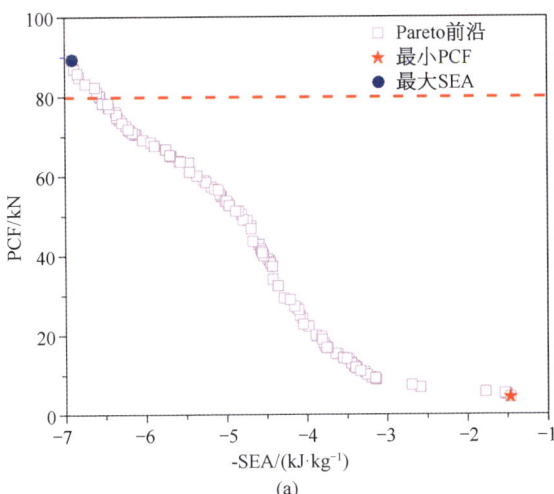

(a)

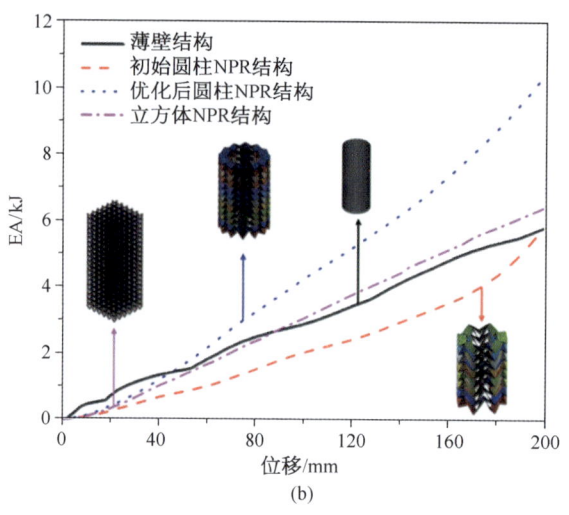

图 9-22 多目标优化结果及其与初始设计的比较

9.3 增强型负泊松比结构设计及抗冲击性能研究

由试验分析可得,与双箭头结构负泊松比蜂窝相比,内凹六边形结构负泊松比蜂窝的平台应力较小,但其峰值应力更小,在冲击载荷作用下能够更有效地避免对司乘人员的伤害。然而内凹六边形结构在压缩过程中变形稳定性较差,在承受冲击载荷时向一侧弯曲,产生较大的变形模式。从保护司乘人员生命安全的角度考虑,期望选用的车身材料在保证乘员生存空间的同时能够吸收更多的冲击能量。由上述四种典型负泊松比材料的压溃性能试验可以看出,手性蜂窝结构的变形过程较为稳定,同时具有较小的峰值应力,且压溃应力随压缩应变的增大逐渐增大,呈现出较为优异的力学性能。为了设计更能适用于客车车身材料的星形材料,通过对经典负泊松比材料的优化组合得到新型的负泊松比材料,并研究该蜂窝材料在静态及动态冲击载荷下的力学性能。

9.3.1 内凹-反手性负泊松比结构设计及建模

1) 内凹-反手性蜂窝的几何结构设计

内凹-反手性拉胀蜂窝是将内凹六边形结构与反手性结构相结合得到的一

种拉胀结构材料,其中包含内凹及旋转两种变形机制。图 9-23 为内凹-反手性蜂窝结构的示意图及几何参数。该拉胀蜂窝结构是利用反手性拉胀结构圆环节点替换内凹六边形顶角(虚线圆标记)得到的一种拉胀蜂窝材料。其中 l 表示倾斜韧带的长度,h 为两个水平相邻圆环节点的距离,r 表示圆环节点的半径,t 表示胞壁及圆环节点的壁厚,θ 表示水平韧带与倾斜韧带之间的夹角。

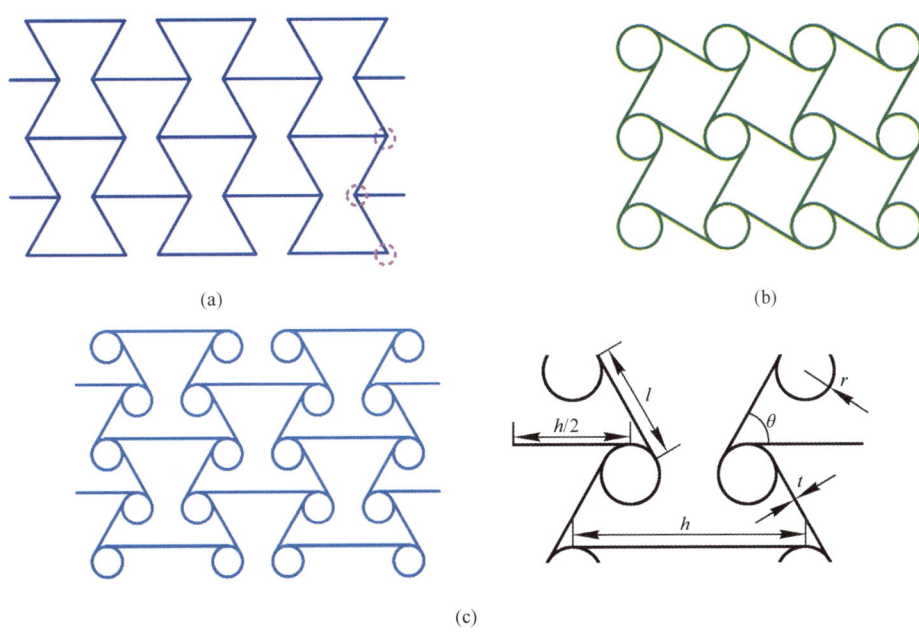

图 9-23 内凹-反手性蜂窝结构及几何参数
(a) 内凹结构;(b) 手性结构;(c) 内凹-反手性结构

对于周期性拉胀蜂窝材料,其变形模式及能量吸收特性均与蜂窝结构的相对密度有关。蜂窝结构的相对密度可用蜂窝结构单元实体部分的面积与蜂窝结构单元的横断面积之比表示,因此内凹-反手性拉胀蜂窝结构的相对密度为

$$\bar{\rho} = \frac{\rho^*}{\rho_s} = \frac{(4\pi r + h + 2l)t}{2l\sin\theta(h - l\cos\theta)} \quad (9-2)$$

式中 ρ^*——拉胀蜂窝结构的表观密度;

ρ_s——拉胀蜂窝结构的基体材料密度。

2) 内凹-反手性蜂窝的有限元模型

利用 LS-DYNA 显式动力分析软件建立内凹-反手性蜂窝和三边反手性

蜂窝的面内冲击数值模型。蜂窝结构的基体材料为铝合金(6061T6)材料,采用理想的弹塑性模型。刚性冲击板和刚性固定板选用刚性材料,其杨氏模量、密度和泊松比分别为 210 GPa、7 800 kg/m³、0.3。蜂窝的胞壁选用壳单元,并采用全积分 Belytschko-Tasy 壳单元算法。为了模型收敛,在沿单元厚度方向上定义 5 个积分点,单元尺寸为 1 mm。在进行数值模拟时,蜂窝模型采用单面自接触算法,模型与刚性冲击板及刚性固定板外表面之间采用面-面接触算法,其摩擦系数取 0.2。在进行面内冲击模拟时,刚性冲击板沿 Y 方向以恒定的冲击速度对蜂窝进行加载,刚性固定板起支撑作用,并对模型节点面外方向上的自由度进行约束,防止模型在面外方向上弯曲。两种拉胀蜂窝结构的有限元模型如图 9-24 所示。在仿真计算中,取 $l = 10$ mm,$h = 20$ mm,

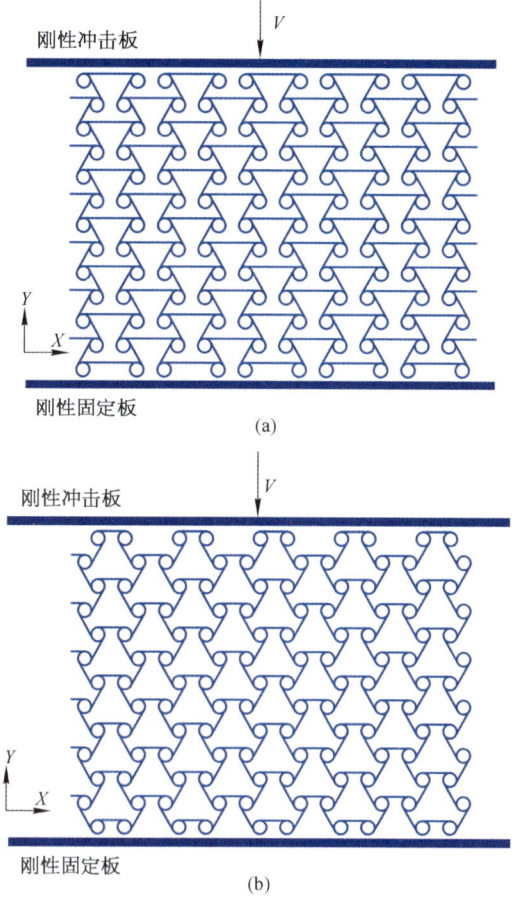

图 9-24 两种拉胀结构的面内冲击有限元模型
(a) 内凹-反手性结构;(b) 三边反手性结构

$\theta = 60°$,厚度 t 由对应的相对密度决定。相对密度 $\bar{\rho}$ 分别为 0.1、0.15、0.2,对应的胞壁厚度 t 分别为 0.364 mm、0.413 mm、0.55 mm。

9.3.2 内凹-反手性负泊松比结构的临界冲击速度及变形模式

1) 临界冲击速度

在动态冲击载荷作用下,冲击速度的变化将影响蜂窝的动态变形行为。当冲击速度足够快时,应力幅值超过蜂窝的屈服应力,蜂窝出现局部塑性变形。在临界状态,导致塑性变形的加载速度被称为屈服速度或第一临界速度。Hönig 和 Stronge 基于"陷波"理论得到单轴应力载荷下临界速度的解析式,由此可得

$$v_{cr1} = \int_0^{\varepsilon_{cr}} \sqrt{\sigma'(\varepsilon)/\rho_0} \, d\varepsilon \qquad (9-3)$$

式中　ε_{cr}——蜂窝首次出现峰值应力时的应变;

　　　$\sigma'(\varepsilon) = d\sigma/d\varepsilon$——蜂窝材料的杨氏模量;

　　　ρ_0——蜂窝材料的密度。

当相对密度 $\bar{\rho} = 0.1$ 时,内凹-反手性蜂窝的第一临界冲击速度为 5.3 m/s。

随着冲击速度的增大,蜂窝的局部变形更为明显。蜂窝受"压实波"的影响由冲击端以逐层连续的方式坍塌,该应力波被称为"稳定波"。与其相对应的冲击速度被称为第二临界冲击速度,即

$$v_{cr} = \sqrt{2\sigma_0 \varepsilon_d / \rho_0} \qquad (9-4)$$

式中　σ_0——蜂窝的静态屈服应力;

　　　ε_d——蜂窝的密实应变。

当相对密度 $\bar{\rho} = 0.1$ 时,内凹-反手性蜂窝的第二临界速度为 35 m/s。

2) 变形模式

动态冲击载荷下,蜂窝的变形模式受冲击速度变化的影响,对 2 m/s、25 m/s、100 m/s 三种不同冲击速度下蜂窝的变形模式进行研究。图 9-25 给出了 2 m/s 冲击时两种蜂窝的变形历程,两种蜂窝的变形历程均呈现出两个变形阶段。第一阶段为韧带旋转内凹绕圆环节点缠绕及圆环节点的旋转[图 9-25(a)～(c)]。在初始时刻,与内凹六边形蜂窝变形相似,内凹-反手性蜂窝在 X 方向整体向内收缩,在冲击端和固定端分别出现 V 形和倒 V 形的局部

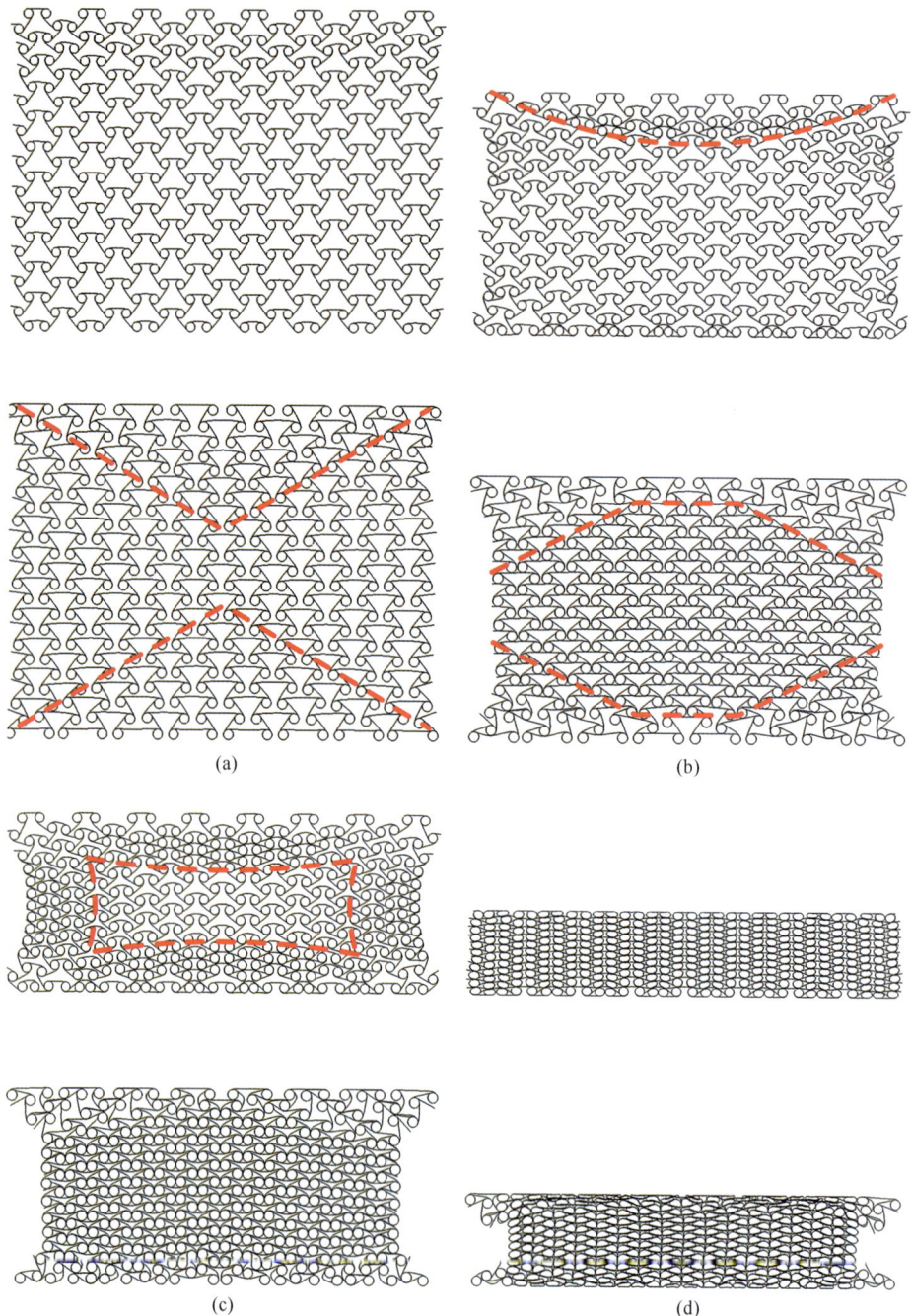

图9-25 2 m/s 冲击速度时三边反手性及内凹-反手性蜂窝的变形模式

(a) $\varepsilon_y = 0.126$；(b) $\varepsilon_y = 0.325$；(c) $\varepsilon_y = 0.526$；(d) $\varepsilon_y = 0.756$

变形带[图 9-25(a)]。随着压缩应变的增大,内凹-反手性蜂窝地横向收缩更为明显,韧带更为紧密地缠绕在圆环节点上,表现出典型的"><"形颈缩[图 9-25(b)、(c)]。相反,三边反手性蜂窝在变形初始阶段仅在冲击端形成"⌒"形的变形带,且在压缩过程中蜂窝的变形呈四周密实化而芯部中空的变形模式,横向收缩无内凹-反手性蜂窝明显。第二阶段均为圆环节点胞壁的坍塌[图 9-25(d)],两种蜂窝的韧带均缠绕在圆环节点上,且各圆环节点的胞壁已相互接触,在冲击载荷的作用下圆环节点的胞壁变形并坍塌,蜂窝趋于密实化。

随着冲击速度增大(25 m/s),两种蜂窝的冲击端均呈现出明显的局部变形带[图 9-26(a)],其变形主要为圆环节点胞壁的坍塌,惯性效应逐渐增强。随着压缩应变的增大,靠近蜂窝冲击端中部的胞元变形主要为倾斜韧带的弯曲变形,两侧胞元的变形为韧带旋转内凹绕圆环节点缠绕及圆环节点的旋转,出现明显的局部"颈缩"现象,蜂窝呈现出明显的 V 形变形带[图 9-26(a)、(b)]。然后局部 V 形变形带逐渐向固定端扩展,圆环节点逐渐堆积在一起并趋于密实化[图 9-26(c)],在冲击载荷的作用下圆环节点逐渐坍塌,直至蜂窝被完全压实。然而三边反手性蜂窝在中速冲击时靠近冲击端胞元的韧带绕圆环阶段缠绕,并逐层周期性向固定端扩展,直至圆环节点堆积在一起被完全压实,变形中无明显横向收缩。在该冲击模式下,两种蜂窝的变形均呈现出与低速冲击模式相似的两个变形阶段。

高速冲击时(100 m/s),惯性效应起主导作用。两种蜂窝均呈现出与普通蜂窝相似的变形模式,靠近冲击端的韧带和圆环节点首先被压溃,形成 I 形的变形带,并由冲击端向固定端逐层坍塌,直至蜂窝完全密实化。在该冲击模式下,蜂窝的变形几乎无横向收缩,观察不到"颈缩"现象,如图 9-27 所示。

典型拉胀蜂窝材料在变形过程中仅呈现胞壁内凹收缩的内凹变形机制或圆环节点旋转收缩的旋转变形机制。然而内凹-反手性蜂窝在中低速冲击时呈现出内凹和旋转混合的变形机制。图 9-28 为中低速冲击时内凹-反手性蜂窝的变形机制图。在冲击载荷下,韧带 L_1 和 K_1 分别以不同的转动方向带动胞元左侧内凹收缩[图 9-28(a)],使蜂窝的变形呈现内凹变形机制。同时,两个韧带不同的转动方向又促使圆环节点 O_3 以顺时针方向转动[图 9-28(b)],蜂窝又呈现旋转变形机制,并进一步促进蜂窝的横向收缩。同

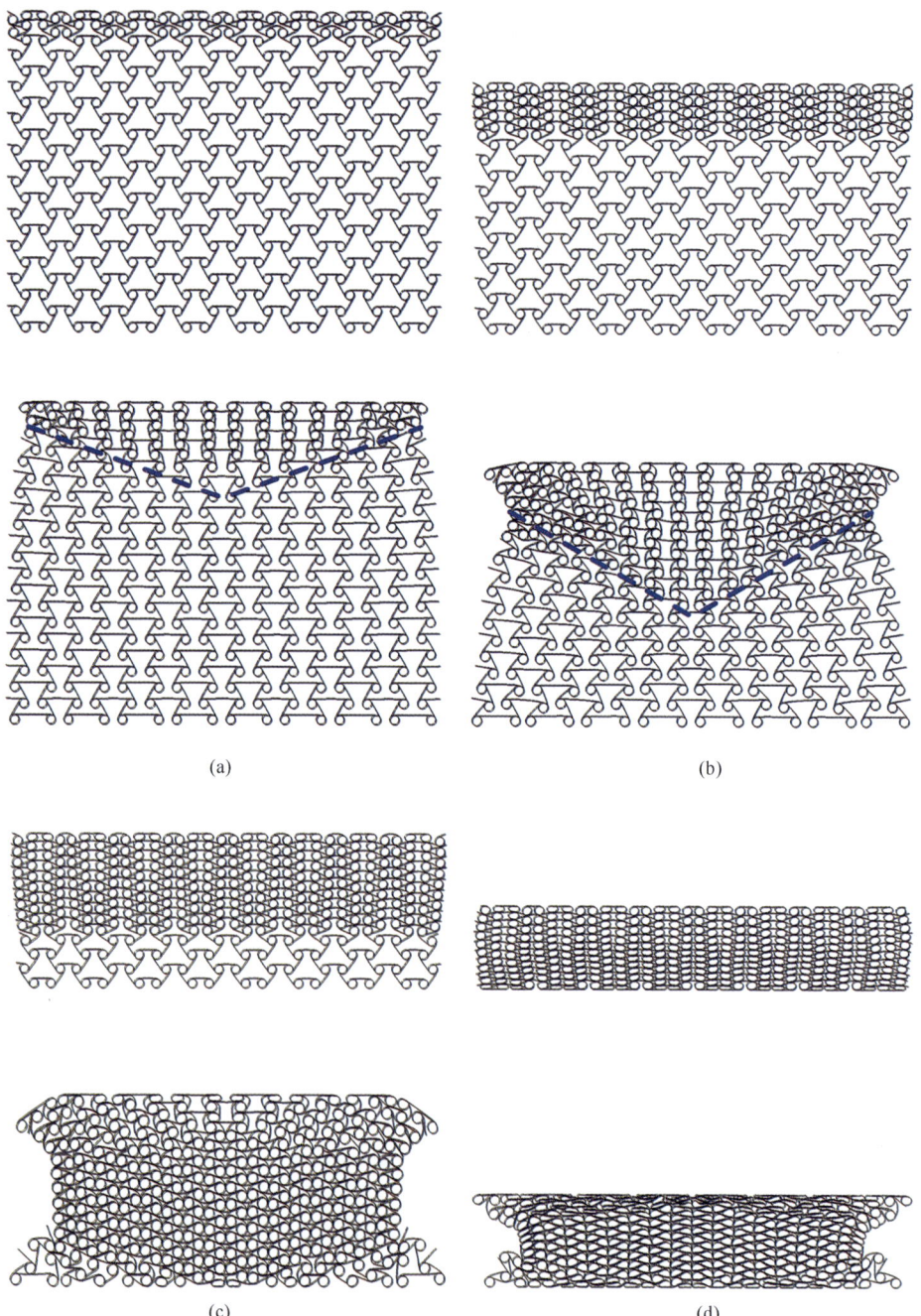

图 9-26 25 m/s 冲击速度时三边反手性及内凹-反手性蜂窝的变形模式

(a) $\varepsilon_y = 0.126$; (b) $\varepsilon_y = 0.325$; (c) $\varepsilon_y = 0.526$; (d) $\varepsilon_y = 0.756$

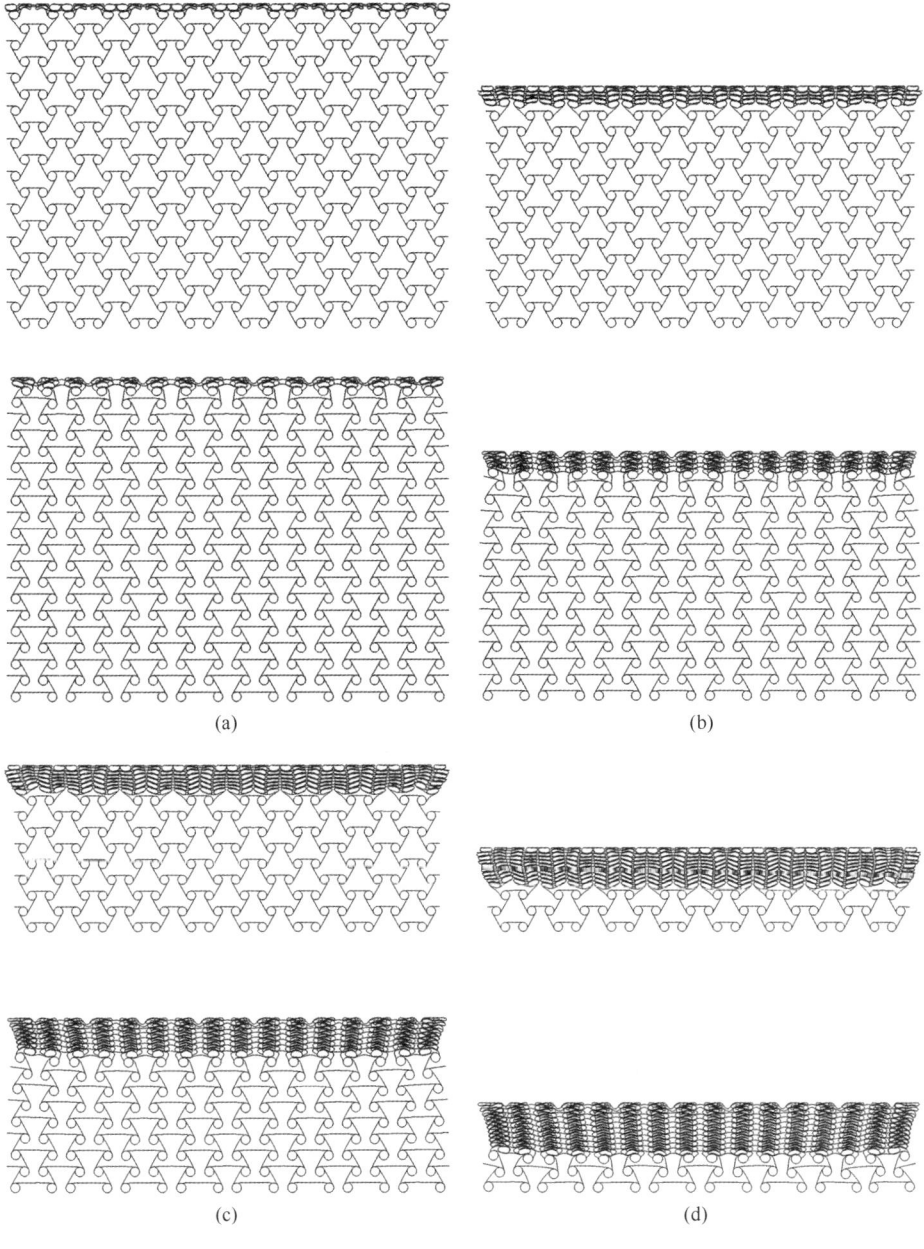

图 9-27 100 m/s 冲击速度时三边反手性及内凹-反手性蜂窝的变形模式

(a) $\varepsilon_y = 0.126$；(b) $\varepsilon_y = 0.325$；(c) $\varepsilon_y = 0.526$；(d) $\varepsilon_y = 0.756$

理,胞元的右侧韧带与圆环节点出现与左侧相同的变形机制。因此,内凹-反手性蜂窝变形时,内凹变形机制首先主导蜂窝的横向收缩变形,使其呈现出局部V形变形带;同时,韧带的不同转动方向促使圆环节点的旋转,且倾斜韧带绕圆环节点缠绕,使蜂窝整体横向收缩,负泊松比效应更为明显[图9-28(c)]。随着圆环节点的转动,水平韧带弯曲并缠绕至圆环节点上,蜂窝将进一步横向收缩,圆环节点的等效壁厚增大,蜂窝芯部趋于密实化[图9-28(d)]。

倾斜韧带绕圆环节点旋转变形时,在韧带的A点、B点、C点和D点产生塑性铰[图9-28(b)虚线圆],吸收冲击载荷产生的能量。随着韧带的旋转及绕圆环节点的缠绕,塑性铰吸收的能量增大,冲击应力呈现出平台期,如图9-28(a)所示。由于水平韧带绕圆环节点缠绕,在水平韧带两端的E点和F点也产生塑性铰[图9-28(c)]。此时,蜂窝的能量吸收能力增强,冲击应力及能量吸收效率均呈现逐渐增大的趋势,如图9-28(a)所示。当韧带完全缠绕至圆环节点上,圆环节点的等效壁厚增大,在冲击载荷的作用下圆环节点胞壁坍塌,冲击应力将迅速增大,直至蜂窝胞壁相互接触,进入密实化阶段,如图9-28(a)、(b)所示。

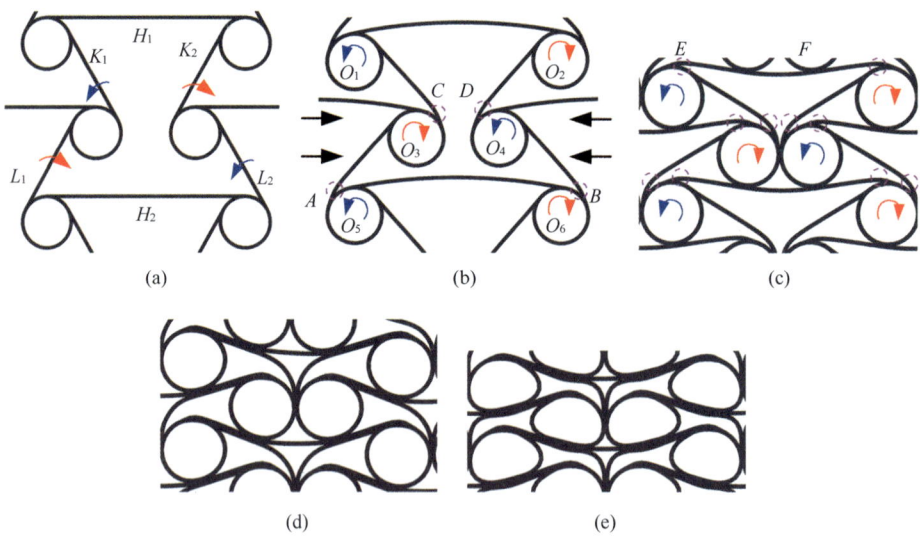

图9-28 中低速冲击时内凹-反手性蜂窝的变形机制

由上述变形过程分析可得,不同冲击速度下内凹-反手性蜂窝呈现出不同的变形模式。而临界冲击速度可从理论上精确地划分蜂窝变形模式的边界,且临界冲击速度受蜂窝的相对密度影响。因此,通过对不同相对密度的内凹-反手性蜂窝在不同冲击速度下的数值模拟,基于线性回归理论可得到临界冲击速度的经验公式[式(9-5)、式(9-6)]。根据两临界冲击速度将内凹-反手性蜂窝的变形分为三种模式:$v < v_{cr1}$ 时为整体变形模式(G 模式),蜂窝呈现双 V 形变形带;$v_{cr1} < v < v_{cr2}$ 时为过渡变形模式(T 模式),蜂窝呈现 V 形变形带;$v_{cr2} > v$ 时为局部变形模式(L 模式),蜂窝呈现 I 形变形带。由此可得,内凹-反手性蜂窝在不同冲击速度和相对密度下的变形模式如图 9-29 所示。

$$v_{cr1} = 5.2 \tag{9-5}$$

$$v_{cr2} = 16.5 + 246\bar{\rho} \tag{9-6}$$

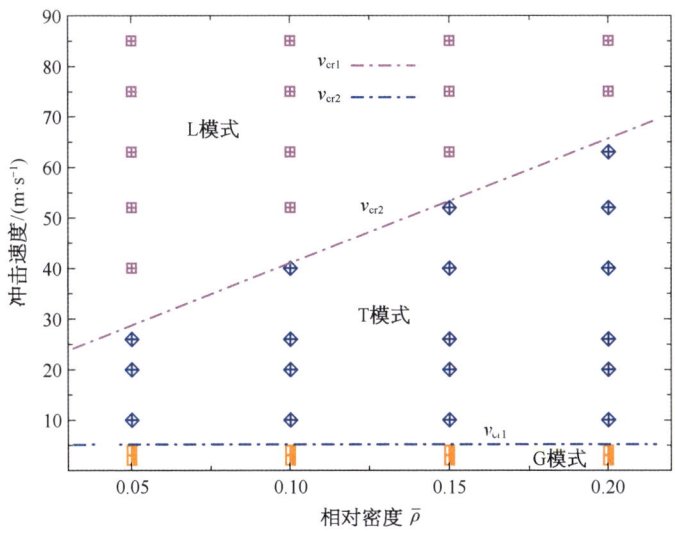

图 9-29 内凹-反手性蜂窝的变形模式图

9.3.3 内凹-反手性负泊松比结构的抗冲击性能

1) 密实化应变及冲击应力

与传统蜂窝的变形不同,内凹-反手性蜂窝的变形及应力变化均呈现两个不同的阶段。图 9-30 给出了内凹-反手性蜂窝的应力-应变及能量吸收效率曲线。其中应力-应变曲线变化的两个变化阶段为韧带旋转内凹并绕圆环

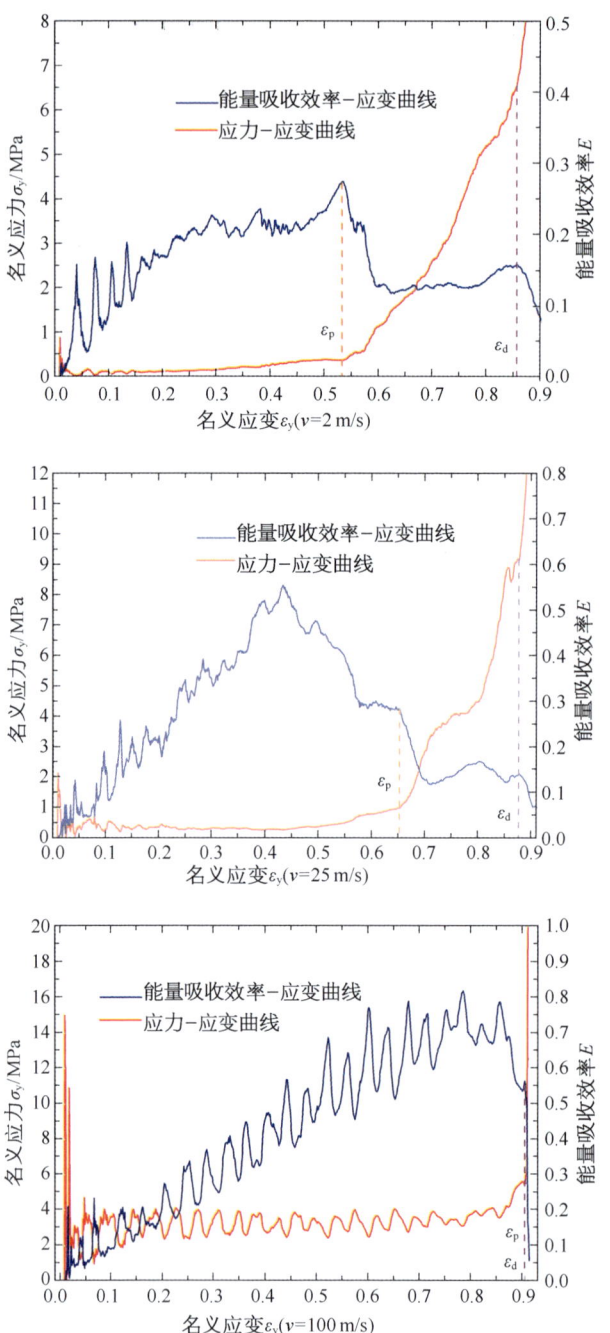

图9-30 内凹-反手性蜂窝应力-应变及能量吸收效率曲线

节点缠绕过程呈现平台应力阶段、圆环节点胞壁坍塌过程呈现应力迅速增大阶段。因此,内凹-反手性蜂窝的平台应力阶段仅为整个应力变化过程的一部分,可得平台应力为

$$\sigma_{\mathrm{p}} = \frac{1}{\varepsilon_{\mathrm{p}} - \varepsilon_0} \int_{\varepsilon_0}^{\varepsilon_{\mathrm{p}}} \sigma(\varepsilon) \mathrm{d}\varepsilon \qquad (9-7)$$

式中 ε_0——初始峰值应力时对应的应变;

ε_{p}——内凹-反手性蜂窝平台应力阶段结束时刻对应的应变(平台应变)。

与密实化应变 ε_{d} 相同,ε_{p} 是一个速度敏感性变量。因此,基于能量吸收效率的方法确定内凹-反手性蜂窝的这两个应变,密实应变 ε_{d} 可定义为

$$\left.\frac{\mathrm{d}E(\varepsilon)}{\mathrm{d}\varepsilon}\right|_{\varepsilon = \varepsilon_{\mathrm{d}}} = 0 \qquad (9-8)$$

式中 $E(\varepsilon)$——蜂窝吸收的能量与名义应力的比值,即

$$E(\varepsilon) = \frac{\int_0^{\varepsilon} \sigma(\varepsilon) \mathrm{d}\varepsilon}{\sigma(\varepsilon)} \qquad (9-9)$$

图 9-30 中内凹-反手性蜂窝的能量吸收效率-应变曲线上有多个局部极大值点,取最后一个局部极大值点对应的应变为密实化应变 ε_{d},能量吸收效率趋于平稳之前的一个局部极大值点对应的应变为平台应变 ε_{p}。图 9-31 给出了不同壁厚的蜂窝在不同冲击速度下的平台应变。随着冲击速度的增大,平台应变 ε_{p} 逐渐增大,平台应力阶段持续的时间增长。当冲击速度小于第二临界速度($v < v_{\mathrm{cr2}}$)时,平台应变的大小与胞壁厚度 t 的变化关系不大。然而当冲击速度超过第二临界速度($v_{\mathrm{cr2}} > v$)时,平台应变与胞壁厚度 t 的变化呈反比。

图 9-32 给出了不同冲击速度下不同胞壁厚度的蜂窝的密实化应变。与平台应变的变化相同,密实化应变与冲击速度的变化呈线性增大关系,与胞壁厚度的变化呈反比。然而中低速冲击时,圆环节点胞壁坍塌与高速冲击时胞元的逐层坍塌过程相似。因此,不同冲击速度时内凹-反手性蜂窝的密实化应变相差不多(2 m/s 与 100 m/s 冲击时仅差 0.045)。此外,随着冲击速度的增大,惯性效应逐渐起决定作用,平台应变 ε_{p} 增大并逐渐接近密实化应变 ε_{d}。当冲击速度为 100 m/s 时,内凹-反手性蜂窝的平台应变与密实化应变相同。

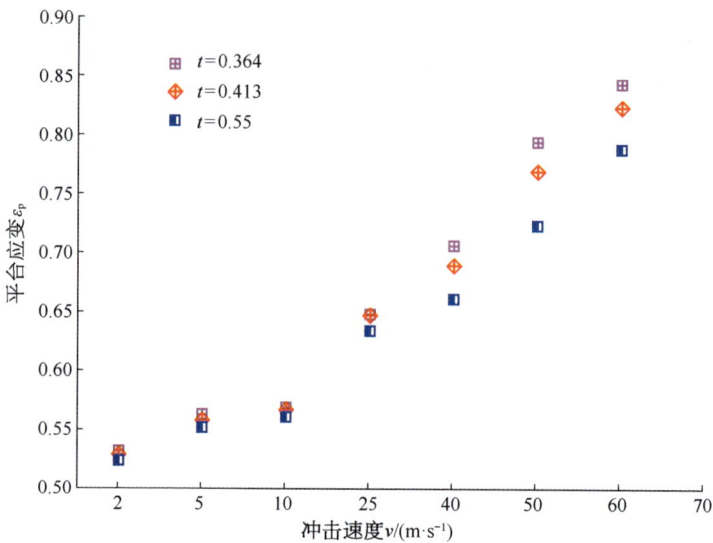

图 9-31　不同冲击速度及壁厚下内凹-反手性蜂窝的平台应变

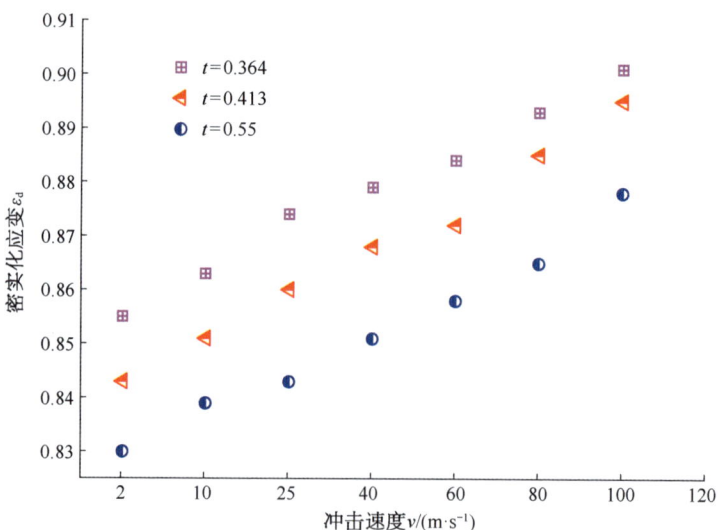

图 9-32　不同冲击速度及壁厚下内凹-反手性蜂窝的密实化应变

Qiu 等基于一维冲击波理论对蜂窝的动态冲击平台应力经验公式进行优化，得到了蜂窝材料平台应力的简化公式：

$$\sigma_p = A\sigma_{ys}\bar{\rho}^2 + \frac{\bar{\rho}\rho_s v^2}{1 - B\bar{\rho}} \qquad (9-10)$$

式中 σ_{ys}——蜂窝基体材料的屈服应力；

A、B——经验公式的拟合系数。

通过对不同相对密度的内凹-反手性蜂窝在不同冲击速度下的数值模拟,根据式(9-7)得到相对应的平台应力。由式(9-10),基于最小二乘法拟合的方法得到内凹-反手性蜂窝动态冲击平台应力的经验公式：

$$\sigma_p = 0.173\sigma_{ys}\bar{\rho}^2 + \frac{\bar{\rho}\rho_s v^2}{1-1.42\bar{\rho}} \quad (9-11)$$

图9-33给出了不同相对密度的内凹-反手性蜂窝的动态冲击平台应力的数值结果与式(9-11)的对比。由图可得,式(9-11)能够较好地预测内凹-反手性蜂窝的动态冲击平台应力。此外,平台应力的大小与蜂窝的相对密度和冲击速度相关。随着相对密度和冲击速度的增大,内凹-反手性蜂窝的平台应力明显增大。其中冲击速度对内凹-反手性蜂窝平台应力的增大作用更为显著。

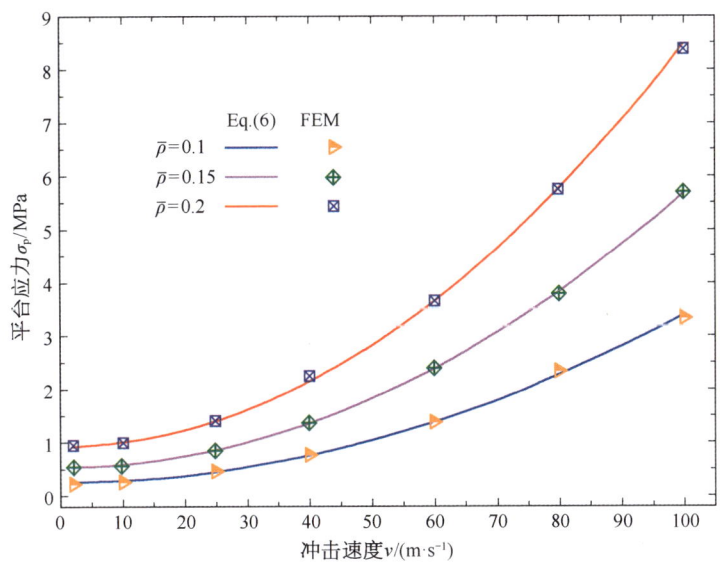

图9-33 不同相对密度及冲击速度下内凹-反手性蜂窝的平台应力

2) 能量吸收

能量吸收性能是蜂窝力学性能的一个重要指标,因此对内凹-反手性、三边反手性及传统六边形蜂窝的能量吸收性能进行对比分析。由于三种蜂窝

结构的几何尺寸存在差异,采用蜂窝的比吸能(SEA)进行对比研究。蜂窝结构的 SEA 被定义为

$$\text{SEA} = \frac{U}{m} = \frac{\int_0^{\varepsilon_\text{d}} \sigma(\varepsilon)\,\text{d}\varepsilon}{\bar{\rho}\rho_\text{s}} \quad (9-12)$$

式中　U——蜂窝的总吸收能量;

　　　$\sigma(\varepsilon)$——蜂窝的名义应力。

图 9-34 给出了内凹-反手性(RATH)、三边反手性(ATH)及六边形(HH)蜂窝在不同冲击速度下的能量吸收性能对比。不同冲击速度下内凹-反手性蜂窝的能量吸收能力均大于三边反手性蜂窝。表 9-3 给出了三种蜂窝 SEA 的详细对比。内凹-反手性蜂窝的 SEA 比三边反手性蜂窝 2 m/s 冲击时大 157.35%,比 25 m/s 冲击时大 63.01%,而高速冲击时两蜂窝的 SEA 相差不多。此外,由于低速冲击时内凹-反手性蜂窝在内凹变形阶段产生的塑性铰较少,其 SEA 在变形初始阶段($\varepsilon_y < 0.4$)小于三边反手性。随着内凹-反手性蜂窝横向收缩,圆环节点旋转挤压水平韧带,导致胞元的所有韧带均出现塑性铰,且蜂窝芯部更为致密化,内凹-反手性蜂窝的 SEA 逐渐增大,甚至超过 25 m/s 冲击速度时三边反手性蜂窝的 SEA。

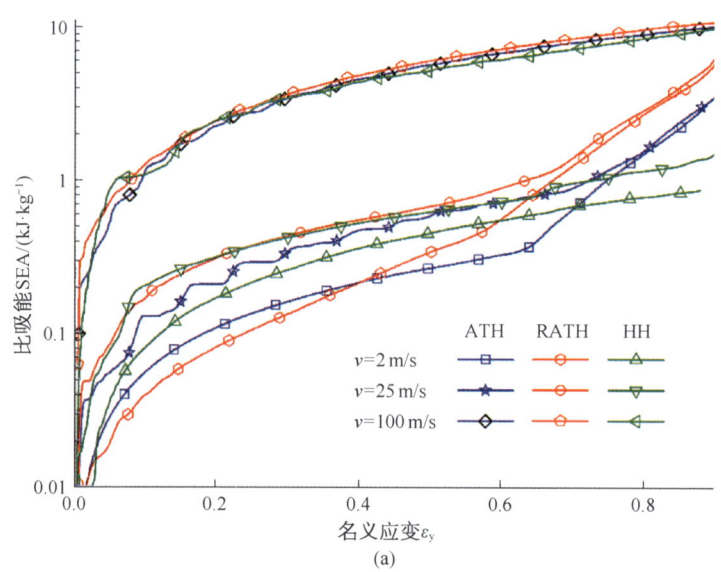

(a)

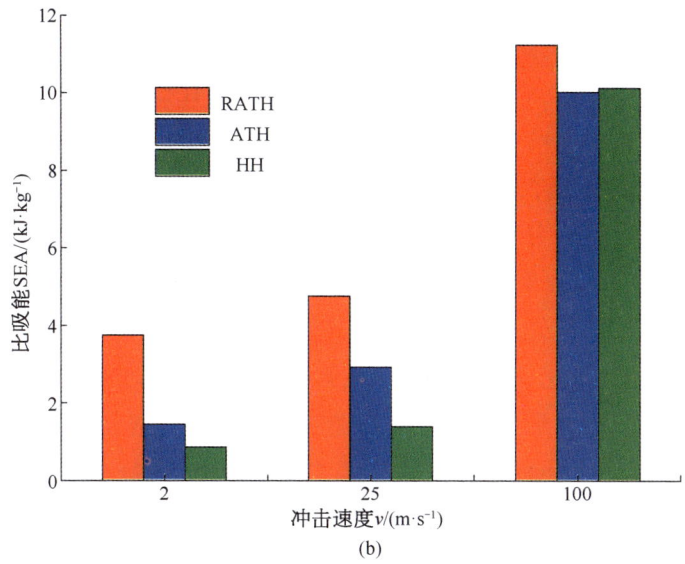

图 9-34　不同冲击速度下蜂窝的比吸能对比

表 9-3　不同冲击速度下蜂窝的能量吸收能力

v /(m·s^{-1})	SEA/(kJ·kg^{-1})			$\dfrac{\text{SEA}_{\text{RATH}}-\text{SEA}_{\text{ATH}}}{\text{SEA}_{\text{ATH}}}$
	RATH	ATH	HH	
2	3.747	1.456	0.869	157.35%
25	4.768	2.925	1.40	63.01%
100	11.25	10.02	10.12	12.26%

由于正六边形蜂窝的孔隙率较大,且低速冲击时每个胞元产生的塑性铰是固定的,因此其 SEA 随压缩应变均匀增大。然而在低速冲击时,随着压缩应变的增大,内凹-反手性蜂窝逐渐横向收缩趋于密实化。胞元的倾斜和水平韧带产生的塑性铰逐渐增多,且韧带缠绕至圆环节点上增大了圆环节点的等效壁厚,内凹-反手性蜂窝能量吸收能力逐渐增强。因此,内凹-反手性蜂窝的能量吸收能力在压缩应变 $\varepsilon_y < 0.6$ 时小于正六边形蜂窝,然后超越并迅速增大,如图 9-34(a)所示。且可以看出,不同冲击载荷下内凹-反手性及三边反手性蜂窝均呈现出比正六边形蜂窝更优异的能量吸收能力。

在低速及中速冲击过程中可明显观察到内凹-反手性蜂窝的比吸能呈两个不同的变化阶段,在平台应力阶段蜂窝的比吸能均匀增长,圆环节点坍塌阶段比吸能将迅速增大。此外,内凹-反手性蜂窝比吸能的两个变化阶段也与蜂窝变形时呈现的两个变形阶段相互对应。

图9-35给出了冲击速度小于第二临界冲击速度时两变形阶段比吸能相对于总吸收能量的百分比。随着冲击速度的增大,内凹-反手性蜂窝的韧带直接屈曲变形明显,平台应力增大且持续时间增长,第一变形阶段所吸收的能量也逐渐增大。此外,变形过程中韧带绕圆环节点的缠绕增大了圆环节点的壁厚,因此在中低速冲击时圆环节点胞壁坍塌(第二变形阶段)所吸收的能量占整个能量吸收的绝大部分。然而随着冲击速度的增大,第二变形阶段吸收的能量占比减小,当冲击速度大于第二临界速度后,蜂窝的坍塌过程仅为胞元的逐层坍塌。

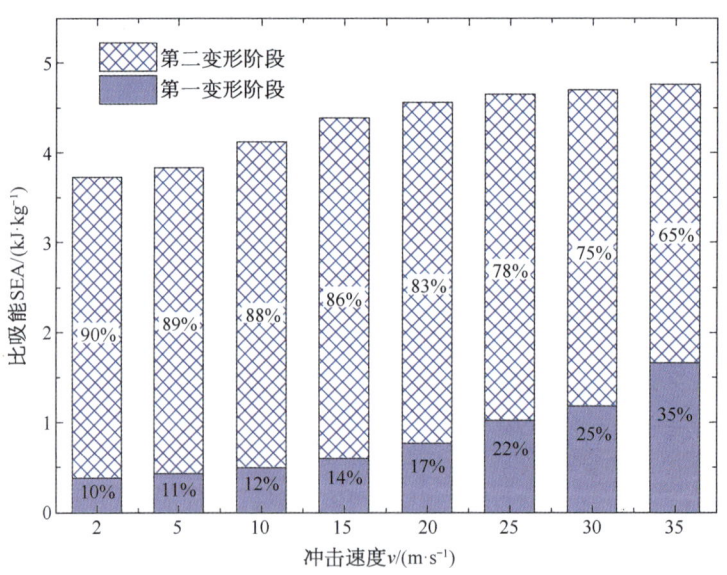

图9-35 不同变形阶段内凹-反手性蜂窝的能量吸收

3) 负泊松比效应

如图9-36所示,采集有限元模型左右两侧6组代表性对称节点间X方向上的位移,得到蜂窝横向平均收缩位移$\Delta \bar{L}$,由此计算内凹-反手性蜂窝的动态泊松比:

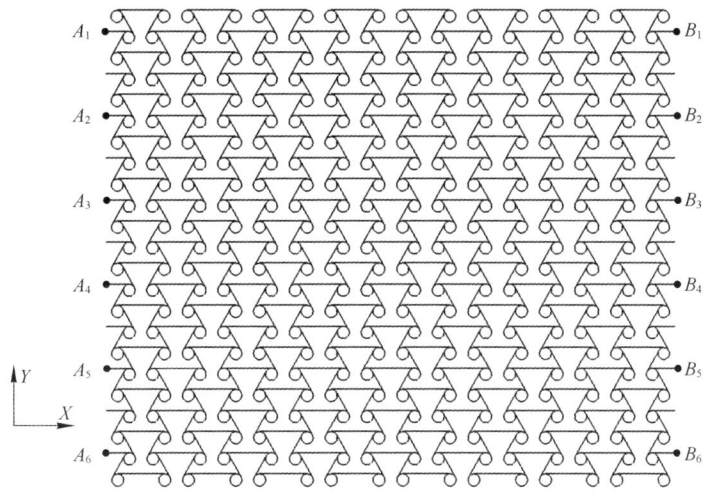

图 9-36 蜂窝的横向位移测量示意图

$$\nu = -\frac{\varepsilon_x}{\varepsilon_y} = -\frac{\Delta \bar{L}/L}{\varepsilon_y} \qquad (9-13)$$

$$\Delta \bar{L} = \frac{1}{6} \sum_{i=1}^{6} (A_i - B_i) \qquad (9-14)$$

式中　$\Delta \bar{L}$——蜂窝的横向平均收缩位移；

L——X 方向的蜂窝的初始长度；

A_i、B_i——X 方向上蜂窝两侧对称节点的位移。

图 9-37 给出了不同冲击速度下两种蜂窝的动态泊松比。不同冲击速度下内凹-反手性蜂窝均呈现出负泊松比特性，而三边反手性蜂窝的泊松比均呈现出由负变正的变化过程，且仅在低速冲击时的变形前期呈现出较弱的负泊松比特性。在动态冲击过程中，冲击速度越大，惯性效应越明显，内凹-反手性蜂窝的负泊松比特性越不明显。因此，在中速冲击的初始时刻，动态泊松比的绝对值远远小于低速冲击时刻。随着压缩应变的增大，中低速冲击载荷下蜂窝的变形模式趋于相似。故 $\varepsilon_y > 0.5$ 后，两冲击速度下蜂窝的动态泊松比相差不多。此外，高速冲击时内凹-反手性蜂窝也呈现出较为稳定的负泊松比特性，且其动态泊松比维持在一恒定值波动。由此可得，引入内凹变形机制可有效提高手性蜂窝的负泊松比效应。

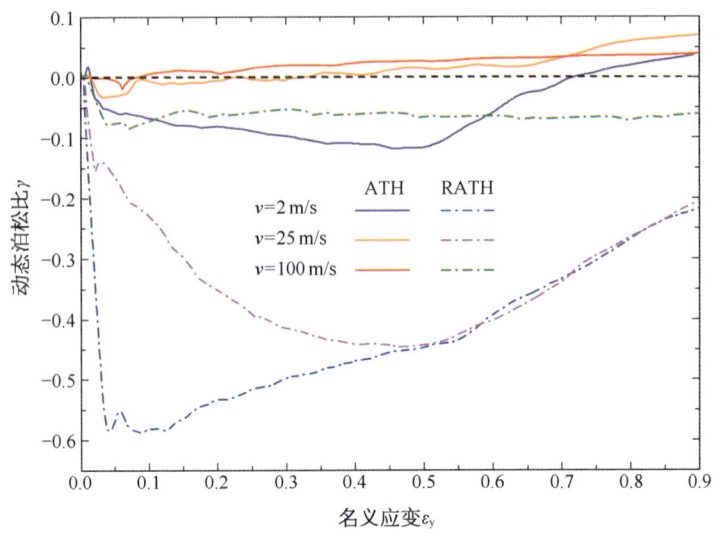

图 9-37　不同冲击模式下蜂窝的动态泊松比对比

9.4　新型耐撞型客车安全门

近年来,客运交通运输业蓬勃发展,客运车辆为大家的出行带来了很多的便利。特别是新客车技术的发展,客车的外观变得更时尚,乘坐舒适度也大幅提高。然而在追求客车外观和舒适度的同时,客车的密闭性也更好,乘客的座位也更高。随之而来也出现了新问题,当客车发生交通事故时乘员不能及时疏散逃生。目前,根据国家的相关标准,在客车上配备有不同的逃生出口和逃生装置。然而在不同的事故类型中,乘员的逃生方式及逃生需求差异较大,而且各逃生出口的布设位置在不同事故类型中也会出现不同程度的失效。安全门作为大型客运车辆有效的紧急逃生出口已经得到了有效的验证。此外,安全门的布设位置处在车辆事故发生率最低的部位,更有利于事故中及事故后乘员的逃生自救。然而客车事故发生时及发生后,安全门的受损和开启仍要格外关注,以保证安全门在事故发生时的有效开启。

不同事故类型中客车安全门的开启及逃生效果差异较大。在火灾事故中,由于车身的结构未受损,安全门的开启未受到影响。乘客只要掌握开启安全门的技能即可迅速高效地开启安全门。然而在碰撞事故中,车身结构不可避免地受损。特别是在正面碰撞及侧翻碰撞事故中,由于冲击载荷较大,车身的受损程度也更明显。如果安全门部位的立柱及安全门受损严重将严重影响安全门的开启及乘员的逃生效率。下面针对碰撞及侧翻典型事故,分析车身的受损状况,研究典型事故下安全门立柱的变形及安全门的变形以分析对安全门开启的影响。

9.4.1 新型耐撞型安全门的设计

以某客车为例,分析典型碰撞事故中安全门立柱的受损情况,确定立柱薄弱部件。为降低安全门立柱的受损及变形,通过优化安全门立柱结构及安全门结构,提高安全门的耐撞性能及乘员逃生效率。正面碰撞事故中,由于安全门的位置距离车头较远,与车头及前门的变形相比,其宏观上的变形较小。但是在车门锁止状态,轻微的变形将导致车门开启受限,安全门的应力云图如图9-38(a)所示。侧翻碰撞事故中,车体横向弯曲变形严重,安全门开启更为受限,安全门的应力云图如图9-38(b)所示。为了减小碰撞事故中安全门的变形以提高安全门的开启效率,对车身结构及安全门进行有效的改进。考虑到目前客车车身结构已经过多次优化,且车身结构基本已经固定。为了尽可

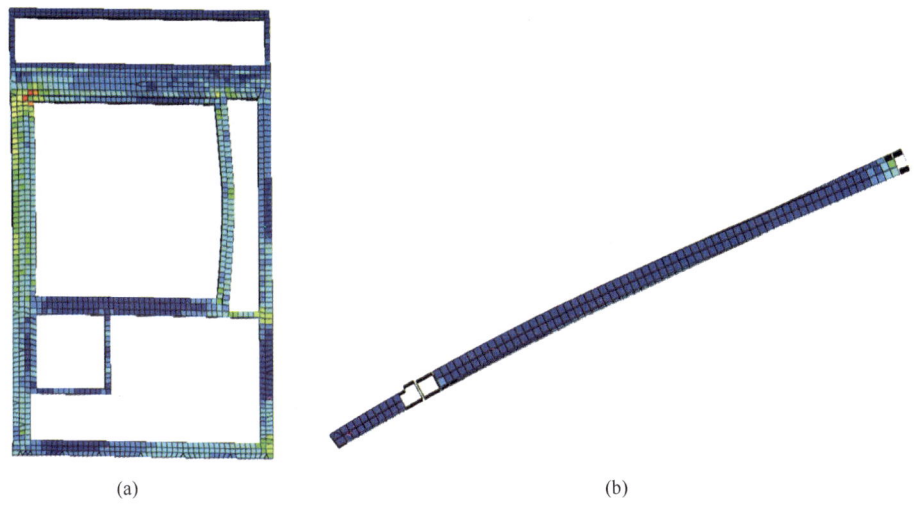

图9-38 不同事故类型安全门受损应力云图
(a) 碰撞;(b) 侧翻

能地减小对车身结构的改动,将星形-三角形负泊松比结构通过合理的结构设计,将蜂窝结构作为填充材料填充于安全门的立柱中,如图9-39所示。此外,为了进一步提高车身整体的耐撞性能,在车身的前纵梁、保险杠、立柱等部位也填充负泊松比结构材料,从而提高车身的耐撞性能,如图9-40所示。

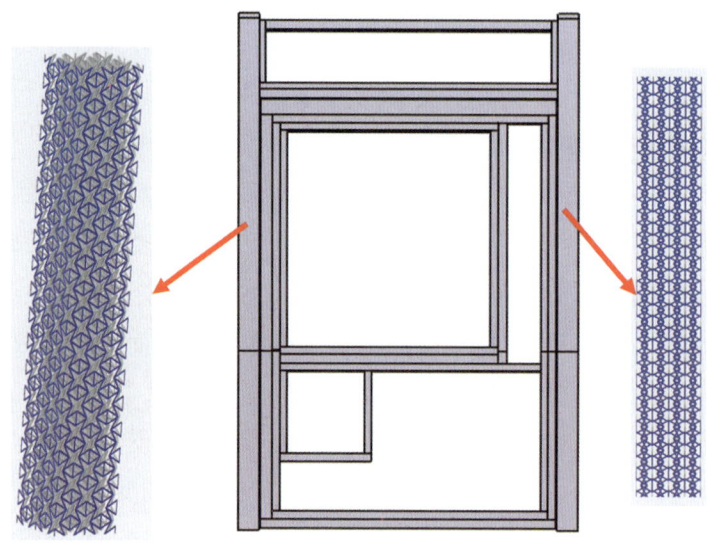

图9-39 安全门的结构设计

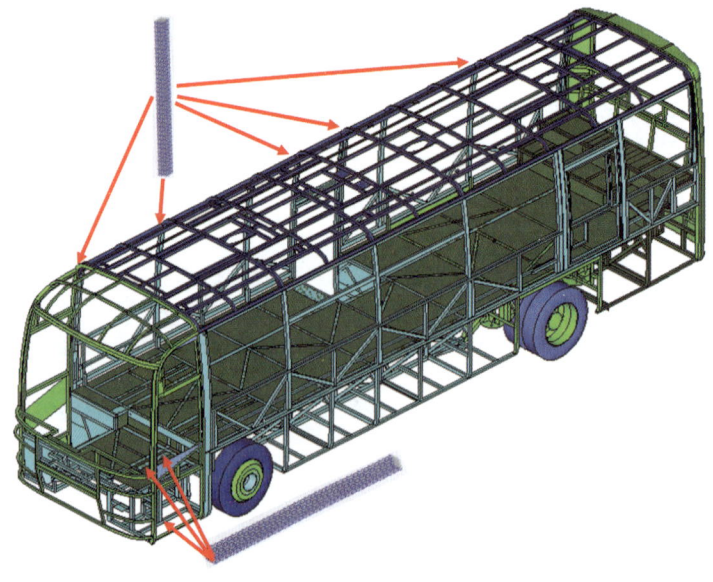

图9-40 负泊松比蜂窝结构车身填充部位

9.4.2 不同事故类型下新型客车安全门的耐撞性能

1）正面碰撞事故

利用有限元建模软件建立填充负泊松比结构材料后的客车正面碰撞模型,由非线性有限元求解器 LS-DYNA 对客车正面碰撞进行数值模拟。通过数值模拟结果分析客车易受损部位负泊松比结构材料填充后的变形。图 9-41 对比了相同冲击时刻填充负泊松比结构材料前后客车安全门的受损变形。可以看出,在未填充负泊松比结构材料时,安全门的立柱有轻微的变形,特别是安全门的窗体立柱出现明显的变形。此外,从应力云图中也可以看出距离车头较近的立柱的应力值更高,安全门四周的应力值也较高。这意味着安全门的整体结构出现了一定的变形,立柱与安全门之间挤压,安全门将无法正常开启,如图 9-41(a)所示。当填充负泊松比结构材料后,安全门的变形明显比未填充的小了许多,安全门玻璃立柱的变形量减小,如图 9-41(b)所示。

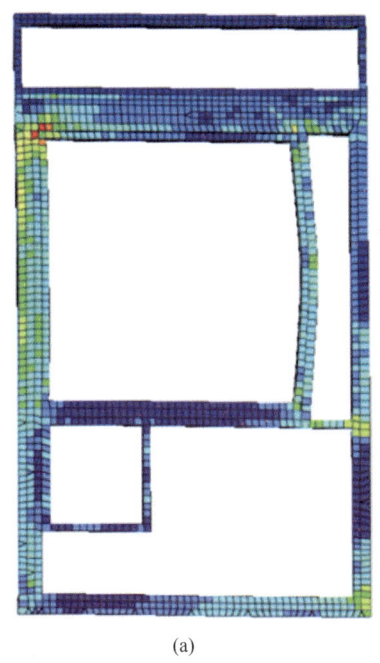
(a)

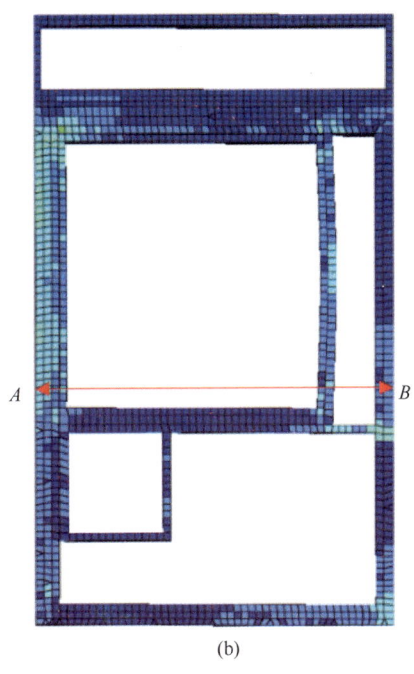
(b)

图 9-41 填充负泊松比结构材料前后安全门的变形
(a) 初始安全门变形;(b) 增加填充结构后安全门变形

此外,安全门的四周立柱的应力值也明显减小,安全门的总体变形量减小,这减小了立柱与安全门之间的挤压,对安全门的开启影响较小,有助于乘员的逃生。

为了进一步对比填充负泊松比结构材料前后车门的变形,选取安全门立柱上相同高度的两个点,测量在正面碰撞事故中两侧立柱之间的收缩位移,从而量化安全门被挤压的程度。图9-42为填充负泊松比结构材料前后安全门立柱的收缩位移。可以看出,在整个碰撞过程中填充负泊松比结构材料的安全门立柱之间的收缩位移均小于未填充的。此外,填充负泊松比结构材料后安全门立柱之间的最大收缩位移约为1.5 mm,而未填充负泊松比结构材料的安全门立柱之间的最大收缩位移达到6 mm。虽然收缩位移不大,但是在安全门及立柱均变形时车门很容易出现无法开启的情况。填充负泊松比结构材料后安全门立柱之间的收缩位移明显减小,对安全门的挤压量小,可有效提高安全门的开启效率。

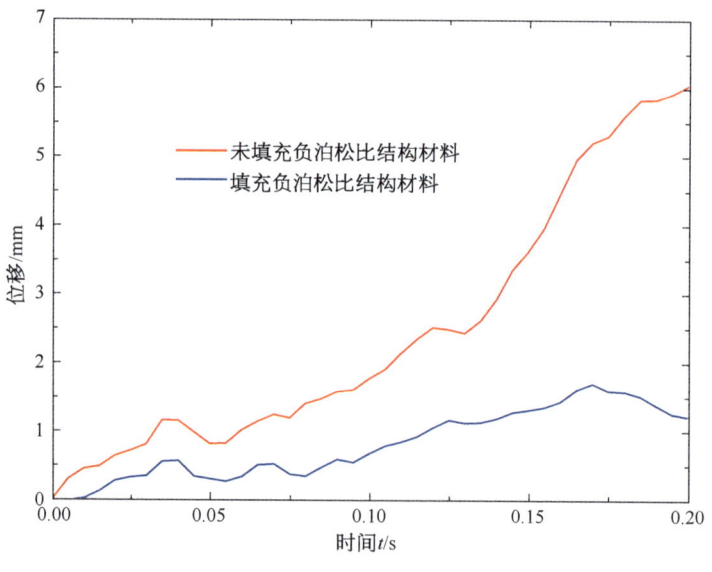

图9-42 安全门立柱之间的收缩位移

在车身的关键部位填充负泊松比结构材料后,车身的抗冲击能力也会有一定的提高。图9-43对比了填充负泊松比结构材料前后车身质心位置的加速度曲线变化。当未填充负泊松比结构材料前,质心位置的加速度随着时间的增大逐渐增大,且最大加速度达到$33g$,然后加速度迅速减小,甚至车身出现了回弹。这种现象为车身与刚性墙的一种刚性接触,加速度的突然增大就迅速减小均对乘员造成严重的伤害。此外,加速度还出现了负值,这是典型的车辆回弹现象,对乘员造成严重的伤害。然而填充负泊松比结构材料后,车身质心位置加速度随冲击时间逐渐增大,最大加速度约为 $19g$。峰值加速度明显减小,这显著减小了对乘员的冲击伤害。此外,填充负泊松比结构材料后,质心加速度达到峰值后随冲击时间逐渐减小,直至为 $0g$。整个冲击过程中加速度的增大和减小均较为平稳,对乘员的冲击伤害较小,可有效避免乘员在正面碰撞事故中的伤亡。

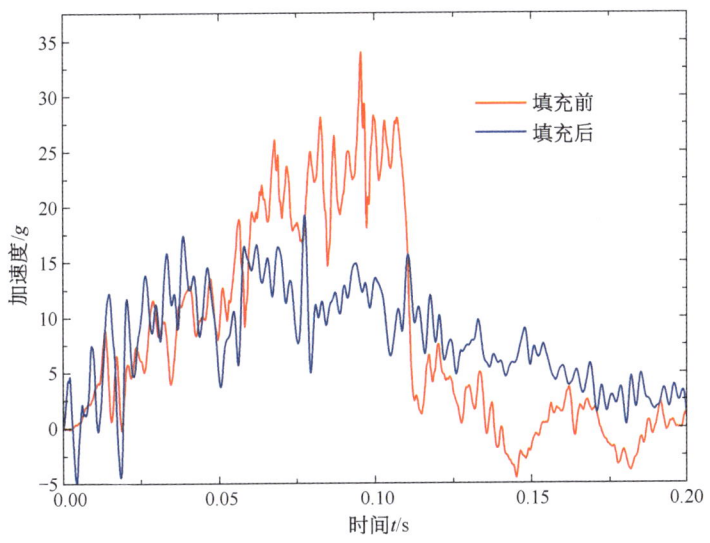

图 9-43 填充负泊松比结构材料前后车身质心位置加速度变化曲线

综合安全门的变形及质心加速度的变化,可以看出填充负泊松比结构材料可以有效提高安全门的耐撞性能,同时也可以有效减小峰值加速度,减小对乘员的伤害。填充结构可在未改变车身的结构设计和布设的条件下,有效提高车身结构的耐撞性能,节省了车身结构重新设计校核的过程。此外,周期性负泊松比结构蜂窝材料作为填充材料,还可以减小车身的振动及噪声,进一步提高乘员的乘坐舒适性。

2) 侧翻碰撞事故

由于客车朝左侧翻时安全门被完全阻碍,安全门不可能开启,乘员需选择其他逃生出口逃生。因此,在本研究中仅对客车右侧侧翻进行数值模拟,并分析侧翻事故中车身结构的变形对安全门的开启产生的影响。与正面碰撞事故相似,建立填充负泊松比结构材料之后客车左侧侧翻数值模拟模型,并利用非线性有限元求解器对客车的侧翻进行模拟。图 9-44 对比了填充负泊松比结构材料前后安全门的变形。图中绿色部分为安全门结构,蓝色部分为车身结构。由图 9-44(a)可得,随着冲击时间的增大,安全门与车身之间的相对变形位移增大,且车身的侧围发生扭转变形。安全门与车身侧围之间出现扭转挤压,导致安全门的开启受阻。图 9-44(b)为填充负泊松比结构材料后安全门的变形。可以发现,安全门与车身侧围之间的相对变形位移明显比未填充的小。而且车身右侧围未发生扭转变形,对安全门的挤压变小,有利于安全门的开启。由于侧翻时,车身朝图 9-44 中箭头方向弯曲,客车侧围初始的弧度将被逐渐消减,且向与自身弧度相反的方向弯曲。图 9-44(a)中,未填充负泊松比结构材料的安全门及立柱随冲击时间的增大初始弯曲弧度逐渐消失,且朝相反方向弯曲。而图 9-44(b)中,安全门的弯曲与右侧围之间的相对变形小,在侧翻碰撞中右侧围的初始弯曲弧度随冲击时间的增大

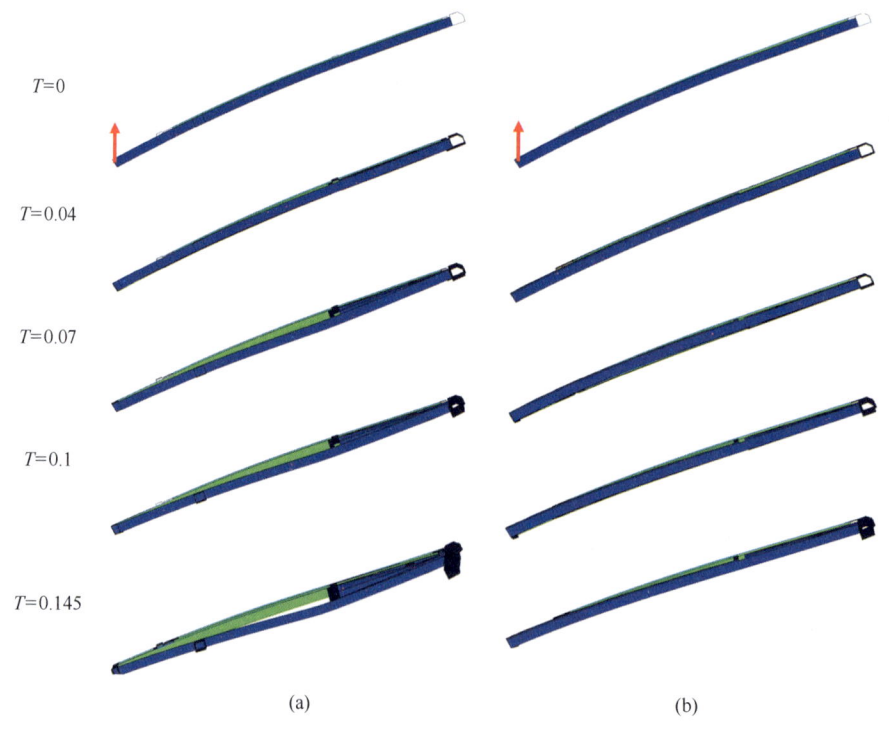

图 9-44 安全门与车身结构相对变形对比
(a) 填充前;(b) 填充后

未出现明显变化,且未朝相反的方向弯曲。对安全门的开启影响最小,有助于客车侧翻后乘员的逃生。

第 2 章已对客车的侧翻进行了试验和数值模拟研究。客车侧围立柱容易弯曲变形且严重入侵安全空间,这不利于对乘员的保护。为了提高客车车身的抗冲击性能,在侧围立柱中填充负泊松比结构材料,提高车身的抗冲击性能,并减小侧翻时车身的加速度,减小对乘员的伤害。图 9-45 中对比了填充负泊松比结构材料前后侧围立柱对安全空间的入侵。在未填充负泊松比结构材料时,右侧第二、第三及后围立柱严重入侵乘员的安全空间。填充负泊

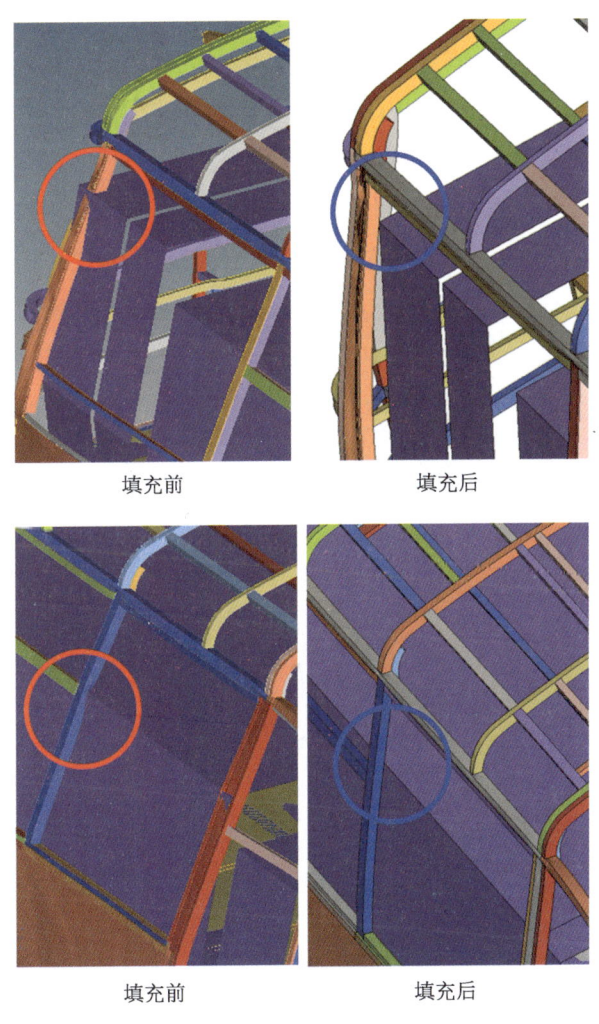

填充前　　　　　　　填充后

填充前　　　　　　　填充后

图 9-45　侧翻事故安全空间入侵

松比结构材料后,右侧立柱的抗冲击性能明显提高,未入侵乘员安全空间,可有效保护乘员的生命安全。

碰撞事故中,质心加速度的大小对乘员的生命安全具有重要的影响。根据 C-NCAP 的要求,加速度的大小应小于 $88g$,这样才能避免对乘员身体的伤害。第 2 章的侧翻碰撞分析中已经验证,未填充负泊松比结构材料的客车侧翻时质心加速度出现多个超过 $88g$ 的峰值加速度,这将严重伤害乘员的生命安全。图 9-46 中对比了填充前后车身的质心加速度。可以看出,填充负泊松比结构材料后,车身质心的峰值加速度均小于 $80g$。此外,质心的加速度波动幅值明显小于未填充负泊松比结构材料的。这可以明显地减小对乘员的伤害,保护乘员的生命安全。图 9-47 对比了填充负泊松比结构材料前后车身右侧立柱的加速度。可以看出,未填充负泊松比结构材料的立柱加速度除了在初始时刻出现加速度峰值外,在中间位置也有较大的加速度波动,这对乘员造成严重的二次伤害。此外,加速度峰值大于 $88g$,明显对乘员造成严重的伤害。而填充负泊松比结构材料的立柱加速度仅在碰撞初始时刻产生了较大的加速度波动,且峰值加速度均小于 $88g$,小于 C-NCAP 的标准要求,对乘员的伤害不大。此外,当车身触地后车身的变形为渐进失效,加速度将趋于平稳的波动,对乘员的生命安全影响较小。

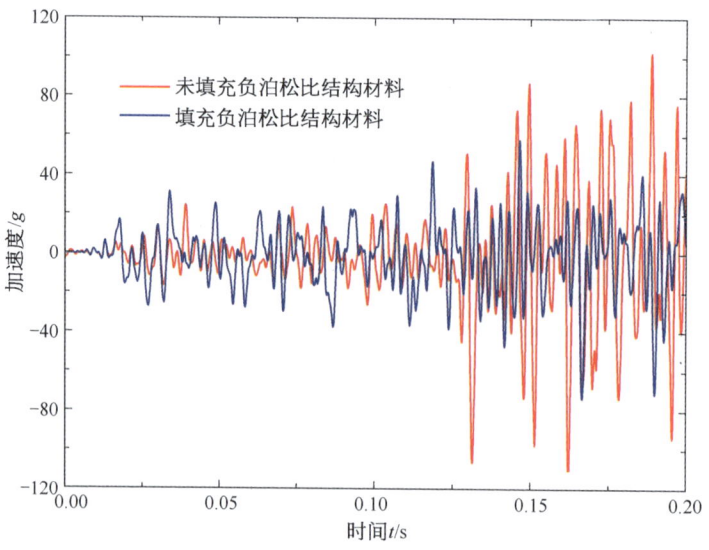

图 9-46 侧翻事故填充负泊松比结构材料前后质心加速度对比

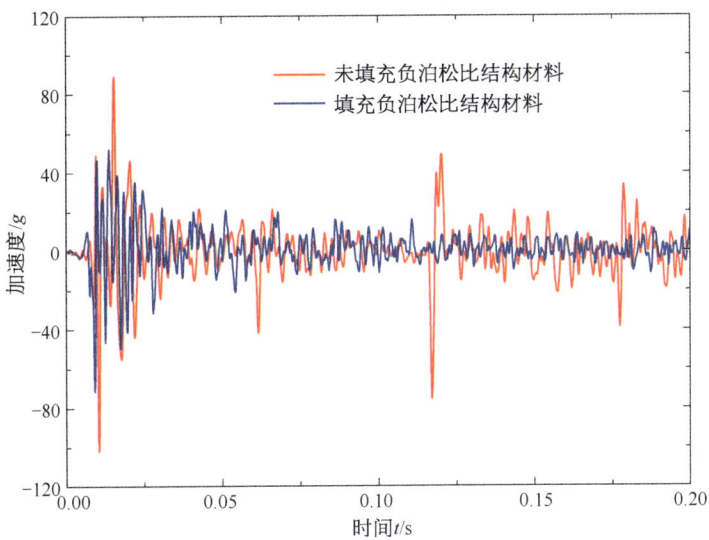

图 9-47 侧翻事故填充负泊松比结构材料前后立柱加速度对比

通过对比填充负泊松比结构材料前后安全门的变形及车身加速度的变化,可以发现在车身的关键部位填充负泊松比结构材料,可提高车身的耐撞性能,减小安全出口部位车身的变形,提高安全出口的开启效率。同时又能提高车身吸能部位的能量吸收能力,降低车身的质心、前后轴及立柱的加速度,减小对乘员的伤害,保护乘员的生命安全。

第 10 章
车辆运行状态在线预警技术成果应用

在途车辆的运行安全问题,最重要的是能够在发生安全事故前进行车辆运行状态在线预警,避免发生交通事故。开展车辆运行状态在线预警,可以通过各传感器收集的信息,监测车辆运行状态并对驾驶人进行提前预警,从而保障在途车辆的行车安全。

本章主要列举了五种在线预警技术成果,其中汽车前向碰撞预警系统可以在与前车距离小于安全距离时报警,紧急情况时进行制动干预;V2X 信息采集系统将"人、车、路、云"等元素联系在一起,进一步提高了行车安全与交通效率;车道偏离监测及预警系统通过识别车道线判断车辆是否偏离,偏离后及时预警;车辆定位信息采集系统可以实时上传车辆位置信息,并在服务器进行位置监控和预警;基于云服务器的行驶车辆监测系统将车载信息、图像信息、GPS 定位信息及雷达信息通过 4G 通信技术发送到服务器端,实现对多辆车的实时状态监控和预警。本章的五种车辆运行状态在线预警技术为相关研究提供了技术参考,对实现车辆运行状态监测及预警、提高车辆行驶安全具有极其重要的意义。

10.1 汽车前向碰撞预警系统

研究表明,随着我国交通汽车行业的快速发展,交通安全成为人们日益关心的问题。在驾驶过程中,驾驶者不仅要考虑复杂多变的道路条件,同时要关注自身存在的驾驶疲劳和失误,避免发生交通事故。调查数据表明,交通事故中很多都是因为追尾、两车相撞而造成,因此车前障碍物识别及防碰撞预警极为重要。通过车载的传感设备感知前方的障碍物,并提前向驾驶者进行预警,紧急情况下给予干预,可以有效降低事故的发生率。

同时，车前障碍物识别及防碰撞系统也是无人驾驶车辆环境感知及决策的重要组成部分。

10.1.1 工作原理

以激光雷达做障碍物检测和测距方式，系统包括基于激光测距传感器的防撞和基于多线激光雷达的障碍物检测及防撞系统。

1）基于激光测距传感器的防撞系统工作原理

激光传感器向车前方发射激光，在遇到障碍物之后光束反射回来，被传感器接收，检测这段时间差可以得到汽车与前方障碍物的相对距离。根据汽车制动性系统模型得到一个计算安全距离的公式，将实际测得的距离与安全距离做对比，当测得的距离小于安全距离时系统对驾驶员进行报警，提醒驾驶员做出相应措施，在紧急情况下进行干预制动。

2）基于多线激光雷达的防撞系统工作原理

多线激光雷达以车360°范围进行扫描，以接收到的光速建立车辆周围的点云图，通过坐标系转换、滤波、地面分割、聚类等算法识别障碍物，并获得障碍物的形心信息、轮廓信息及距离信息，通过ROS系统中的话题通信机制发送给车辆决策控制模块处理，根据汽车制动性系统模型得到一个计算安全距离的公式，当实时测得的障碍物距离小于安全距离时，对车辆进行紧急制动，从而完成防撞。

10.1.2 典型应用

前向碰撞预警系统包括安装在车上的激光雷达、车载终端、CAN总线连接器等，工作中当检测到小于安全距离的状态时，通过蜂鸣器给予报警，在紧急情况下进行干预，向制动系统发出指令进行制动控制。

1）基于激光测距传感器的防撞系统的应用

（1）激光传感器和开发板的安装。系统的连接主要分为两个部分，第一部分是车外激光测距传感器的连接。如图10-1所示，传感器被机械装置固定在试验车前部保险杠的中间位置。传感器的固定必须牢靠，不能随着试验车的振动而晃动。此外，传感器必须水平安装，不能倾斜，以保证激光光束向前方水平发射,而不是发射到天空、地面或者车道隔离带上。激光测距传感器工作时需提供 8~24 V 的直流电压,所以需要从车内给传感器供电。导线的连接必须牢固,以免在试验过程中断开,影响试验进行。

图 10-1　激光传感器的安装

（2）车内主控制单元、OBD 接口、激光传感器数据线的连接。给主控制单元提供稳定的工作电压，通过 OBD 线将 OBD 接口的 CAN 线引出，连接到主控制单元的 CAN 模块上，激光传感器的信号线通过 RS232 串口连接到主控制单元上，如图 10-2 所示。

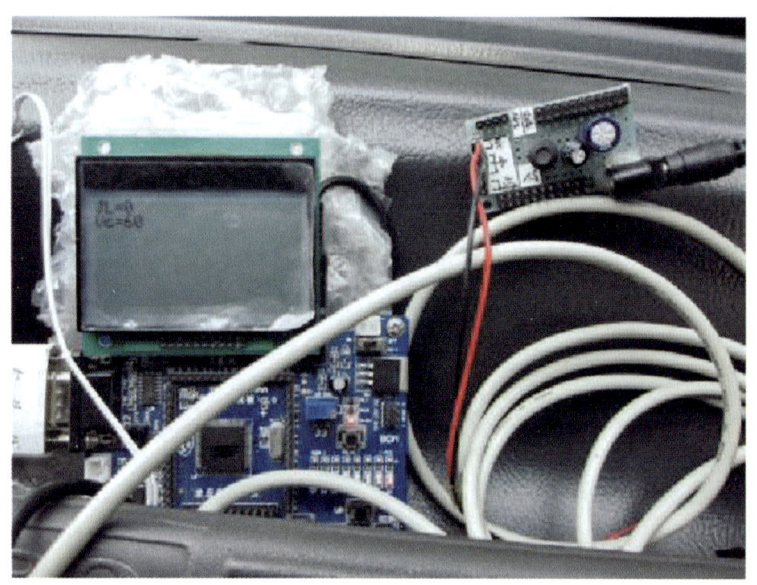

图 10-2　激光传感器与车载终端及 CAN 线的连接

（3）激光测距传感器的防撞系统应用。通过观察液晶屏显示距离的变化，可以发现激光测距传感器能够实时采集车距信息，系统通过激光测距传感器测量实时车距，并利用从 CAN 总线或 OBD 接口获得的车速信号计算当前的安全距离。当实时车距小于安全距离时，汽车处于危险状态，系统通过语音实现报警功能。

表 10-1 列出了高速公路上实际应用中测得的数据。

表 10-1　高速公路数据

车速/(km·h^{-1})	安全距离/m	显示报警距离/m
60	49.44	47
60	49.44	49
60	49.44	54

续　表

车速/(km·h^{-1})	安全距离/m	显示报警距离/m
70	60.837	59
70	60.837	60
80	73.136	75
100	100.44	99
100	100.44	98
105	107.78	102

2）基于多线激光雷达的防撞系统的应用

多线激光雷达防撞系统的设备主要包含 16 线激光雷达、工控机，安装如图 10-3 所示。

图 10-3　多线激光雷达的安装

车辆顶部加装了用于固定激光雷达安装支架，支架可调整高度及角度,激光雷达安装高度为 1.9 m。工控机安装了 Linux 的 Ubuntu 16.04 版本,并在此基础上安装了 ROS 系统作为程序的运行框架和基础,版本为 Kinetic。

首先通过以下步骤进行各个功能包节点的启动:

第一步:通过车载直流电源对工控机和激光雷达进行供电,激光雷达通过 RJ45 网口与工控机 LAN1 接口相连,工控机通过 CAN 通信卡与车辆 CAN 总线相连。设置工控机 IP 地址和子网掩码,保证激光雷达数据的正常接收。

第二步:配置 CAN 通信卡的波特率为 500 kbps,然后重启 CAN 卡。

第三步:依次启动 ROS 节点。

经过以上启动,主动防撞系统就可以开始工作。图 10-4 为基于多线激光雷达的障碍物检测及防撞实际应用中的效果。

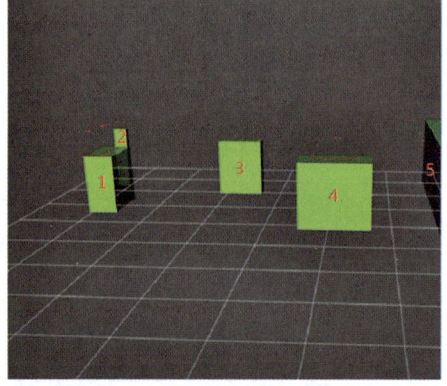

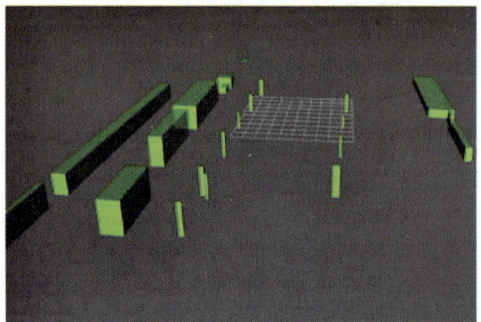

图 10-4 基于多线激光雷达的障碍物检测及防撞实际应用中的效果

10.2 V2X 信息采集系统

V2X 将"人、车、路、云"等交通参与要素有机地联系在一起,可以使得车辆获得比单车感知更多的信息,对于获得的这些信息可以有效地进行处理,不仅可以保证车辆运行时的安全性,还可以提高交通效率,降低事故发生率。

10.2.1 工作原理

使用工控机收集车辆信息和传感器信息,包括车速、加速度、经纬度、航向角、车道偏离次数、时间等数据,通过 CAN 发送到 V2X 车载终端 OBU 上,OBU 再发送到 RSU 端(V2X 路测端)和云服务器,同时云服务器接收其他车辆的行驶数据及由 RSU 端发送的道路信息数据,实现车载端、路侧端及云端之间的数据交互,同时车与车端的 OBU 也可完成车-车之间的通信。

10.2.2 典型应用

应用 V2X 信息采集系统和云端服务器可以实现对车辆行驶状态的监测,如图 10-5 所示。

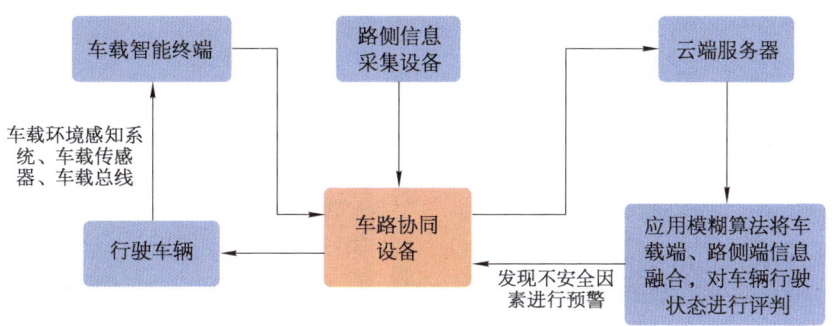

图 10-5 使用 V2X 信息采集系统和云端服务器实现对车辆行驶状态的监测

通过 V2X 通信设备可以将车载传感器获得的信息,包括车辆自身 CAN 总线获取的信息及通过摄像头获取的图像信息,通过激光雷达获取的 SLAM 构图信息,通过激光传感器、毫米波雷达获取的距离及前方车辆信息,通过 GPS 获取的高精度卫星定位信息,以及路测设备获取的道路信息,包括路测的交通状况、天气、路面情况等信息,发送到云服务器或路测监测平台,在云服务器端或路测监测平台应用相应的理论建立模型,将这些信息融合,对行驶车辆的行驶状态做出评判,当发现车辆处于不安全状态时给予预警。V2X 信息采集系统的应用场景如图 10-6 所示。

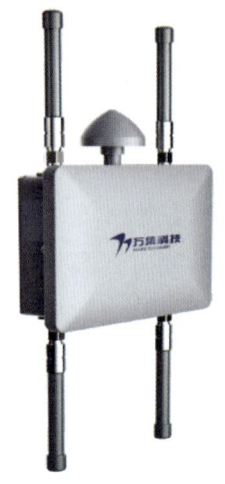
V2X路测终端(RSU)

V2X车载终端(OBU)

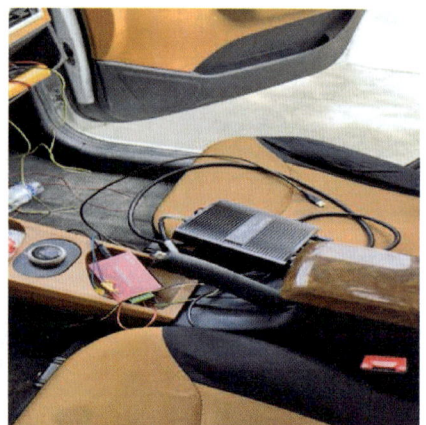

图 10-6　V2X 信息采集系统的应用场景

10.3 车道偏离监测及预警系统

车辆行驶过程中,驾驶员常常有不规范的驾驶行为,如在不打转向灯的情况下任意变道、在疲劳驾驶的情况下车辆行驶偏离车道线等,这些危险交通行为如果不及时纠正,就有可能发生交通事故。因此,需要有车载的监测系统,对车辆是否偏离车道线进行监测,并对不规范驾驶行为进行警示、干预并记录。车道偏离监测及预警系统是指一种通过蜂鸣装置报警的方式警示驾驶员减少汽车因车道偏离而发生交通事故的系统。它主要分为"纵向"和"横向"车道偏离预警两个方面:纵向车道偏离预警主要用于预防由于车速太快或方向失控引起的车道偏离碰撞;横向车道偏离预警主要用于预防由于驾驶员注意力不集中及驾驶员因疲劳放弃转向操作而引起的车道偏离碰撞。同时研发系统将单位时间车道偏离的次数上传到云服务器或路测监控平台,对于营运车辆来说,提供管理者对车辆偏离情况的监测,并将驾驶员的不规范驾驶行为进行记录,从而对驾驶员进行有效管理。在无人驾驶汽车的应用场景,车道线的检测是环境感知的一个方面,是无人驾驶车道保持的重要手段。

10.3.1 工作原理

摄像头采集道路图像发送给 DSP 进行图像处理,简化图像信息,制止干扰噪声,再利用道路图像车道线形状与亮度特征对道路图像进行分割,初步提取车道线,再对图像进行扫描,提取出车道线的中心点,再通过车道线拟合算法搭建车道线直线模型,最后根据车道线偏离判断方法判断车辆是否偏离车道并将处理后的图像传送给显示器。如果偏离则蜂鸣器报警,同时显示器上的车道线变为紫色;反之,蜂鸣器不会报警,车道线呈绿色。工作原理如图10-7所示。

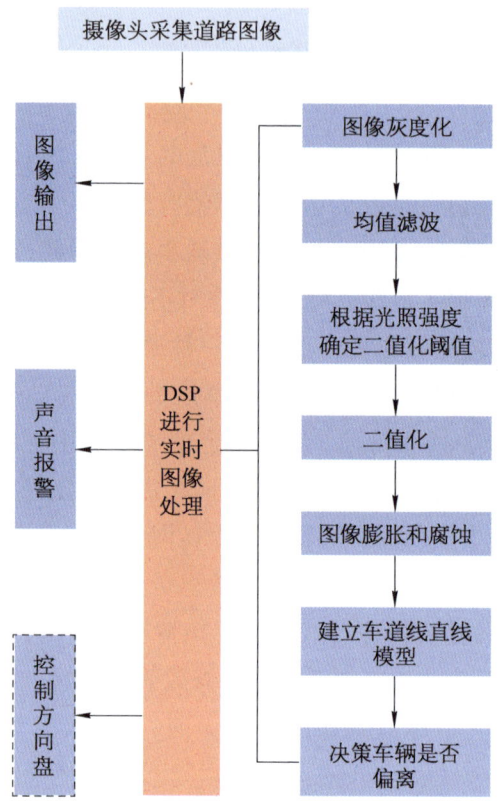

图 10-7　车道偏离监测及预警系统工作原理

10.3.2　典型应用

如图 10-8 所示,将此系统应用于西安周边的高速公路上,为了便于进行试验记录,将 DM6437 的显示屏信号经模数视频转换器投射到计算机上,并用录屏软件对视频进行录制。图 10-8 为试验视频截屏,图 10-9 为直道行驶时的情况,图 10-10 为弯道行驶的情况,图 10-11 为发生车道偏离时的情况。车辆正常行驶时,车道线会标记为绿色,当检测到发生车道偏离时,被压的车道线会标记为紫色。

图 10-8 现场试验

图 10-9 直道行驶效果

图 10-10 弯道行驶效果

图 10-11 偏离时效果

10.4 基于高精度 GPS 的车辆定位信息采集系统

车载端通过高精度 GPS 模块可以实时获取车辆位置信息,经信息汇总后,通过车载的 4G 模块将以上信息发送到云端服务器,实现对车辆的实时监控和数据回放,并根据一定的标准及算法对发来的数据进行分析,对车辆状态进行预诊断,防止因车辆故障或不安全行为引起交通事故。

10.4.1 工作原理

融合差分 GPS 定位技术及 IMU 惯性导航定位技术,在车辆行驶中实时获取车辆的运行状态信息及路径数据,然后利用工控机作为决策机构,在自主循迹工况下稳定且实时地处理、接收、判断数据信息,同时将采集到的定位信息发送到云服务器,对车辆行驶轨迹进行监测。

GPS 导航模块通过 RS232 接口接入 4G 差分模块 MD‑649,模块内置有移动 4G 卡槽,可通过 USB 串口配置数据转换单元(data transfer unit,DTU)模块,通过在串口终端发送控制指令可以配置设备连接千寻基站,获取其提供的差分信息服务。千寻位置在全国各大城市均提供定位基站服务,可以提供稳定可靠的差分位置信息。在接入千寻提供的接口后,行驶车辆将自己的位置信息通过 DTU 模块以无线的方式发送给千寻(图 10‑12),千寻经过 RTK 运算后,以 1 Hz 的发送频率返回给 DTU 接收机,发送给卫导板卡,组合定位设备接收到千寻的国际海运事业无线电技术委员会(Radio Technical Commission for Maritime Services,RTCM)位置信息,结合自身收到的卫星定位信息及惯性测量单元得到的位置信息,联合解算出车辆当前的位置,如图 10‑13 所示。

基于 Ubuntu 16.04 系统,搭建机器人操作系统(robot operator system,ROS)框架,设计数据接收和转换节点,记录定位设备和车辆状态信息,可以实时记录车辆当前的位置和姿态信息。RTK 组合定位设备和试验车辆通过

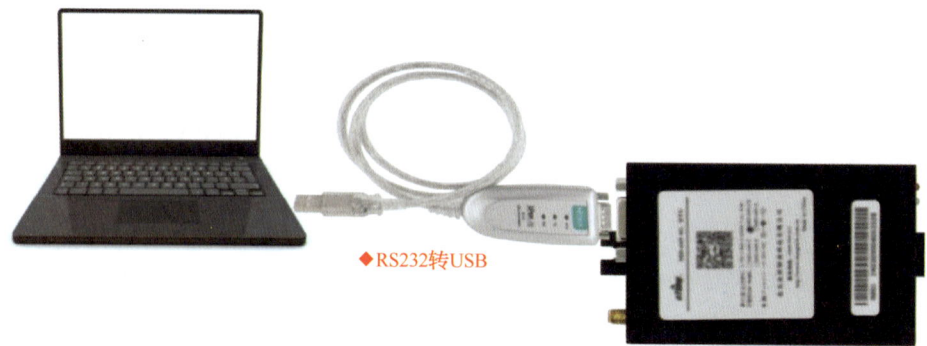

图 10-12　千寻 DTU 模块

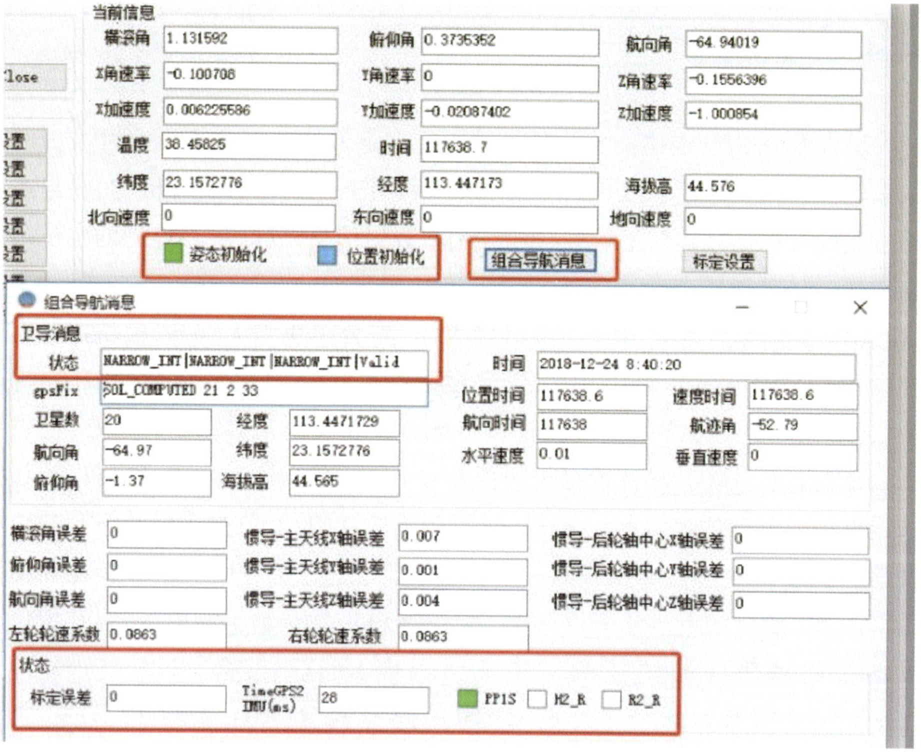

图 10-13　组合定位设备状态显示

RS422 端口转 USB 线来连接,对于软件的接收可通过 Ubuntu 内置的串口调试工具 Cutecom 完成。RTK 组合定位设备数据接收节点整体的实现流程如图 10-14 所示。

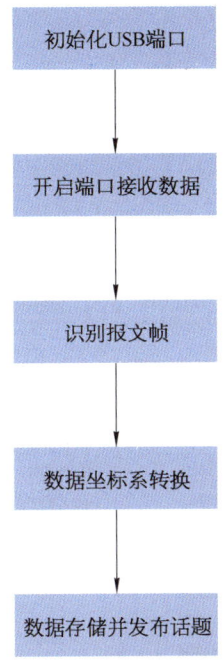

图 10-14 定位信息接收节点实现流程

10.4.2 典型应用

通过基于高精度 GPS 的车辆定位信息采集系统,对试验路段位置信息进行采集,并依据所采集的位置信息建立车辆路径追踪所依赖的高精度轨迹,从而完成对车辆的路径追踪。利用工控机基于 ROS 通信框架完成对行驶车辆各通信节点的设计,使行驶车辆可以根据上位机程序完成相应的动作,依据厂家给定的 DBC 通信协议,通过对线控车辆发送相应的 CAN 总线报文,可实现相应的车辆控制。同时,汽车的定位信息会通过 4G 通信模块上传至云服务器中,通过云端服务器的信息处理,来判断车辆的行驶状态,并会将结果推送至网页端或驾驶员,从而提高道路的驾驶安全。

通过基于高精度 GPS 的车辆定位信息采集系统的基本功能,可以对车辆的定位进行测试试验。首先安装并初始化试验设备,如图 10-15 所示。

然后为了验证数据保存、数据读取车辆控制等功能的可靠性,对试验车

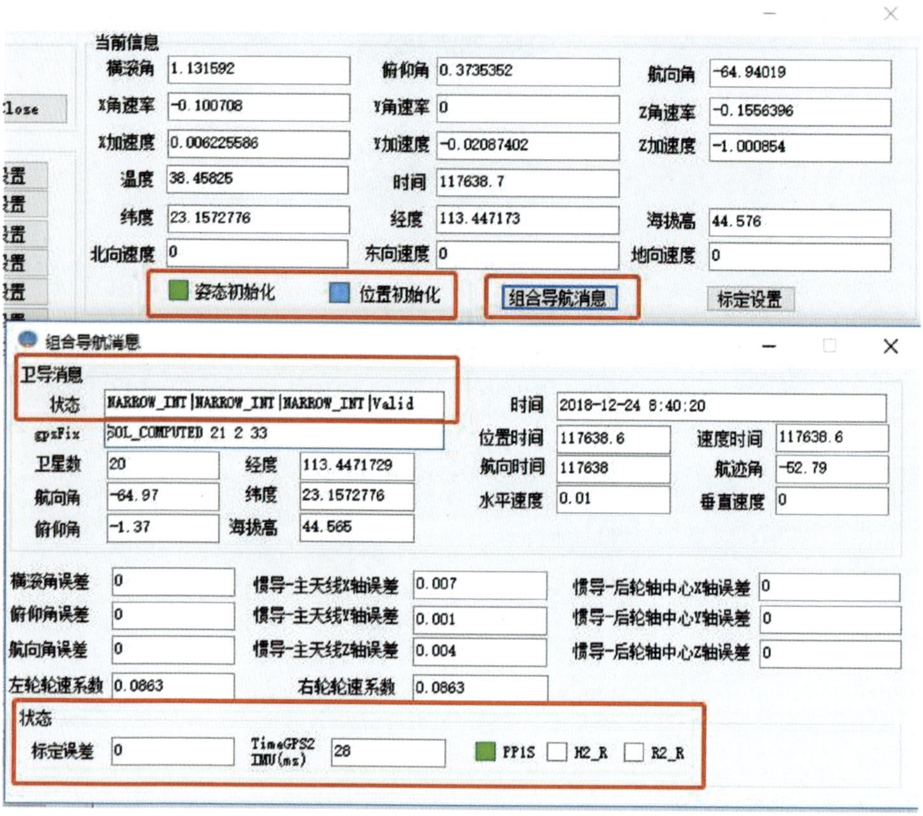

图 10-15 设备初始化

进行循迹系统目标轨迹的录制试验和功能测试试验。

当配置完系统的全局参数后,开始路径录制的试验。当终端中显示如图 10-16 所示的效果时,表明系统已经开始接收和解析组合导航设备输出的数据并进行坐标系转换。将车辆移动到预设的起点上,再打开一个终端,启动 RVIZ 观察车辆位置,然后启动车辆行驶。此时,可以在 RVIZ 终端中观察录制的路径状态并及时对车辆运行的状态进行调整。RVIZ 的显示效果如图 10-17 所示。

将定位信息实时传送到云服务器,在云服务器端对行驶轨迹进行监测(图 10-18),当发现车辆有不安全的行驶状态时,对车辆进行报警或控制。

第 10 章　车辆运行状态在线预警技术成果应用

```
roll [0.219727]              pitch [-0.780029]        yaw [113.697510]
acc_x [-0.013184]            acc_y [-0.004395]        acc_z [-0.997192]
gyro_x [0.073242]            gyro_y [0.036621]        gyro_z [-0.018311]
latitude [34.374959]         longitude [108.900508]             altitude [0.037569]
vel_n [0.000000]             vel_e [0.000000]         vel_d [0.000000]
[ INFO] [1605511287.347835266]: ==============================================

roll [0.208740]              pitch [-0.780029]        yaw [113.708496]
acc_x [-0.014648]            acc_y [-0.002197]        acc_z [-0.996094]
gyro_x [-0.128174]           gyro_y [-0.164795]       gyro_z [0.000000]
latitude [34.374959]         longitude [108.900508]             altitude [0.037569]
vel_n [0.000000]             vel_e [0.000000]         vel_d [0.000000]
[ INFO] [1605511287.387694904]: ==============================================

roll [0.208740]              pitch [-0.780029]        yaw [113.708496]
acc_x [-0.013184]            acc_y [-0.001465]        acc_z [-0.996826]
gyro_x [-0.073242]           gyro_y [0.000000]        gyro_z [-0.128174]
latitude [34.374959]         longitude [108.900508]             altitude [0.037569]
vel_n [0.000000]             vel_e [0.000000]         vel_d [0.000000]
[ INFO] [1605511287.388321831]: got gps msg
[ INFO] [1605511287.388441353]: ENU Coordinate:[5.766951  6.500452  -375.588437]
[ INFO] [1605511287.388592938]: GPS in map :[5.766951  6.500452  -375.588437]
[ INFO] [1605511287.388921054]: got gps msg
[ INFO] [1605511287.389007171]: ENU Coordinate:[5.766951  6.500452  -375.588437]
[ INFO] [1605511287.389065344]: GPS in map :[5.766951  6.500452  -375.588437]
[ INFO] [1605511287.389888671]: got gps msg
[ INFO] [1605511287.389983263]: ENU Coordinate:[5.766951  6.500452  -375.588437]
[ INFO] [1605511287.390042518]: GPS in map :[5.766951  6.500452  -375.588437]
[ INFO] [1605511287.422833438]: got gps msg
```

图 10-16　录制路径时终端显示效果

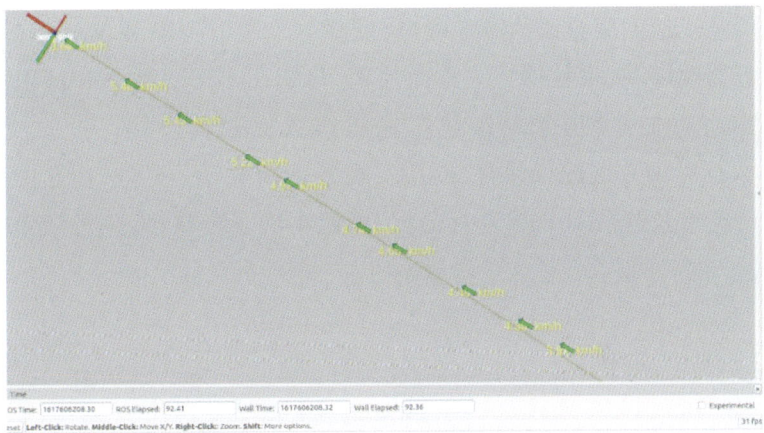

图 10-17　路径录制时 RVIZ 的显示效果

图 10-18　试验路径

10.5　基于云服务器的行驶车辆监测系统

车载终端将车载信息、图像信息、GPS定位信息及雷达信息通过4G通信技术发送到服务器端,实现对车辆的实时监控和数据回放,并根据一定的标准及算法对发来的数据进行分析,对车辆状态进行预诊断,防止因车辆故障或不安全行为引起交通事故。

10.5.1　工作原理

应用4G通信技术、云服务器及相应程序开发技术,车载终端将车载信息及定位信息发送到服务器的特定端口,控制中心基于TCP或WebSocket协议监听服务器端口,接收数据。一方面使用HTML5+CSS3+JavaScript对网页接收的数据进行显示,用于对在途车辆状态数据进行监控;另一方面利用MySQL数据库对数据进行保存,以便实现数据回放等。另外,控制中心还根据一定的标准及算法对数据进行分析,确定车辆安全状态,并将结果推送到网页端。

10.5.2　典型应用

搭建集车辆运行数据动态展示及异常运行状态监测和网络级车辆上报级预警功能于一体的动态预警平台系统,可同时接入多辆车辆的数据,并进行可视化展示(图10-19),实现在途状态监测、风险驾驶行为识别与预警、周边车辆事故上报和驾驶员驾驶风格及驾驶风险综合评估功能。车辆在途状态监测平台可以实现实时视频传输和车辆轨迹及运行状态展示;车辆风险驾驶行为识别与预警方面,平台可以实现车辆运行状态信息展示、气象状况信息展示、风险路段信息展示和预警信息展示;驾驶员驾驶风格及驾驶风险综合评估方面,平台可进行驾驶风格评估展示、驾驶风险综合评估展示和预警效果评估窗口展示等。

图 10-19　车辆安全性诊断与在线预警平台

应用车辆安全性诊断与在线预警平台,可为道路使用者提供驾驶风险预警信息,为道路管理者提供道路风险等级与评估信息,采用主动安全预警方式显著提升道路运营安全水平。

第 11 章
客车事故自主救援技术成果应用

前面章节研究表明,客车事故后的快速、及时自主救援可以显著降低事故伤亡。然而通过对客车事故逃生制约因素的细致梳理和对逃生需求目标体系的深入分析可以发现,现有客车自主救援装备存在操作方式复杂、启动时间长的问题,而相当一部分司乘人员对逃生设施的操作方式不熟练,缺少智能防火及灭火装备,逃生自救引导标识不完善等,从而最终导致车内乘员逃生效率低下。

本章围绕上述逃生制约因素,基于客车重大交通事故逃生救援关键技术的研究结果,设计及开发了一系列新型逃生自救装备及设施,如自动破窗器、上翻/下翻式车窗、基于多信号融合的智能车载防火设备及自动灭火设备、司乘人员逃生自救引导标识等,部分产品已经得到广泛应用。此外,建立了交通事故自主救援三维演练平台,可实现客运事故场景下的司乘人员自主救援培训与实践。通过应用以上逃生自救技术成果,可以有效提高客车事故发生时的逃生效率,减少事故伤亡。

11.1 安全窗击破装置

客车事故发生时,应急窗快速开启可以极大地提高司乘人员逃生效率,然而当前采用应急锤手段破窗时间过长。而采用驾驶员开关触发、车辆辅助安全员(或副驾驶)遥控触发和车辆危险监控平台自动触发的安全窗击破器可以实现应急窗的迅速击破。

11.1.1 工作原理

作者研发的安全窗击破器工作原理如图 11-1 所示。驾驶员、安全员

(或副驾驶)可以通过自己的开关进行安全窗击破器的启动开启;当车辆事故检测系统检测到车辆发生危险工况,乘员需要破窗逃生时,车辆逃生系统会自动同步打开安全窗击破器击破车窗玻璃。

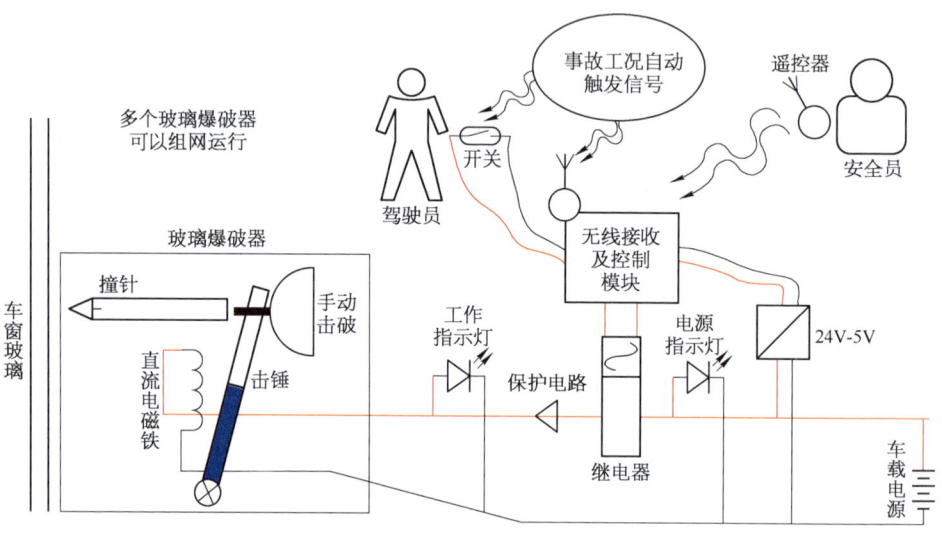

图 11-1 安全窗击破器工作原理

该安全窗击破器执行机构通过直流电磁铁吸合击锤,击锤绕支轴旋转撞击钨钢撞针,撞针通过撞击汽车钢化玻璃四周角落击碎车窗玻璃,同时乘员可以通过手动击发撞针来进行安全窗的击破;击破器控制机构可通过驾驶员开关、安全员遥控器和事故检测识别系统自动触发信号,对击破器电源继电器进行多通道控制,可以解决严重交通事故下驾驶员因受伤严重无法开启安全窗击破器,造成乘员疏散不及时的问题。驾驶员、车辆安全员(或副驾驶)可以通过控制台按键、遥控器进行单次或多次重复性击破触发,事故检测识别系统默认为重复性击破触发。具体结构如图 11-2 所示。

11.1.2 典型应用

经检测,安全窗击破器响应可靠性高达 95%,响应时间小于 0.3 s,破窗厚度大于 10 mm,工作电流小于 2 A,无障碍运行时间高达 10 000 h。试验验证发现,该击破器可以单次击发钢化玻璃的最大厚度为 8 mm,多次重复击发可以击破钢化玻璃的最大厚度为 11 mm,乘员手动按压可以击破钢化玻璃的最

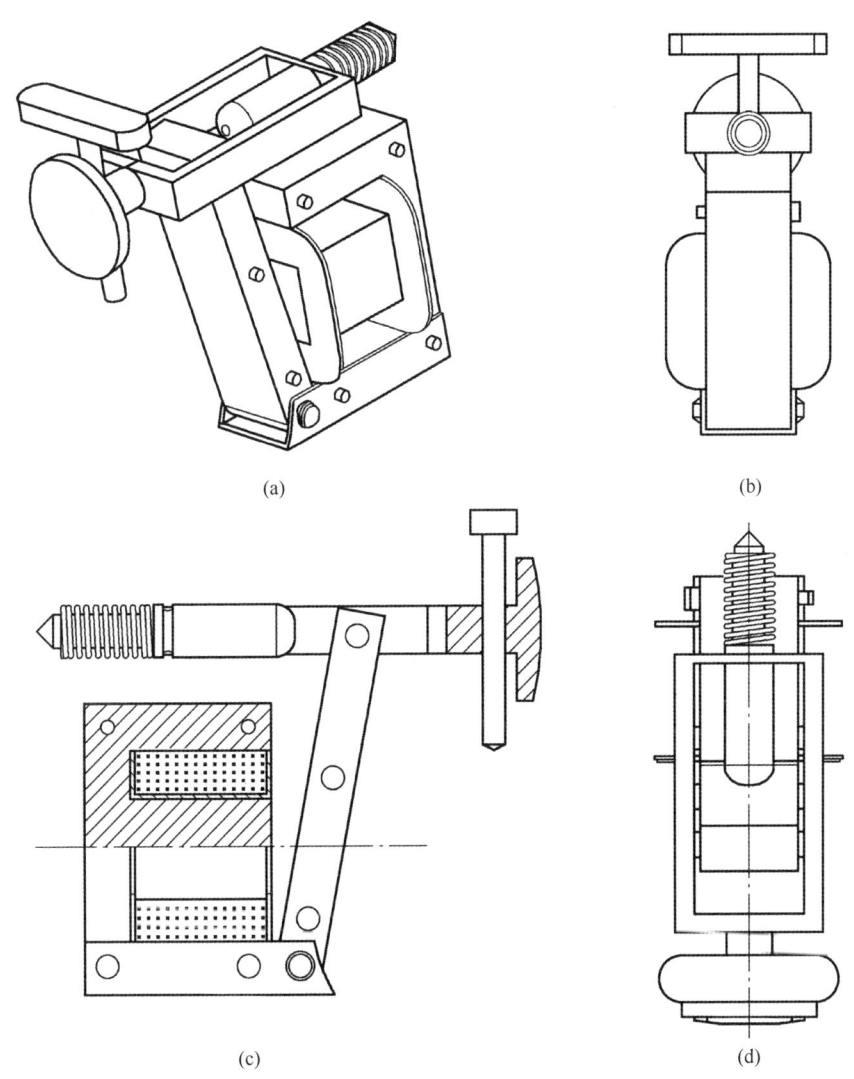

图 11-2 安全窗击破器执行机构结构设计图
(a) 装配图;(b) 左视图;(c) 正视图;(d) 俯视图

大厚度为 11 mm;响应时间为 0.2 s,且保护电路具有较高的抗干扰能力,以保证直流电磁铁抵抗控制电路的反电动势干扰。

图 11-3 和图 11-4 为安全窗击破器手动及遥控启动试验过程及击破器执行机构安装位置图,以及玻璃击破后整体碎裂及撞击部位碎裂效果图。可以看出,击破器执行机构能够有效破碎安全窗玻璃,且不产生向外爆炸式碎

图 11-3 安全窗击破器安装及测试示意图

图 11-4 安全窗击破器玻璃击破试验效果图

裂冲击,能有效避免对车外行人或者车辆轮胎造成伤害,避免次生事故的发生。

11.2 下翻式逃生窗

研究表明,客车重特大交通事故中,司乘人员对侧窗、安全逃生窗的使用率较低,其主要原因如下:

(1) 部分客车由于营运管理不善,车内安全锤严重缺失,造成紧急事故下司乘人员破窗逃生困难。

(2) 由于缺乏应急逃生知识,大部分司乘人员未能在事故发生时正确有效地使用安全锤,严重降低逃生效率。

因此,开发结构简单、操作简便,同时与大型营运客车结构特点相结合的可开启式逃生窗成为提高紧急事故下客车逃生窗使用率、提高司乘人员自救逃生成功率的关键措施。考虑到上翻式逃生窗结构受弹簧拉杆长度及车窗几何尺寸限制,逃生窗整体上翻角度有限,受上翻式逃生窗约束,司乘人员逃生行为受到较大限制,导致逃生效率降低的问题,结合大型营运客车结构特点,下面提出一种手动与气动相结合的手自一体化控制的下翻式逃生窗。

11.2.1 工作原理

图 11-5 为下翻式逃生窗运行示意图。下翻式逃生窗具有三种控制方式,即遥控控制、自动控制及手动控制。图中 1 为车载空压机,客车发动机启动时,空压机工作,为储气罐充气;2 为车载储气罐,下翻式逃生窗与客车制动系统、车门开闭系统等气动控制系统共用一套储气装置;3 为单向阀,保证系统中气体的单向运动,即使气源单一流向气动下翻式逃生窗的执行机构;4 为电磁阀,通过手动或无线控制电磁阀可改变气体流动方向,实现向执行气缸供气或泄气的作用;5 为单向溢流阀,具有单向及节流控制双重作用,用于气压系统中的调速,以防系统管路气压过大;6 为无杆执行气缸,气体从进气孔进入,推动活塞运动,活塞带动气杆弹簧,实现下翻式逃生窗的下滑运动,系统泄气后,复位弹簧可将推杆推回起始位置,从而实现下翻式逃生窗的下翻开启与复位锁止。

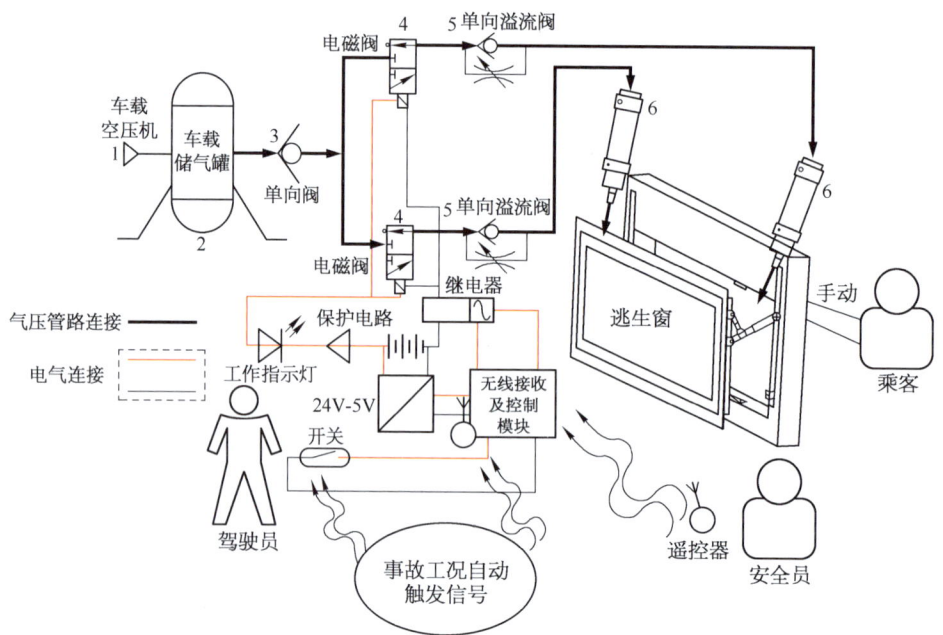

图 11-5 下翻式逃生窗运行示意图

下翻式逃生窗工作流程如图 11-6 所示。遥控控制即由驾驶员/安全员通过仪表台上的控制开关或遥控开关进行控制，当驾驶员/安全员按下开关时，电磁阀开启，储气罐内的气体经过单向阀进入电磁控制阀，后经过单向节流阀进入无杆气缸内，气缸内活塞向下运动，推动执行机构沿滑槽向下滑动。同时，安装在逃生窗的锁止机构解锁，逃生窗首先从窗槽向外弹出，安装于锁止机构上的锁销使报警器短路，发出报警声，提示司乘人员逃生窗已解锁，逃生窗在气动执行机构的推动下滑动开启。

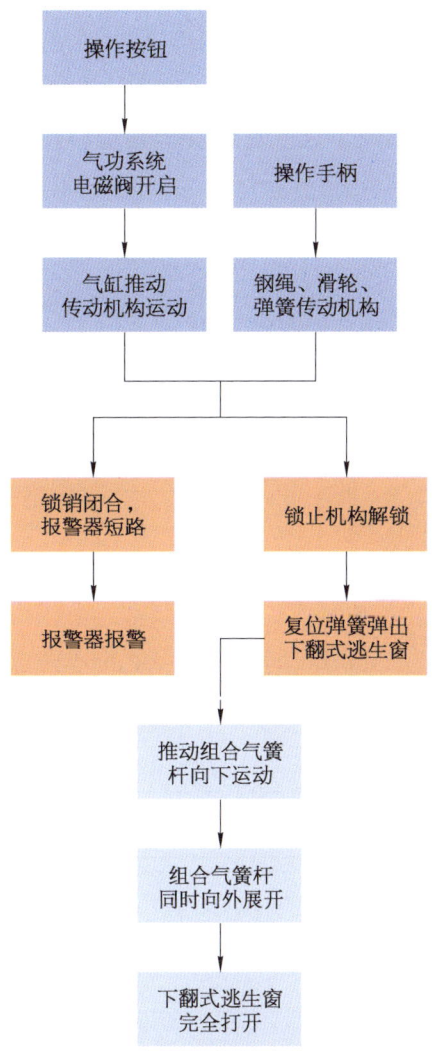

图 11-6　下翻式逃生窗工作流程图

自动控制即当车辆事故检测系统检测到车辆发生危险工况,乘员需要打开逃生窗逃生时,车辆逃生系统自动同步开启电磁阀,触发下翻式逃生窗驱动机构,逃生窗下滑开启。

手动控制即由乘客通过操纵逃生窗旁的控制手柄控制逃生窗开闭,乘客逆时针旋转操纵手柄,安装在逃生窗槽内的传动单元(滑轮、弹簧和钢丝绳)解锁逃生窗与内窗框架的锁止机构,逃生窗被推出。同时,安装在传动机构上的锁销使报警器短路,发出报警声,逃生窗在组合式气簧杆及乘客的推动下开启。

作者研发的下翻式逃生窗控制机构可通过驾驶员开关、安全员遥控器、乘客手动操纵手柄、事故检测识别系统自动触发信号对运动执行机构进行控制,有效保证了重特大事故下逃生窗的开启性能,可有效解决紧急客运事故下,逃生窗打开不及时、制约司乘人员逃生等问题,有效提高司乘人员自救逃生成功率。其结构如图11-7所示。

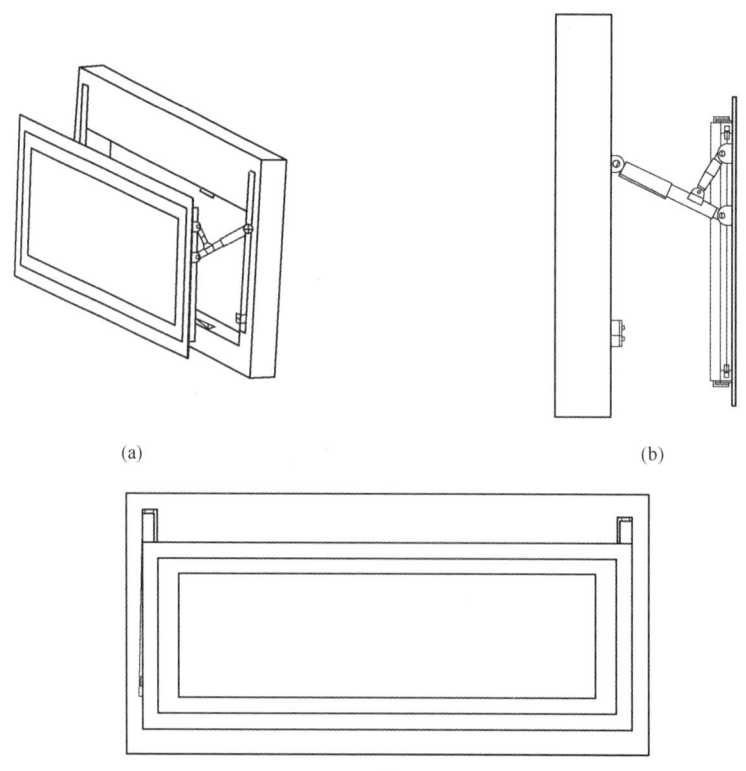

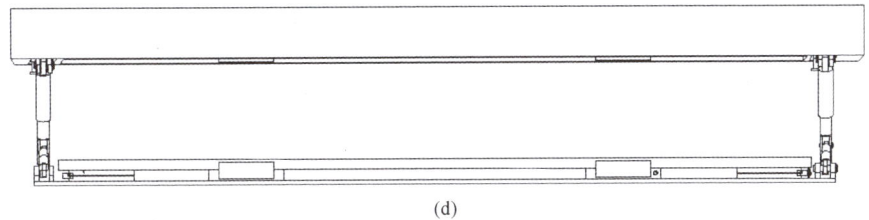

(d)

图 11-7 下翻式逃生窗结构设计图
(a) 轴测图;(b) 侧视图;(c) 正视图;(d) 俯视图

11.2.2 典型应用

根据所设计结构及工作原理试制下翻式逃生窗,并在大型客车上安装和测试,部分结构如图 11-8 所示。测试结果表明,设计的下翻式逃生窗能够实现下翻功能,执行机构动作准确,且结构简单、操作简便,易于改造安装。其手动触发可靠性高达 98%,功能触发响应时间小于 4.8 s,手动开关开启力小于 50 N。逃生窗下翻开启后,其开度能满足司乘人员逃生需求,能有效提高司乘人员逃生效率。

(a)

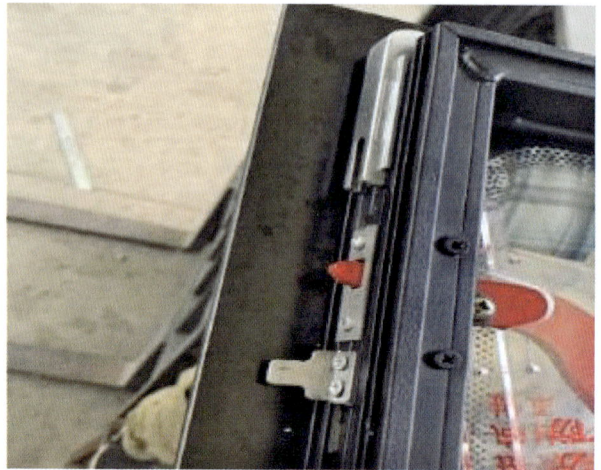

(b)

(c)

(d)

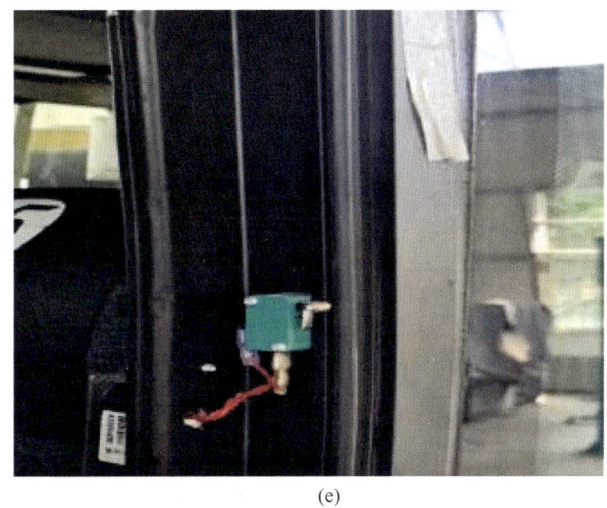

(e)

图 11-8 下翻式逃生窗实物图结构
(a) 手动操纵手柄；(b) 锁销及传动机构；(c) 传动机构弹簧；(d) 顶部锁止片；(e) 报警器

11.3 司乘人员逃生自救引导系统

11.3.1 工作原理

研究表明,夜间或火灾烟雾造成的低能见度是阻碍司乘人员安全疏散的重要因素,会显著降低乘客通过具有踏步的服务门的流量。营运客车作为主要的客运工具,在夜间特定时段也保持着正常运行。然而夜间 20:00～24:00 是大型客车事故高发时段之一。由于夜间低能见度与事故灾害因素的双重作用,司乘人员在夜间事故中的安全逃生率极低,因此开发用于客车环境的逃生引导标识对保障乘客疏散安全性具有重要意义。

现有《客车用安全标志和信息符号》(GB 30678—2014)规定了客车内的逃生装置位置与使用方法,并强调引导标识应采用荧光材料,但并未对这些引导标识的大小和荧光材料的发光性能进一步规范。因此,基于《客车用安全标志和信息符号》、《公共信息图形符号 第3部分:客运货运符号》(GB/T 10001.3—2021)、《公共信息图形符号 第1部分:通用符号》(GB/T

10001.1—2012)、《安全色》(GB 2893—2008)等国标设计了客车用荧光逃生引导标识的大小与图形符号组合。最终形成的客车用荧光标识如图11-9所示。

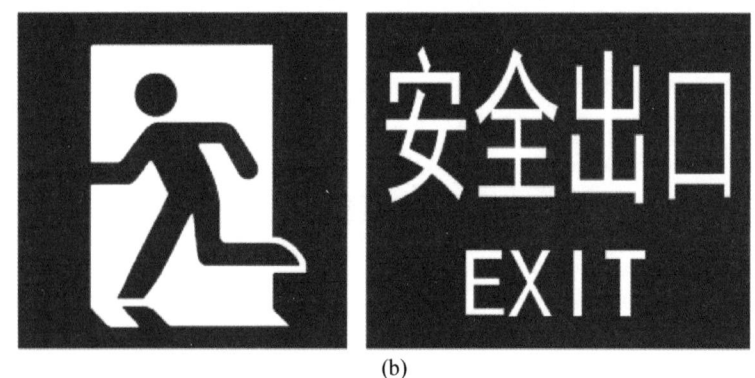

图 11-9 客车用荧光标识
(a) 出口位置的右向荧光引导标识；(b) 出口位置的荧光指示标识

此外，作者参考建筑和飞机等其他设施内逃生引导系统的设计，开发了客车用智能逃生引导装备，与荧光引导和指示标识共同构成客车逃生引导系统。考虑到客车空间狭窄，采用地标引导标识作为智能逃生引导装备的基本单元，使用的地标引导标识有三种类型：单向直线、双向直线、直角右拐（图11-10）。

由于前门、后门和逃生门是客车的主要逃生出口，设计过程中主要考虑地标引导标识对这三种出口的引导作用。根据事故中的可用车门数量和位置，共产生七种可能出现的可用车门情况：① 三个车门均可用；② 前后门可

第 11 章 客车事故自主救援技术成果应用

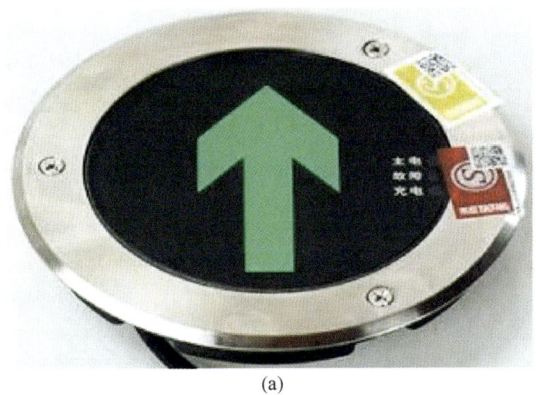

(a)

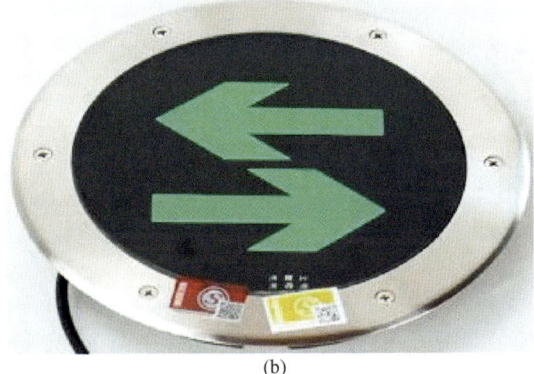

(b)

(c)

图 11-10 地标引导标识
(a) 单向直线；(b) 双向直线；(c) 直角右拐

用;③仅前门可用;④仅后门可用;⑤仅紧急门可用;⑥前门与紧急门可用;⑦后门与紧急门可用。根据这些可能的情况,分别设计了七种智能逃生引导装备工作模式:

(1)第一种模式。地标引导标识的所有方向箭头同时亮(前门、后门、紧急门均可用),如图11-11所示(以下工作模式图片与此处相似,不再陈列)。

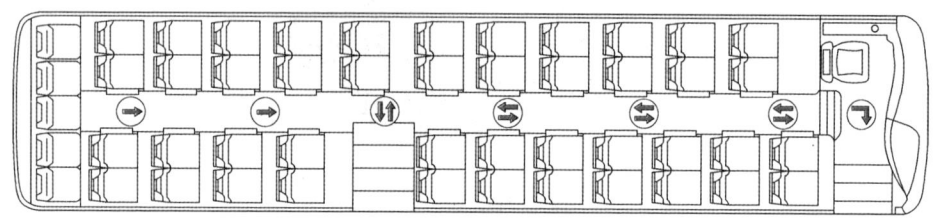

图11-11 第一种模式

(2)第二种模式。地标引导标识1、2,地标引导标识3中指向后门的箭头,地标引导标识4、5、6、7,同时亮(前门、后门可用)。

(3)第三种模式。地标引导标识1、2,地标引导标识3中指向紧急门的箭头,地标引导标识4、5、6、7,同时亮(前门、紧急门可用)。

(4)第四种模式。地标引导标识1、2、3,地标引导标识4、5、6中所有指向后门的箭头,同时亮(后门、紧急门可用)。

(5)第五种模式。地标引导标识1、2,地标引导标识4、5、6所有指向前门的箭头,地标引导标识7,同时亮(前门开启)。

(6)第六种模式。地标引导标识1、2,地标引导标识3中指向后门的箭头,地标引导标识4、5、6中所有指向后门的箭头,同时亮(后门开启)。

(7)第七种模式。地标引导标识1、2,地标引导标识3中指向紧急门的箭头,同时亮(紧急门开启)。

基于以上七种工作模式,作者提出了一款基于营运客车事故危险源位置辨识的智能逃生引导系统。该系统能够根据底层识别到的车辆事故危险源位置,为乘客提供最优逃生路径的引导指示,以事故发生位置为输入信号,实现逃生引导系统的自动开启与引导模式的智能切换。例如,当车载智能防火系统检测到车厢前部发生火灾,则将该信息输入引导系统控制器,控制器根据该信息启动引导系统的第四种模式,引导司乘人员远离事故危险源,从后门和紧急门安全疏散。此外,该智能逃生引导系统还可由驾驶员手动切换控制,驾驶员可通过控制智能逃生引导系统的引导模式,有效引导乘客有序、安全疏散。

11.3.2 典型应用

根据荧光指示和引导标识设计方案,作者采用高性能荧光材料打印试制,并安装在客车内对其实用性进行验证,同时对参与试验人员开展问卷调查,如图 11-12 所示。试验结果表明,该种高性能荧光材料在夜间低能见度下具有良好的发光性能,荧光引导和指示标识可以帮助乘客较快地识别出口、辨识前方道路、减缓焦虑情绪并指引逃生方向。

根据以上测试结果,将智能逃生引导系统安装在车内,并进行不同工作模式试验验证,以及低能见度下的疏散试验,如图 11-13 所示。试验结果表明,该系统可实现七种模式的正常切换,具备逃生引导功能。该智能逃生引导系统额定工作电压 12 V,电池容量 800 mA·h,应急工作时间可达 95 min,表面亮度达到 60 cd/cm^2,可靠运行时间超过 10 000 h,可以有效提高司乘人员在低能见度下的高效逃生。

(a)

(b)

图 11-12 逃生自救标识试验验证

(a) 试验前;(b) 试验中

(a)

(b)

图 11-13　智能逃生引导系统静态试验和低能见度疏散试验
(a) 静态试验；(b) 低能见度疏散试验

11.4　多信号融合的智能车载防火/灭火设备

11.4.1　工作原理

1）信号融合原理

信号融合是人或者其他逻辑系统常见的基本功能。人类能够运用眼、耳、鼻、四肢来感知景物、声音、气味、触觉，并通过大脑组合各种信息，然后通过经验知识去评估、理解周围环境及判断未来要发生的事情。多传感器信息融合的基本原理就是充分利用多个传感器资源对观测到的信息进行合理的挖掘和利用，把时间与空间上的冗余或者互补信息按照一定的标准进行组合，获取对观测目标的一致性认识。多传感器是信息融合的基础，多传感器信息是信息融合的对象,综合处理是信息融合的核心,融合的结果是信息融合的输出目标。

在处理方法上,它与传统经典信号相比有着本质的区别,多传感器信息融合系统可以分层次进行融合,不同传感器可以并联或者串联或者交叉融合,一般抽象成三个层次:信息层、特征层和决策层。

(1) 信息层融合。信息层融合是对各传感器的原始数据进行分析处理,这种底层融合的优点是尽可能地保留了现场环境数据,能够提供高层次信息融合不能提供的细节。但是这种融合要克服原始数据的时变性、不确定性,就需要较高的容错能力,这样就需要所有传感器数据品质尽可能相同。另外,这种数据级的数据融合数据量较大,实时性不好,抗干扰能力较差。

(2) 特征层融合。特征层融合是中间层融合,将传感器数据进行处理,提取原始数据有效特征部分进行分析。这种方案降低了数据处理量,增强了处理的实时性;这种处理方式主要应用在模式识别、计算机视觉方面。缺点是数据进行了压缩,丢失部分原始数据,并且对传感器的预处理需求较高。

(3) 决策层融合。决策层融合是系统最高层次的融合,它为最终的控制决策提供依据。决策层融合通常都是针对需要做出的具体决策目标的,它最终的决策结果会直接影响整个系统的决策水平。决策层的信息融合是在信息层和特征层已完成多传感器信息的预处理和特征提取的基础上,从具体的决策目标出发,按一定的准则与决策可信度进行综合分析和处理,得出一个最终的决策结果。主要优点是抗干扰能力较强,容错能力强;某个传感器的故障对结果影响不大,且允许多源信息来自不同质传感器。

2) 车辆火灾烟雾探测系统

采用 INNO-YWXS-R4 吸顶式烟雾传感器作为车内烟雾探测装备,用于早期火灾识别。该传感器具有测量范围宽、自带报警功能、线形度好、使用方便、便于安装、传输距离远等特点,适用于各种场所。探头可用于油烟、烟雾等测量,如图 11-14 所示。

基于客舱火灾数值模拟结果,发现布设烟雾传感器数量与报警响应时间大致呈指数关系,大量布设传感器不会显著增加响应速度。结合曲线及经济性考虑布置 8 个最佳,具体布置位置如图 11-15 所示。

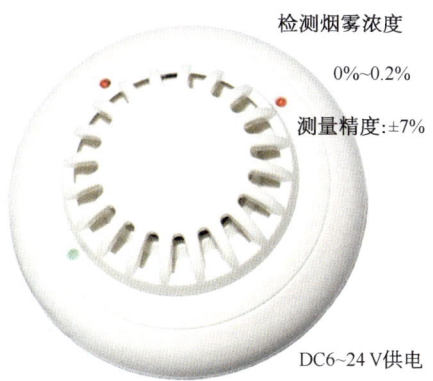

图 11-14　烟雾传感器

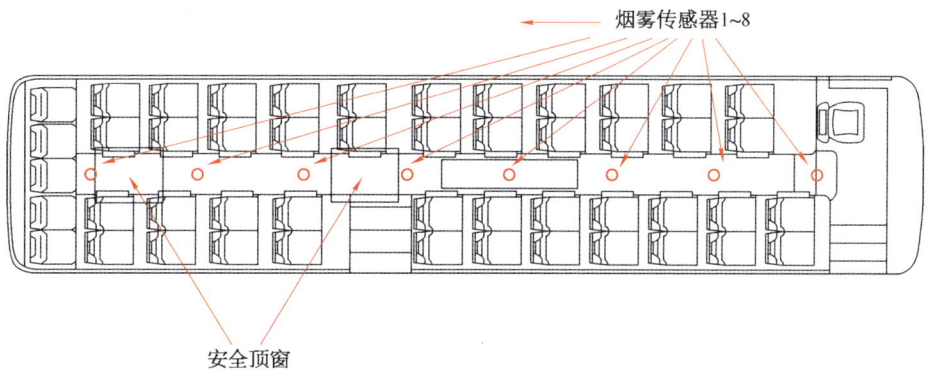

图 11-15　客舱烟雾传感器布置位置

根据车辆行李舱结构设计,将行李舱分为三个独立空间,在每个行李舱分别布置烟雾传感器,用于检测行李舱火灾发生及蔓延情况。

为了快速有效地监测发动机舱火灾情况,在发动机舱布置两个烟雾传感器,互相独立工作,实时数据相互融合监测发动机舱火灾发生及蔓延情况,做到快速响应,降低误报概率。

3)车辆火灾温度探测系统

(1)热电偶和感温电缆。热电偶具有温度测量范围广、精度高的特点,火灾温度监控感温点采用 K 形热电偶监测发动机舱及行李舱温度。热电偶模块实物如图 11-16(a)所示,热电偶采用金属屏蔽导线,具有较高的耐高温、抗干扰特性。16 通道 485 总线温度采集器如图 11-16(b)所示。

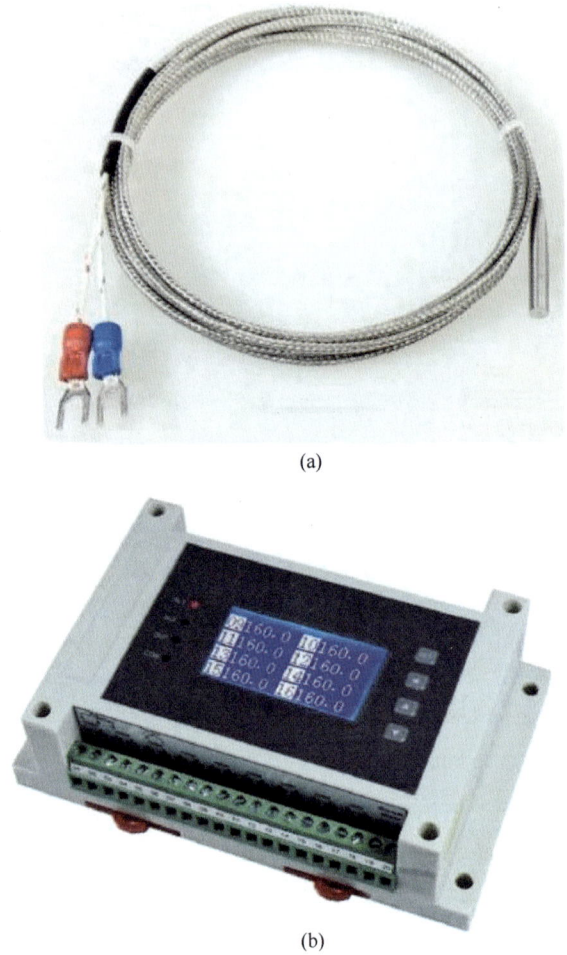

图 11-16 热电偶及采集器
(a) K 形热电偶;(b) 16 通道 485 总线温度采集器

JTW-LD-HK3003 型感温电缆是一种可恢复式火灾探测产品,该产品具有定温火灾探测报警特性。该探测器由感温电缆、信号处理单元、终端单元组成,采用继电器无源触点方式输出,可方便地接入不同的火灾监测系统。探测器由感温电缆、信号处理单元、终端单元组成。感温电缆采用两芯缆式结构,其芯线采用直径 0.6 mm 的金属丝,金属丝的外部有感温材料,芯线之间的阻抗随其周围温度的变化而改变;信号处理单元内设信号处理电路,其中包括信号采集、信号放大转换电路、显示电路等。信号处理单元与一定长度的感温电缆和终端单元连接使用,信号处理单元对感温电缆进行连续的监视,对于异常情况造成的温度升高和断线、短路进行报警。具体工作原理示意如图 11-17 所示。

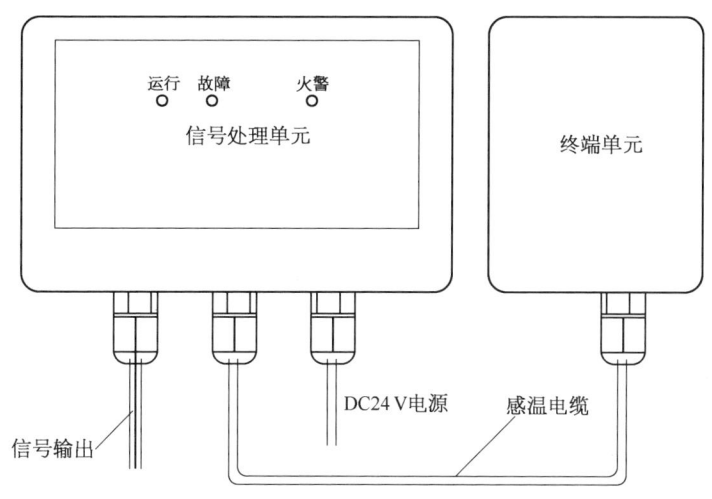

图 11-17 感温电缆控制端与终端工作原理示意图

（2）火灾温度探测设备布置方案。根据发动机舱实际结构参数,发动机舱上方隔热板为 Z 形布局,每个顶板面布置 3 个温度传感器监控发动机舱发生火灾后顶板温度的变化情况,如图 11-18 所示。客车发动机火灾故障大多由于发动机舱高温部件表面接触到意外跌落的杂物、泄露的油品或者脱落老化的绝缘层引起。发动机舱内部高温结构为涡轮增压器、三元催化器及排气筒出口位置,将在这三个地方分别布置温度传感器,监控发动机舱油管泄露到高温部件上引起的火灾。发动机舱高压电线及发电机由于长时间大负荷工作,线路老化后容易引起火灾,所以将在发电机及高压线束周围布置温度传感器,监控由于线路老化引起的电路短路火灾。发动机舱温度检测点共布置 16 个,其中 T11~T16(红色)为发动机舱正常工作时温度场采样点,用于设定温度监控点临界阈值温度。

4）车辆火灾防火及自动灭火设备

根据发动机舱、行李舱着火可燃物分析,采用电控超细干粉灭火装置进行火灾电控自动灭火。在《超细干粉灭火剂》(XF 578—2005)规定,BC、ABC 超细干粉灭火剂 90% 粒径不大于 20 μm。当干粉灭火剂粒径小于临界粒径时,灭火剂粒子全部起灭活作用,干粉灭火效能大大提高,用量明显减少。将

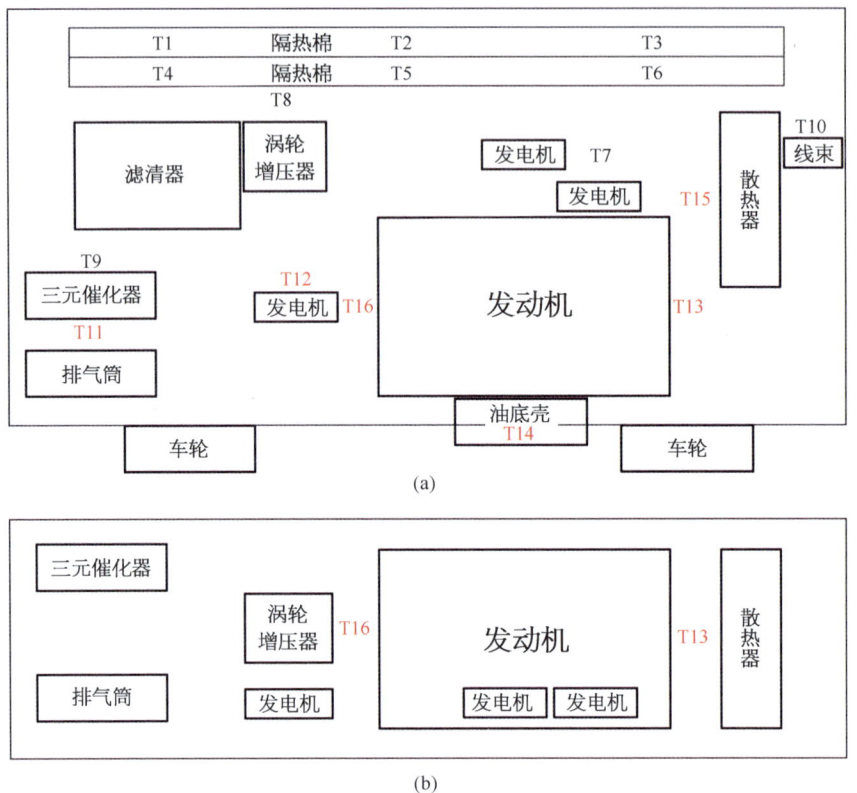

图 11-18 发动机舱温度场采集及监控点布置示意图
(a) 后视图；(b) 俯视图

灭火剂粒径减少到 5 μm，甚至 0.5 μm 时，灭火效能急剧上升，灭火效能是常规灭火剂能力的几十倍，用量也仅为其百分之几。主要原因：超细干粉粉体表面积大、活性高，易形成均匀分散并悬浮于空气中，形成相对稳定的气溶胶，受热时分解速度快，捕获自由基能力强，故灭火效能急剧提高。电控贮压悬挂式超细干粉灭火装置组成包括筒体、超细干粉、喷头、压力指示器、感温玻璃球、吊环、电启动装置等。

11.4.2 典型应用

基于多信号融合技术、火灾烟雾、温度探测系统，以及火灾防火及自动灭火装备，作者设计了一款多信号融合的智能车载防火/灭火设备车载监控预警数据采集、控制系统，如图 11-19 所示。该系统由总开关、分开关、供电系

图 11-19 车载多信号融合数据采集预警控制系统

统、感温电缆信号采集系统、温度节点信号采集系统、击破器灭火器触发系统、遥控信号接收系统、控制中心组成。其中控制中心采用 STM32F103C8T6 芯片,该系统能够实时采集 16 路 K 形热电偶温度信号、感温电缆报警信号、遥控及按键触发逃生设备开启信号。各个传感器布置方式如图 11-20 所示。

作者将研发的智能车载防火/灭火设备应用在某客车试验车上,对设备防火/灭火能力进行试验,如图 11-21 所示。试验结果表明,研发的设备可以准确识别乘客舱、行李舱、发动机舱和仪表盘的烟雾和火源,能准确地监测乘客舱、行李舱、发动机舱温度,并可以及时扑灭行李舱、发动机舱和控制舱的火源。该设备响应时间小于 5 s,报警准确率达到 98%,可以在舱内温度未高于 260℃时触发灭火动作,灭火范围大于 5 m²。通过安装该多信号融合的智能车载防火/灭火设备,可以有效地提高客车火灾安全水平,减少火灾事故伤亡。

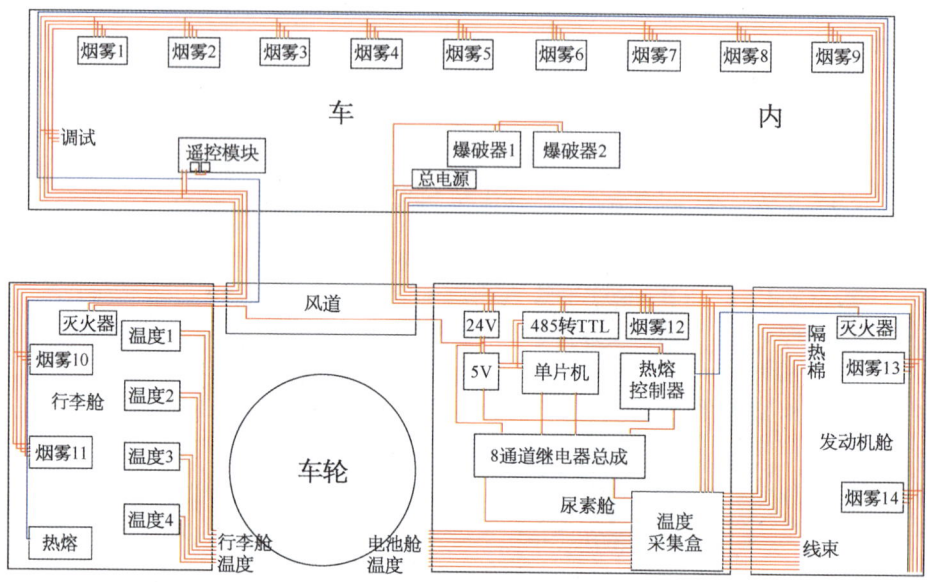

图 11-20 基于多信号融合的智能车载防火设备传感器布置图

(a)

(b)

图 11-21 多信号融合的智能车载防火/灭火设备
(a) 行李舱;(b) 发动机舱

11.5 交通事故自主救援虚拟仿真三维演练平台

客车是服务居民出行的主要交通工具,其具有空间封闭、载客量大、行驶工况复杂等特点,一旦发生交通事故,极易造成群死群伤。针对重特大事故下司乘人员普遍存在安全意识薄弱、自救与互救能力不强、应急逃生能力不足的问题,为减少事故死亡率、减轻事故伤害,基于客车事故逃生制约因素分析结果,研究开发了交通事故自主救援三维演练平台。该平台运用网络优势,以在线虚拟仿真试验的方式,模拟客运车辆典型事故灾害,开展交通事故自主救援演练,以增强司乘人员自救及互救能力。

11.5.1 平台简介

交通事故自主救援虚拟仿真三维演练平台使用 Maya 平台和 Unity3D 联合开发。首先在 Maya 平台中完成 3D 建模,然后利用 Unity3D 平台开发客车事故场景。开发完成的界面如图 11-22 所示。

图 11-22 交通事故自主救援虚拟仿真三维演练平台界面

交通事故自主救援虚拟仿真三维演练平台共设置有四种典型事故场景,包括火灾事故、侧翻事故、落水事故和坠崖事故场景,各场景事故中预设人物动画和事故发生过程分别如下:

(1) 火灾事故场景。火灾事故场景包含客车前部起火、中部起火、后部起火三种事故场景。

① 对于车辆前部起火场景,预设 1 位驾驶员、6 名乘客。起火后,驾驶员首先采取车辆制动措施,随后打开车门,并打电话报告情况,随后进行灭火或逃生;6 名乘客各自采取不同逃生措施。

② 对于车辆中部起火场景,预设 1 位驾驶员、5 名乘客。起火后,驾驶员采取制动措施并开门后,直接从前门逃生;其他 5 名乘客分别从后门和应急逃生窗处逃离。

③ 对于车辆后部起火场景,预设 1 位驾驶员、5 名乘客。起火后,驾驶员采取制动措施后并开门,随后拿起灭火器冲到车后试图灭火,由于火势太大放弃,从前门逃生;其他 5 名乘客分别从前门和应急逃生窗处逃生。

(2) 侧翻事故场景。侧翻事故场景包含向左侧翻和向右侧翻两种事故场景。

① 车辆向左侧翻场景预设 1 位驾驶员和 5 名乘客。侧翻事故发生后,驾驶员试图从前挡风玻璃破损处逃生;有 2 名乘客因重伤死亡,1 名乘客打开后排安全顶窗逃生,另 1 名乘客试图击破车尾风窗玻璃,1 名从前挡风玻璃处逃生。

② 车辆向右侧翻场景预设 1 位驾驶员和 4 名乘客。侧翻事故发生后,驾驶员试图从前挡风玻璃破损处逃生;2 名乘客死亡,躺在右侧地面,1 名乘客推开前部安全顶窗逃生,另 1 名乘客跟随该乘客逃生。

(3) 落水事故场景。客车落水事故预设 1 位驾驶员和 5 名乘客。落水事故发生后,驾驶员试图解开安全带并打开车门,然而失败,随后死亡;2 名乘客直接死亡,1 名乘客试图推开安全顶窗,也失败并死亡,1 名乘客使用安全锤击破应急逃生窗,成功逃生。

(4) 坠崖事故场景。客车坠崖事故预设 1 名驾驶员和 5 名乘客。坠崖事故发生后,驾驶员直接受挤压死亡,1 名乘客直接死亡,2 名乘客被甩到前部,受重伤,1 名轻伤乘客从右侧破损窗口逃生,另 1 名轻伤乘客缓慢爬至左侧破损窗口逃生。

交通事故自主救援虚拟仿真三维演练平台针对不同交通事故类型,设有多种交通事故处置方式,主要包括使用灭火器、使用应急逃生阀开启车门、使用安全锤击碎应急逃生窗、使用应急逃生门和使用安全顶窗等。受训人员可以佩戴虚拟现实交互设备对各个逃生设施进行操作。各操作说明如下:

(1) 使用灭火器。当客车发生火灾事故时,受训人员可以使用灭火器进行灭火,如图 11-23 所示。在使用灭火器前,平台会给出灭火器的使用方法教程提示。

(2) 使用应急逃生阀开启车门。事故发生时,试验人员可以通过车门逃生,若车门处于开启状态,试验人员可以直接离开车辆;若车门处于关闭状态,可以通过按下应急逃生阀,等车门气泵气压下降后,打开车门逃生,如图 11-24 所示。

(3) 使用下翻式车窗进行逃生。事故发生时,靠近下翻式车窗的受训人员可以使用下翻式车窗进行逃生。

(4) 使用安全锤击碎应急逃生窗。事故发生时,靠近应急逃生窗的受训人员可以选择使用安全锤逃生,受训人员可以从车窗立柱取下应急安全锤,

图 11-23 使用灭火器灭火

图 11-24 使用应急逃生阀开启车门逃生

并朝应急逃生窗四角挥动,击碎应急安全窗逃生。

(5) 使用应急逃生门。若受训人员靠近应急逃生门,也可以选择通过应急逃生门逃生。受训人员需要扣动应急逃生门的开关,打开应急逃生门逃生。

(6) 使用安全顶窗。对于侧翻事故或落水事故,受训人员可以选择使用安全顶窗逃生,如图 11-25 所示。

图 11-25　使用安全顶窗逃生

11.5.2　典型应用

基于此虚拟仿真三维演练平台,作者建立了集客运车辆逃生理论研究、自主救援装备技术培训、事故应急逃生实践三位一体的教学示范应用基地。该基地能够完成客车火灾、侧翻、坠崖和落水四种典型事故场景下的司乘人员自主救援演练培训,面向客运车辆运营主体、乘客及交通参与者,培养其交通安全法规意识及救援装置使用技巧,提升司乘人员在重大交通事故下自主救援逃生能力,如图 11-26 所示。

在校大学生是客运车辆参与的重要主体之一,作者团队运用自身优势,协调高校相关资源,针对在校学生年龄特点,创建了从理论培养到实践运用的一体化逃生技术教学方法。通过采用网络化平台的虚拟仿真试验,对学生逃生技能进行评价,针对普遍存在的逃生技巧盲点,团队采用动态静态相结合的传授方式,从基础理论出发,围绕新型逃生方式和装备,结合国家安全法律法规,增强其自主逃生与救援技能。并通过实车静态试验,帮助其进一步理解相关知识并加以应用,如图 11-27 所示。

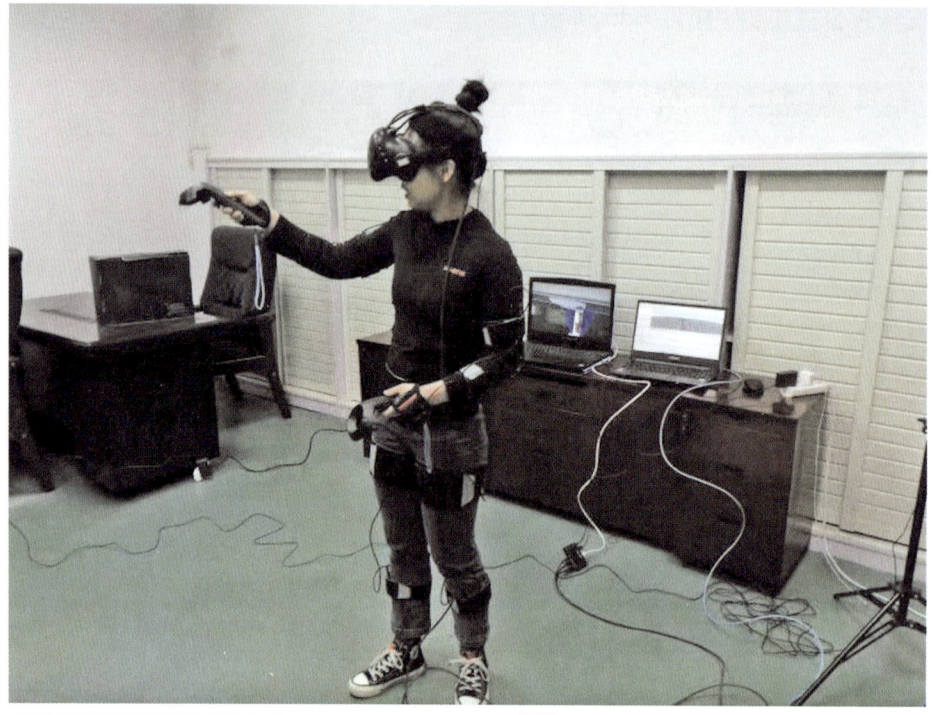

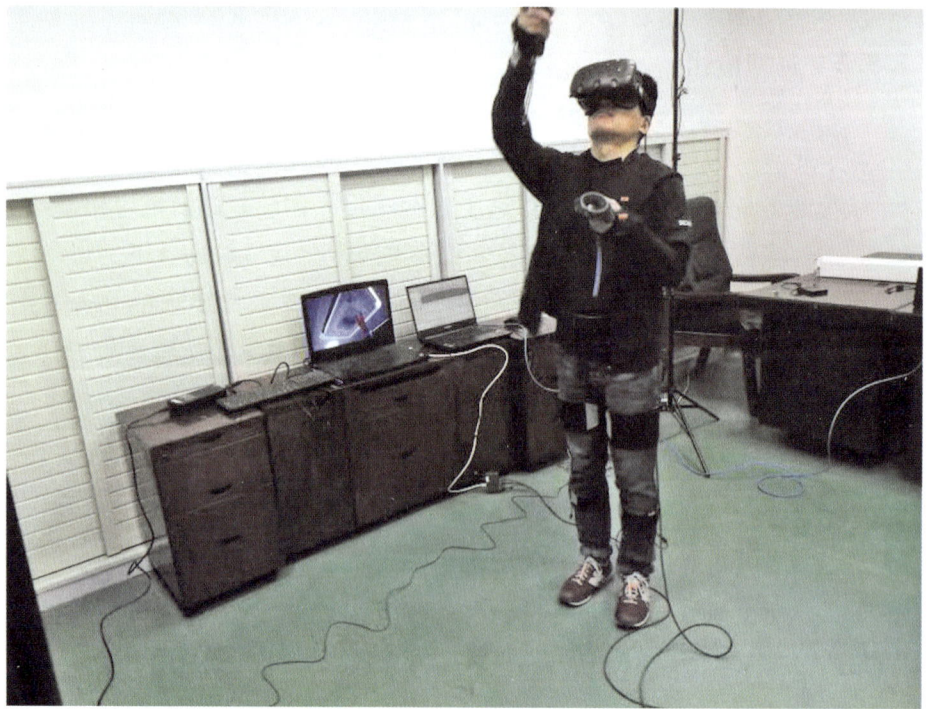

图 11-26　应急逃生与自主救援试验及系列培训

第 11 章 客车事故自主救援技术成果应用

图 11-27 自主救援与逃生实车静态培训

客运车辆驾驶员在重大交通事故下乘员逃生过程中起到了关键作用,为了提升驾驶员紧急事故下对乘客的疏导及救助能力,降低司乘人员伤亡率,该基地面向车辆运输企业、交通管理机构及交通运输服务机构等开展对外教学培训,承担社会责任。针对车辆驾驶员心理特点,通过虚拟仿真试验中角色的选择,引导驾驶员在重大事故下采取正确、合理的自主救援及乘客疏导策略。同时采用静态试验教学方法,在实车场景下加深应急处理意识,提升其操作处置能力,如图 11-28 所示。

图 11-28　客车驾驶员进行自主救援与逃生远程虚拟仿真试验

该平台和教学基地自投入以来,运行稳定,已经服务学生和社会人员 800 余人,培训司乘人员 30 余人。后期将逐渐推广到社会其他机构,使更多的参训人员能够掌握客车事故逃生自主救援技能,了解客车安全相关法规。待该平台优化完善后,可对长途客运车站、社区服务站及企事业单位进行推广应用,吸引更多的公民参与客车事故逃生自主救援教学试验,传授他们客车事故逃生自救知识,提高逃生自救能力。此外,通过网络平台将建成的逃生自救虚拟仿真教学试验推广到更多的群体中,扩大试验教学资源的辐射面,力求让更多的人都能享受到先进的教学模式,进而提高全社会客车事故逃生自救技能水平。

第 12 章
客车运行状态在线预警与自主救援技术展望

公路交通相比铁路和航空来说,具有方便、快捷、覆盖面广、投入小等优点,一直都是我国交通运输的主导力量。尽管高铁快速发展对部分公路运输造成一定程度的分流,但我国幅员辽阔,区域间经济发展不平衡,产业布局存在地理位置上的差异,因此在较长时间范围内,公路运输仍然是解决运输"最后一公里"问题的重要手段。然而近年来,各类客车事故层出不穷,客车安全问题被高度关注,提升客运车辆安全水平刻不容缓。

本章探讨了客运车辆主被动安全的挑战和新技术,在此基础上对客运车辆安全预警、碰撞安全、防火安全和应急逃生四个方面的发展进行了展望,最后还根据对各类事故的观察和总结,针对当前客运车辆安全管理政策的不足提出了一些建议。

12.1 客运车辆安全预警

在经济高速发展的今天,生活水平不断提高,安全的重要性已经成为生活中不可或缺的一部分。随着我国公路运输事业的蓬勃发展,客运车辆在运营过程中的安全性和高效管理也已经越来越被重视。可以在已有的基础上根据不同类型的客运车辆类型,提供不同的安全预警系统方案。系统具有以下重要作用:

(1) 业务覆盖地域广,车辆众多,信息量大。

(2) 区域与线路监控要求突出。

(3) 与货运单据配合紧密。

(4) 对货物安全保障要求高。

(5) 对系统响应要求灵活、及时。

（6）需要位置服务信息的用户多。

（7）数据共享程度要求高。

（8）需要完善车辆统一信息管理。

（9）个性的客户定制化需求解决方案。

该系统能通过多路摄像头实时监控客运车的整体情况，进行视频录像存储、远程实时视频监控。车载视频监控系统有效解决了客运车辆安全监管碰到的超载、疲劳驾驶、路况分析、货物监控、线路优化等问题，同时遏制了针对客运车辆的恐怖袭击事件的发生。除了视频监控之外，该系统能够实现车载 GPS 定位监控、行车数据记录与回放及超速报警等功能，进行高效的客运车辆营运安全管理。整个系统从结构层次上可以划分为前端车载监控系统、无线移动通信网络、远程监控中心平台三大部分：

（1）前端车载监控系统包括车载录像机、模拟摄像头、监视器等。摄像头实现视频采集；车载录像机实现视音频录像存储、视音频等数据无线传输、GPS 定位及行车数据采集等功能；借助 LCD 监视器可实现视频的本地预览与回放等功能。

（2）无线移动通信网络采用蜂窝网络。由于车载运动特性，车载视频的网络传输采用无线通信网络。目前移动通信网络覆盖率得到较大提升，无线通信网络的带宽相对之前网络而言能满足低码流的视频网传需要，也能实现 GPS 定位监控与营运管理的需要。

（3）远程监控中心平台包括信令服务器、视频流媒体服务器、CMS 客户端软件。CMS 客户端软件是集视频远程实时预览、GPS 定位监控、车辆营运管理、视频与历史轨迹等数据回放分析等功能于一体的智能化管理软件。

（4）手机视频监控客户端软件支持多种操作系统的手机，在手机中运行客户端软件，使支持移动网络功能的手机可以随时随地对车辆实现远程实时监控。

（5）回放分析软件用于在个人电脑上对硬盘存储的录像数据进行回放分析。

综上所述，随着物联网和自动驾驶技术的发展，客运车辆的安全预警技术有了很大的提升。但是在面对一系列特殊复杂的环境时，客运车辆及时预报措施不是很完善，故进行复杂环境下的感知及融合算法的研究，对准确的安全预警非常重要。

12.2 客运车辆碰撞安全

面对高速发展的汽车产业,以及客运车辆碰撞事故中群死群伤的现象,提高客运车辆碰撞安全性能,减小事故中司乘人员的伤亡情况是目前的关键性问题。目前针对客运车辆碰撞安全,各国政府都颁布了系统的客车安全法规及客车碰撞试验方法,通过汽车安全法规的强制实施和碰撞试验方法的研究,提高客运车辆的碰撞安全。此外,计算机仿真技术的快速发展也推动了通过碰撞仿真技术对客运车辆碰撞安全性能的研究。同时,新技术、新工艺、新材料的发展也为提升客运车辆碰撞安全性能提供了新的途径。

对于客车碰撞安全法规,欧洲颁布了客车侧翻碰撞法规 ECE R66,客车正面碰撞法规 ECE R33、ECE R94。我国参考欧洲的相关标准也制定了相关标准,并根据车辆技术的发展制定了更新的法规,分别颁布了《客车上部结构强度要求及试验方法》(GB 17578—2013)、《客车正面碰撞的乘员保护》(JT/T 1369—2020)。新标准的实施可利用强制标准进一步提高客运车辆碰撞安全。而且随着客车新技术的发展及不同动力源车型的出现,完善客车碰撞相关标准是提高客运车辆碰撞安全最有效的途径。

随着汽车行业和计算机仿真技术的不断发展和进步,碰撞仿真技术被广泛应用在汽车车身结构的耐撞性能、乘员保护系统、人体在受到撞击时的损伤机理及响应研究中。目前市场上已经有多种成熟的用于碰撞仿真模拟的商用软件,最常用的有 PC-CRASH、PAM-CRASH、MADYMO、CAL3D、LS-DYNA 和 Ansys LS-DYNA 等。相比于台车碰撞试验,碰撞仿真技术试验周期短、成本低,可以模拟任意试验条件和工况参数,轻松获取各个位置的变形数据。但是现阶段的碰撞仿真技术还不能够完全实现整车碰撞过程中所有的结构变动,碰撞仿真和实车碰撞相结合,可以为汽车碰撞安全性的研究提供有力的支撑。今后无人驾驶技术、行人探测技术、车联网技术等新技术的应用,将为汽车碰撞安全性带来挑战。关于车辆碰撞安全仿真新技术将逐渐转向车身碰撞相容性、乘员自适应保护和弱势道路群体的保护等,结合汽车的主动安全技术,实现人车路一体的智能化汽车安全技术。

随着新技术、新工艺、新材料的发展,为提高车辆碰撞安全提供了更多新的途径。目前提高车辆碰撞安全的有效方法主要为结构优化设计、先进制备工艺及新材料。近年来,新型制备工艺及新材料技术发展迅速,对车辆碰撞安全性能的提升效果显著。客运车辆的车身结构材料也将从传统的钢结构为主,向着钢铝混合、全铝车身、塑料复合材料、镁合金及机械超材料方向发展。此外,随着增材制造技术的快速发展,未来的发展将向着多材料、多结构混合的方向发展。

12.3 客运车辆防火安全

当前客运车辆火灾安全形势依然十分严峻,客车自燃或纵火事故时有发生。另外,客运车辆火灾原因复杂、灭火难度大、人员密集、火势发展速度快,火灾发生时车厢温度上升迅速,烟雾积聚在车顶,易使乘客受困,因此客车火灾事故逃生时间较短。总结近年来客车火灾事故,主要原因有如下几点:

(1) 发动机舱内发动机供油管路磨损或接头漏油部位起火燃烧。
(2) 电气设备线束导线绝缘层磨损造成短路引起火灾。
(3) 乘客私自携带化学危险品上车引起火灾。
(4) 新能源公交动力电池热失控等。

现阶段客车火灾防范措施主要为安装手持式灭火器、自动灭火器、烟雾报警器等,或者针对新能源客车的特点,增加电池仓专用灭火装置。手持式灭火器通常安装在客舱内,出现火情时,司机或乘客可手持灭火器对起火区域进行扑救,而自动灭火器可以自动感应火灾并自动完成灭火,也可通过司机操作灭火开关实施灭火,将灭火剂更均匀快速地喷向保护空间,形成淹没效果,从而有效抑制空间内二次火灾的发生。而烟雾报警器主要通过烟雾探测器、报警主机及线束等通过采集火灾早期燃烧产物,如温度、固体颗粒物、气体、火焰等,判断火灾是否形成,起到早期探测作用,在火灾扩大前警告司机和乘客。新能源客车电池仓内配置的灭火系统通常包括火灾早期探测系统、灭火装置、连接管路等部件。当电池内部发生短路热失控,或者电路受外力挤压、穿刺等发生热膨胀甚至起火燃烧时,灭火系统采集到早期火情数据后,及时向驾驶员发出报警或者自动启动灭火装置主机进行灭火。

综上所述,随着车辆消防技术的发展,整车的防火预警和灭火能力有了很大的提高和改善。但是当前市场上多数灭火装置主要针对车辆局部的火灾防控,针对乘客舱内发生火灾缺少有效的防控,为应对乘客舱内火情,客舱固定灭火系统逐渐受到人们的关注。

客舱固定灭火系统不能与乘客座椅、扶手发生干涉,也不能妨碍乘客通道,因此通常布置在中门前或车厢后台阶上,主要管路沿侧围骨架和空调风道连接到各个喷头,当火灾发生后,灭火剂由储存罐沿管路自喷头喷出,实现灭火效果。

除了客舱固定灭火系统外,火灾逃生的生存条件改善也受到了越来越多学者的重视。当前法规规定发动机舱、行李舱与乘客舱之间需要隔绝,从而避免乘客舱外的火灾和烟雾直接蔓延至车内,导致乘客伤亡,然而若乘客舱内直接发生火灾,产生的烟雾会迅速填充客舱顶部,降低车内可见度,制约乘客逃生。德国 BAM 和长安大学王俊翔等在客舱顶部和侧部设置换气通风装置,并通过试验和数值模拟的方式验证了装置对于改善火灾发生时客舱内可见度和降低客舱内温度的效果,然而此类装置对于客车火灾逃生时的作用仍需要进一步研究和认证。

另一个需要注意的问题是,尽管已有大量车辆火灾事故的研究成果,但是这些成果在实际车辆开发阶段应用较少,主要原因是车辆产品开发时火灾安全相关知识仍然不足,客车火灾防护安全没有得到足够的重视。客车产品开发具有跨领域技术应用、跨行业跨公司项目运作等特点,复杂程度较高,系统性的技术成果要稳定地在产品开发过程中得到应用需要一套完整的车辆产品开发流程体系,该体系将技术、知识、标准流程进行有机转化,从而使技术成果转化为组织可吸收的知识,并以标准的模式保留下来,融入产品开发中。

中国科技大学毛亚岐等已经在某客车的开发流程中提出了考虑防火安全的客车开发体系,希望能将防火设计融入客车整车产品开发中,为客车整车与防火同步开发提供条件。该考虑防火安全的客车开发体系主要包含设计策划、方案设计、技术设计、设计验证和设计总结五个极端,并且以"PDCA"循环的模式将每一次的经验教训融入下一个产品开发中,从而构建一个持续改进的客车防火开发体系。

以上研究成果当前仍未广泛应用在客车防火安全方面，但是随着客车产品逐渐升级和更新换代，相信未来此类成果定会在客车防火安全中起到重要的作用。

12.4　客运车辆应急逃生

随着 5G 通信和视频识别技术的快速发展和成熟，实时在线的人群疏散风险识别和智能引导变得可能。通过实时在线识别疏散群体的速度、密度、局部压力等运动和状态参数，通过深度学习等视频处理算法，实现当前各个疏散出口使用情况和人群风险状态评价，可对当前人群运动状态进行判别，并对可能发生的人群拥挤、踩踏等次生灾害进行提前预警，将风险预警信息传输给现场应急管理人员，以提醒其采取有效措施减少或避免人群事故的发生。在疏散引导方面，提取人群运动状态、环境条件参数作为输入，利用先进的疏散模型开展疏散模拟，对不同的疏散引导策略进行实时在线评价，可为乘客疏散实时规划高效、安全的路径，并通过车载智能疏散引导装备指示乘客。这些应用都将显著提高乘客的疏散效率，减少人员伤亡。尽管当前技术要实现上述应用还有困难，仍需要进一步发展与突破，但随着智能化与信息化水平的不断提高，相信不久的将来，这些都可以得到实现。

12.5　客运车辆安全管理政策建议

尽管各项主被动安全技术可以提升客运车辆安全水平，但是交通运输管理部门的安全管理仍然是进一步减少客车事故发生频率、加强和改进道路客运安全工作、遏制和防范群死群伤事故发生、保障人民群众生命财产安全的重要手段。建议加强交通运输部门的执法力度，加强道路运输企业管理，从而提高客车运行的安全性。相应的安全管理政策建议如下：

1）严格驾驶人管理和培训

（1）加强和改进驾驶人培训考试工作,加强从业条件审核与培训考试、行驶交通事故驾驶人培训质量、考试发证责任倒查制度,解决高素质客运驾驶人短缺问题。

（2）建立客运驾驶人安全教育、培训及考核制度,对驾驶人进行岗前培训,要求驾驶人提前熟悉和了解车辆性能和客运线路情况。定期对客运驾驶人开展法律法规、技能训练等教育培训。

（3）建立客运驾驶人调离制度,对交通违法记满分的驾驶人及时调离和辞退,建立驾驶人安全告诫制度,防止客运驾驶人酒后、带病或带不良情绪上岗,防止驾驶人疲劳驾驶。

2）加强车辆安全管理

（1）提高机动车安全性能,积极推进机动车标准化、轻量化,加快传统汽车升级换代,尽快淘汰高安全风险车型。抓紧清理、修订并逐步提高机动车安全技术标准,督促生产企业改进车辆安全技术,增设客运车辆限速和货运车辆限载等安全装置。进一步提高大中型客车和公共汽车的车身结构强度、座椅安装强度、内部装饰材料阻燃性能等,增强车辆行驶稳定性和抗侧倾能力。

（2）加强机动车安全管理,确保营运车辆处于良好的技术状况。道路旅客运输企业不得使用已达到报废标准、检测不合格、非法拼（改）装等不符合运行安全技术条件的客车,以及其他不符合国家规定的车辆从事道路旅客运输经营。建立车辆安全技术状况检测和年度审验、检验制度,严格执行营运车辆综合性能检测和技术等级评定制度,确保车辆符合安全技术条件。逾期未年审、年检或年审、年检不合格的车辆禁止上路行驶。

（3）道路旅客运输企业应当定期检查车内安全带、安全锤、灭火器、故障车警告标志的配备是否齐全有效,确保安全出口通道畅通,应急门、应急顶窗开启装置有效、开启顺畅,并在车内明显位置标示客运车辆行驶区间和线路、经批准的停靠站点。在车厢内前部、中部、后部明显位置标示客运车辆车牌号码、核定载客人数和投诉举报座机、手机电话,方便旅客监督举报。

3）强化道路运输企业安全管理

（1）加强运输车辆动态监管。道路旅客运输企业应按规定为营运客车安装符合标准的卫星定位装置,接入符合标准的监控平台或监控端,并有效接入全国重点营运车辆联网联控系统。实时监控车辆行驶动态,记录分析处理动态信息,及时提醒、提示违规行为,及时发送重特大道路交通事故通报、安全提示、预警信息。运输企业要落实安全监控主体责任,切实加强对所属车辆和驾驶人的动态监管,确保车载卫星定位装置工作正常、监控有效。对不按规定使用或故意损坏卫星定位装置的,要追究相关责任人和企业负责人的责任。

(2) 对经营线路进行实际线路考察,严格客运班线审批和监管,合理确定营运线路、车型和时段,严格控制 1 000 km 以上的跨省长途客运班线和夜间运行时间,对现有的长途客运班线进行清理整顿,整改不合格的坚决停止运营。对于单程里程超过 400 km 的客运车辆,应配备两名以上的客运驾驶人,合理安排班次,尽量减少卧铺客车夜间运行时间。

(3) 道路企业严控客运驾驶人在 24 h 内累计驾驶时间和连续驾驶时间,保证停车休息时间。有关部门要加强监督检查,对违反规定的驾驶人及企业严格处罚。企业还应推行长途客运车辆凌晨 2 时至 5 时停止运行或实行接驳运输的方式,并要求班线客车在规定站点上下旅客,不得站外揽客和超员运输。驾乘人员要对途中上车的旅客进行危险品检查,行李和乘客区要隔离。

4) 提高道路安全保障水平

(1) 加强道路交通安全设施建设。加强国省干线公路安全防护设施建设,特别是临水临崖、连续下坡、急弯陡坡等事故易发路段要严格按标准安装隔离栅、防护栏、防撞墙等安全设施,设置标志标线。加强公路与铁路、河道、码头连接交叉路段特别是公铁立交、跨航道桥梁的安全保护。收费公路经营企业要加强公路养护管理,对安全设施缺失、损毁的,要及时予以完善和修复,确保公路及其附属设施始终处于良好的技术状况。要积极推进公路灾害性天气预报和预警系统建设,提高对暴雨、浓雾、团雾、冰雪等恶劣天气的防范应对能力。

(2) 加强农村道路交通安全管理力度。各级人民政府要加强农村道路交通安全组织体系建设,落实乡镇政府安全监督管理责任,调整优化交警警力布局,加强乡镇道路交通安全管控。

参考文献

[1] GIBSON J J, CROOKS L E. A theoretical field-analysis of automobile-driving[J]. The American Journal of Psychology, 1938, 51(3): 453–471.
[2] BURGETT A L, CARTER A, MILLE R J, et al. A collision warning algorithm for rear-end collisions[J]. National Highway Traffic Safety Administration, 1998: 566–587.
[3] KIEFER R, LE BLANC D, PALMER M, et al. Development and validation of functional definitions and evaluation procedures for collision warning/avoidance systems: DOT HS 808 964[R]. NHTSA Technical Report, 1999.
[4] BRUNSON S J, KYLE E M, PHAMDO N C, et al. Alert algorithm development program: NHTSA rear-end collision alert algorithm: DOT HS 809 526[R]. NHTSA Technical Report, 2002.
[5] ZHANG Y, ANTONSSON E K, GROTE K. A new threat assessment measure for collision avoidance systems [C]//Intelligent Transportation Systems Conference. California Institute of Technology, 2006: 968–975.
[6] HAYWARD J C. Near-miss determination through use of a scale of danger[J]. Highway Research Record, 1972, 38(4): 24–34.
[7] KODAKA K, OTABE M, URAI Y, et al. Rear-end collision velocity reduction system [J]. SAE Transactions, 2003, 112(6): 502–510.
[8] COELING E, EIDEHALL A, BENGTSSON M. Collision warning with full auto brake and pedestrian detection-a practical example of automatic emergency braking[C]//2010 13th International IEEE Conference on Intelligent Transportation Systems. 2010: 155–160.
[9] VAN W W. The human element in car following models[J]. Transportation Research Part F: Traffic Psychology and Behaviour, 1999, 2(4): 207–211.
[10] 小林洋介,山村吉典,瀬戸陽治,等.渋滞時運転アシストシステムの制御方法の検討[C]//自動車技術会学術演講会前刷集: No. 114–00: 1–4.
[11] AYRES T J, LI L, SCHLEUNING D, et al. Preferred time-headway of highway drivers [C]//2001 IEEE Intelligent Transportation Systems Conference Proceedings. Oakland, 2001: 826–829.
[12] TOURAN A, BRACKSTONE M A, MC DONALD M. A collision model for safety evaluation of autonomous intelligent cruise control [J]. Accident Analysis and Prevention, 1999, 31(5): 567–578.
[13] LEASURE W A. The importance of crash problem analysis in defining NHTSA's IVHS program[C]//Proceedings of the IVHS America 1992 Annual Meeting. Newport Beach, California, 1992: 727–732.
[14] KNIPLING R R, HENDRICKS D L, KOZIOL J S, et al. A front-end analysis of rear-end crashes[C]//Proceedings of the IVHS America 1992 Annual Meeting. Newport Beach, California, 1992: 733–745.
[15] KNIPLING R R, MIRONER M, HENDRICKS D L, et al. Assessment of IVHS counter measures for collision avoidance: rear-end crashes: DOT HS 807 995[R]. Washington D C: NHTSA, 1993.
[16] GROLL H P, DETIEFSEN J. Automotive anticollision radar-history & model[J]. IEEE

AES Systems Magazine,1997,12(8):11-18.

[17] 甘元震.高速公路车辆异常行驶状态预警研究[D].石家庄:石家庄铁道大学,2019.

[18] SATO Y, SHIMONAKA Y, MARUOKA T, et al. Vehicular collision avoidance support system v2 (VCASSv2) by GPS+INS hybrid vehicular positioning method[C]//2007 Telecommunication Networks and Applications Conference. Christchurch: IEEE, 2007: 29-34.

[19] HUANG J, TAN H S. Vehicle future trajectory prediction with a DGPS/INS-based positioning system[C]//2006 American Control Conferenc. Minneapolis: IEEE, 2006: 5831-5836.

[20] JEYAKUMAR P D, DEVARADJANE G. Improvement of the frontal structure of a bus for crash accidents[C]//ASME 2012 International Mechanical Engineering Congress and Exposition. American Society of Mechanical Engineers, 2012: 183-187.

[21] YU Y, ZHOU H B, TONG S G, et al. Structural design method for rollover crashworthiness of large bus[J]. Journal of Zhejiang University (Engineering Science), 2011, 45(4): 714-718.

[22] LIANG C C, LE G N. Bus rollover crashworthiness under European standard: an optimal analysis of superstructure strength using successive response surface method [J]. International Journal of Crashworthiness, 2009, 14(6): 623-639.

[23] 阮诚心.基于侧翻碰撞安全性的客车车身改进设计及乘员损伤研究[D].长沙:湖南大学,2012.

[24] 李毅.大客车侧翻碰撞安全性设计与优化关键技术研究[D].广州:华南理工大学,2012.

[25] LIM J M, KIM G H. Crash protection of hybrid electrical vehicles for amending the KMVSS No. 91[J]. International Journal of Automotive Technology, 2010, 11(6): 825-830.

[26] 杨昆.客车车身骨架侧翻仿真的梁壳混合模型研究[D].长春:吉林大学,2008.

[27] TECH T W. Numerical simulation of bus rollover[J]. Computer Simulation, 2007(11).

[28] 亓文果.基于ECE R66法规的客车侧翻碰撞安全性能的仿真与优化[J].汽车工程,2010,32(12):1042-1046.

[29] GÖRANSSON U, LUNDQVIST A. Fires in buses and trains, fire test methods[R]. 1990.

[30] AXELSSON J, FÖRSTH M, HAMMARSTRÖM R, et al. Bus fire safety[J]. Vtt Tiedotteita Research Notes, 2008(1).

[31] HOFMANN A, DÜLSEN S. Fire safety performance of buses[C]//FIVE (Fires in Vehicles). 2012.

[32] CHOW W K. Fire safety and maximum allowed heat release rate in a single-deck bus [J]. Journal of Applied Fire Science, 2001, 10(2): 149-155.

[33] 陈洁.大型客车火灾蔓延规律数值模拟研究[D].长沙:中南大学,2014.

[34] QIAO Y, XIN W, TU Z, et al. Evacuation analysis and optimization of double-deck bus [J]. DEStech Transactions on Environment, Energy and Earth Sciences, 2018 (epe).

[35] 毛亚岐.基于火灾危险性分析的客车防火开发体系研究[D].合肥:中国科学技术大学,2019.

[36] 姚毅.公路隧道大巴车火灾温度场及临界风速研究[D].西安:长安大学,2014.

[37] 夏永旭,韩兴博,姚毅.隧道内大巴车火灾热释放率及温度场研究[J].现代隧道技术,2018,55(3):153-159.

[38] 姚浩伟,陈继斌,赵哲,等.基于数值模拟的空调客车火灾特性研究[J].消防科学与技术,2014,33(12):1440-1443.

[39] TAN J, JIN L, WANG T, et al. Study on typical bus fire simulation and control

[40] MATOLCSY M. New requirements to the emergency exits of buses[J]. Journal of the Chemical Society Perkin Transactions, 2009.

[41] POLLARD J K, MARKOS S H. Human factors issues in motorcoach emergency egress[R]. National Transportation Safety Board, 2009.

[42] POLLARD J K, MARKOS S H. Human factors issues in motorcoach emergency egress[R]. National Transportation Safety Board, 2010.

[43] MIYOSHI T, NAKAYASU H, UENO Y, et al. An emergency aircraft evacuation simulation considering passenger emotions[J]. Computers & Industrial Engineering, 2012, 62(3): 746-754.

[44] HOOGENDOORN S P, BOVY P H L. Pedestrian route-choice and activity scheduling theory and models[J]. Transportation Research Part B: Methodological, 2004, 38(2): 169-190.

[45] KITAZAWA K, FUJIYAMA T. Pedestrian vision and collision avoidance behavior: investigation of the information process space of pedestrians using an eye tracker[M]// Pedestrian and Evacuation Dynamics 2008. Berlin: Springer, 2010: 95-108.

[46] HELBING D, MOLNAR P. Social force model for pedestrian dynamics[J]. Physical Review E, 1995, 51(5): 4282.

[47] GALEA E R, GWYNNE S. Estimating the flow rate capacity of an overturned rail carriage end exit in the presence of smoke[J]. Fire and Materials, 2000, 24(6): 291-302.

[48] GWYNNE S, GALEA E R, OWEN M, et al. A review of the methodologies used in evacuation modelling[J]. Fire and Materials, 1999, 23(6): 383-388.

[49] CAPOTE J A, ALVEAR D, ABREU O, et al. A stochastic approach for simulating human behaviour during evacuation process in passenger trains[J]. Fire Technology, 2012, 48(4): 911-925.